全国税务师职业资格考试辅导教材 | **2024**

十年真题研究手册
税 法（Ⅰ）

高顿教育研究院　编著

广东经济出版社
·广州·

图书在版编目（CIP）数据

十年真题研究手册. 税法. Ⅰ / 高顿教育研究院编著. —广州：广东经济出版社，2024.6

ISBN 978-7-5454-9292-7

Ⅰ. ①十… Ⅱ. ①高… Ⅲ. ①税法—中国—资格考试—自学参考资料 Ⅳ. ①F810.42

中国国家版本馆CIP数据核字(2024)第106315号

责任编辑： 李孜孜　汪宗跃
责任校对： 王文怡
封面设计： 汤惟惟

十年真题研究手册 税法（Ⅰ）
SHINIAN ZHENTI YANJIU SHOUCE SHUIFA（Ⅰ）
出版发行： 广东经济出版社（广州市水荫路11号11～12楼）
印　　刷： 上海中华印刷有限公司
　　　　　（上海市青浦区汇金路889号）

开　　本： 787mm×1092mm 1/16　　印　　张： 18
版　　次： 2024年6月第1版　　印　　次： 2024年6月第1次
书　　号： ISBN 978-7-5454-9292-7　　字　　数： 387千字
定　　价： 48.00元

发行电话：（020）87393830
广东经济出版社常年法律顾问：胡志海律师

编委会

前　言

怒刷真题十页，不如深入研究一题。

真题的价值是很多练习题、模拟题都无法媲美的，它充分体现了命题者的意图、考查重点、考查方向，甚至考查偏好。因此，我们应该在做题的时候对真题充满敬畏之心，找到做真题的正确方法。

高顿教育研究院的老师们在多年的一对一辅导过程中，收集了考生在学习中遇到的各种各样的问题。

《税法（Ⅰ）》&《税法（Ⅱ）》

——计算简直一步错步步错，这么多坑，该怎么办啊?!

——增值税与企业所得税两大税种，必须掌握的知识点到底有哪些?

——特殊规定记不住！税收优惠记不住！细节的知识点那么多，真的要全部背下来吗?

《涉税服务实务》

——会计与税法结合考查，要怎么学习才能应对考试?

——纳税申报表到底怎么填？考试时，每张表都会涉及吗?

《涉税服务相关法律》

——甲、乙、丙、丁、戊、己、庚、辛，一个选择题怎么就出来这么多人？老师，我看不懂物权到底在谁那里！

——行政强制措施和行政强制执行傻傻分不清楚，法律规定都差不多，谁能帮我归纳一下?!

——诉讼法律制度枯燥繁杂，课都听不下去，这些内容要怎么记忆?

《财务与会计》

——这个公式是哪里来的？到底怎么用？公式也太多了！

——会计选择题如何不写分录直接计算出金额?

——会计内容这么多，好多新准则！都要考吗?

总结下来，税务师职业资格考试考生遇到的问题主要是：

1. 学习时间短，备考时间紧张，来不及准备；
2. 学习时抓不住应试的重点和考查的方向；
3. 知识点庞杂，内容覆盖面广，知识不成体系、没有框架，难以记忆；
4. 法律理论太晦涩，实务处理太琐碎，一般的课程也坚持不下去。

这些问题的解决方法，是“研究”真题。不同于市面上其他真题集，税务师“十年真题研究手册”系列图书由高顿教育研究院近百位辅导老师精心研究、悉心整理而成：从几十万考生提出的2 000 多个高频问题入手，结合近百位老师自身复习备考、应试冲刺的经验，筛选历年经典真题，逐一深度解读。

本系列图书致力于为所有参加 2024 年税务师职业资格考试的考生提供一套有效的方法论，让过去深受“看不懂、没思路、易丢分”三大问题困扰的考生，迅速转变为“会审题、会分析、巧得分”的考霸！

本系列图书三大板块的使用攻略如下。

1. 本章考情 Q&A：以问答的形式，对考点和题型分布进行分析、梳理，有助于考生对章节重点形成更直观的认识，迅速抓住考查重点。

2. 经典例题：编者选取了历年考试中最具代表性的题目，分析此类经典真题的应答方法。不同于市面上的传统真题集仅简单分析正确选项的解析方式，编者总结了每一个选项中潜藏的理解误区及考查陷阱，逐一深入解析。另外，针对考生“不会审题、审了不会做题”的实际困扰，本系列图书更具独创性地在主观题中加入了“审题过程”模块，逐字逐句带考生审题，并在经典例题后增加“私教点拨”模块，帮助考生更精准地切入真题，抓住最为关键的题干信息。

3. 真题演练：本系列图书汇总整理了历年经典真题，一部分在“经典例题”模块中精讲，一部分集中于每一章结尾的“真题演练”板块，为考生留出充足的练习空间，以便形成“训练—总结—反思—升华”的做题习惯，让考生既能做对真题，又能做透真题，从而最大限度地发挥真题的价值。

本系列图书可作指导考生复习备考之用。历年真题一直是税务师职业资格考试备考中最宝贵的题目资源，值得考生反复练习，以熟练掌握考点和解题技巧。

“授人以鱼，不如授人以渔。”我们衷心希望编者提炼出的这套深度应试方法论，能够帮助广大考生披荆斩棘，顺利通过 2024 年税务师职业资格考试。

高顿教育研究院

如在使用过程中发现错误，欢迎扫描右方二维码。通过【我要勘误】，向我们反馈您认为需要勘误的信息，我们将尽快核实并给您回复。感谢您的反馈！

目　录

第一章　税法基本原理

本章考情 Q&A

Q：本章的重要性如何？

A：本章主要涉及税法的一些基础理论知识，部分知识点比较抽象，理论性强，属于次重点章节，在近 5 年考试中的平均分值约为 6 分。

Q：本章的学习难度如何？

A：本章虽然属于《税法（Ⅰ）》中难度适中的章节，但内容较为繁杂，建议考生初学时以理解为主，后续学习时要加强记忆。

Q：本章在考试中通常以什么形式考查？

A：本章主要以单项选择题和多项选择题的形式考查。

Q：2024 年本章内容有变动吗？

A：本章内容变化较小，主要变化如下：

1. 新增

（1）税收实体法制建设 2024 年的主要目标；

（2）服务“一带一路”倡议的税收措施。

2. 调整

我国税收执法主体。

Q：本章主要考点近年分布如何？

A：以下用星标方式展示本章主要考点的学习难度、考题难度、考查频率（三颗星为最高难度、最高考查频率，下同）。

考点	学习难度	考题难度	考查频率
税法概述	★	★	★★
税收法律关系	★	★	★
税收实体法	★★	★	★
税收立法	★★	★★	★★

（续表）

考点	学习难度	考题难度	考查频率
税收执法	★	★	★
税收司法	★	★	★

经典例题

考点一 税法概述

【例题1·2019年·单项选择题】关于税法的特点，下列说法正确的是（　　）。

A. 从法律性质看，税法属于授权法　　B. 从立法内容看，税法具有单一性

C. 从立法过程看，税法属于制定法　　D. 从立法形式看，税法属于行政法规

【答案】C

【解析】本题考查税法概述——特点。

从法律性质看，税法属于义务性法规，选项A错误。从立法内容看，税法具有综合性，选项B错误。从立法形式看，税法包括法律、行政法规、行政规章等，选项D错误。

私教点拨

税法是指有权的国家机关制定的有关调整税收分配过程中形成的权利义务关系的法律规范总和。税法的特点见表1－1，对此先理解再记忆，印象会更深刻。

表1－1 税法的特点

特点	如何理解
从立法过程看，税法属于**制定法**	税法是由国家制定而不是认可的，不是人们自觉形成的纳税习惯以立法形式的体现，这表明税法属于制定法而不是习惯法
从法律性质看，税法属于**义务性**法规	义务性法规是相对于授权性法规而言的，是指直接要求人们从事或不从事某种行为的法规，即直接规定人们某种义务的法规
从立法内容看，税法具有**综合性**	税法不是单一的法律，而是由实体法、程序法、争讼法等构成的综合法律体系

【例题2·2018年·单项选择题】下列属于税法基本原则的是（　　）。

A. 新法优于旧法　　B. 程序法优于实体法

C. 特别法优于普通法　　D. 税收合作信赖主义

【答案】 D

【解析】 本题考查税法概述——原则。

从法理学的角度分析，税法基本原则可以概括为税收法律主义、税收公平主义、税收合作信赖主义（选项 D 正确）、实质课税原则。

私教点拨

税法原则可以分为税法**基本原则**和**适用原则**两个层次。

（1）税法基本原则（4 项）是一定社会经济关系在税收法律中的体现，是国家税收法治的理论基础，包括**税收法律主义、税收公平主义、税收合作信赖主义、实质课税原则**。

（2）税法适用原则（6 项）是指税务行政机关和司法机关运用税收法律规范解决具体问题所必须遵循的准则，包括：**法律优位原则；法律不溯及既往原则；新法优于旧法原则；特别法优于普通法原则；实体从旧，程序从新原则；程序优于实体原则**。

【提示】 税法原则记忆口诀：

基本原则：法治（质）公信。

适用原则：程序新法特别优秀，
实体旧法普通滞后，
法律优先哭诉（溯）。

【例题 3 · 2019 年 · 多项选择题】 关于税法与民法的关系，下列说法正确的有（　　）。

A. 民法与税法中的权利义务关系都是对等的

B. 民法原则总体上不适用于税收法律关系的建立和调整

C. 税法大量借用了民法的概念、规则和原则

D. 涉及税务行政赔偿的可以适用民事纠纷处理的调解原则

E. 税法的合作信赖原则与民法的诚实信用原则是对抗的

【答案】 BCD

【解析】 本题考查税法概述——与民法的关系。

民法调整的是平等主体的财产关系和人身关系，税法调整的是国家与纳税人之间的税收征纳关系，权利义务关系不对等，选项 A 错误。税法的合作信赖原则有民法诚实信用原则的影子，其原理是相近的，并非对抗的，选项 E 错误。

私教点拨

调整税收关系的**税法**与国家**其他部门法**具有密切关系，包括宪法、民法、行政法、经济法、刑法、国际法。考试时涉及最多的是税法与**民法**的关系，可根据表 1-2 所示的内容掌握。

表 1-2 税法与民法的关系

项目	具体内容
联系	税法大量借用了民法的**概念**、**规则和原则**。例如，税法中经常使用的居民、企业、固定资产、无形资产、抵押、担保、不可抗力等**概念**都来自民法。民法规定法人以其所有的财产或者以国家授予其经营的财产承担民事责任，自然人以个人或家庭财产承担民事责任，对于纳税责任，这一**规则**也适用。税法的合作信赖**原则**就有民法中诚实信用原则的影子，其原理是相近的
区别	（1）调整的**对象**不同。民法调整的是平等主体的财产关系和人身关系，属于横向经济关系；税法调整的是国家与纳税人之间的税收征纳关系，属于纵向经济关系。 （2）法律关系的**建立**及其调整适用的**原则**不同。民事法律关系主体双方的地位平等，意思表示自由，民法原则从总体上说不适用于税收法律关系的建立和调整；而税收法律关系体现国家单方面的意志，权利义务关系不对等，这些特点是与民法完全对立的。 （3）调整的**程序和手段**不同。① 民法以民事手段作为调整手段，违法者承担的主要法律责任是民事责任，例如，违反合同要承担违约责任，支付违约金、赔偿损失等。税法的调整手段则具有综合性，不仅包括民事性质的责任追究，如补缴所欠税款、追缴滞纳金等；更多情况下，还包括行政处罚和刑罚手段，违法者承担的法律责任主要是行政责任与刑事责任，如偷税者要补缴税款、处以罚款，情节严重的还要依法追究其刑事责任。② 处理民事纠纷适用调解原则，而解决税收法律关系中的争议不适用此原则。不过，作为例外，涉及税务行政赔偿的，可以适用调解原则

考点二 税收法律关系

【例题·2018 年·多项选择题】下列属于引起税收法律关系变更原因的有（ ）。

A. 纳税人自身组织状况发生变化
B. 纳税人履行了纳税义务
C. 纳税人经营或财产情况发生变化
D. 税法修订或调整
E. 纳税义务超过追缴期限

【答案】ACD

【解析】本题考查税收法律关系——变更。

引起税收法律关系变更的原因主要有以下几点：① 由于纳税人自身的组织状况发生变化（选项 A 正确）；② 由于纳税人的经营或财产情况发生变化（选项 C 正确）；③ 由于税务机关组织结构或管理方式发生变化；④ 由于税法的修订或调整（选项 D 正确）；⑤ 因不可抗力造成的破坏。

私教点拨

税收法律关系是处于不断发展变化之中的，这一发展变化过程可以概括为税收法律关系的产生、变更、消灭。近几年考试中，仅涉及税收法律关系变更的相关内容，对此应重点把握。

税收法律关系的变更，是指由于某一法律事实的发生，税收法律关系的主体、内容和客体发生变化，其原因有以下几点。

（1）**纳税人自身的组织状况**发生变化。例如，纳税人改组、分设、合并、联营、迁移，需要向税务机关申报办理变更登记。

（2）**纳税人的经营或财产情况**发生变化。例如，某个体工商户改为公司经营，由缴纳个人所得税改为缴纳企业所得税。

（3）**税务机关组织结构或管理方式**发生变化。例如，国税地税征管体制改革后，征税主体由国家税务局、地方税务局变为税务局。

（4）**税法的修订或调整**。例如，1994 年税制改革以后，原有的许多个案减免税取消，纳税人由享受一定的减免税变为依法纳税。

（5）**不可抗力造成破坏损失**。例如，由于自然灾害等不可抗拒的原因，纳税人遭受重大财产损失，被迫停产、减产。

考点三 税收实体法

【例题 1 · 2018 年 · 多项选择题】下列关于税率的说法中，正确的有（　　）。

A. 环境保护税采用定额税率

B. 城镇土地使用税采用地区差别定额税率

C. 车辆购置税采用幅度比例税率

D. 土地增值税采用超率累进税率

E. 消费税采用地区差别比例税率

【答案】ABD

【解析】本题考查税收实体法——税率。

车辆购置税采用统一的比例税率 10%，而契税采用的是 3%~5%幅度的比例税率，选项 C 错误。消费税的税率有两种形式，一种是定额税率，另一种是比例税率；即便是比例税率，消费税也不按地区分别适用税率，而城市维护建设税则根据纳税人所在地区不同适用不同档次的税率，采用的是地区差别比例税率。选项 E 错误。

私教点拨

从税法的特点可知，税法具有综合性。它不是单一的法律，而是由实体法、程序法、争讼法等构成的综合法律体系。程序法的主要制度包括：表明身份制度、回避制度、职能分离制度、听证制度和时限制度。实体法的主要内容包括纳税主体，征税客体，计税依据，税目，税率，减税、免税等。其中，**税率**是考频较高的知识点，考生需要掌握以下内容。

税率是应纳税额与计税依据之间的比例，是计算税额的尺度，代表课税的深度。税率可分为两种形式：一种是按绝对量形式表示的定额税率，另一种是按相对量形式表示的比例税率和累进税率。有关税率的具体内容，见表1－3。

表1－3 税率的种类

形式	种类	举例
定额税率	地区差别定额税率	如城镇土地使用税所采用的税率
	分类分项定额税率	如车船税所采用的税率
比例税率	产品比例税率	如消费税中，酒按类别设计税率，小汽车按排气量分档设计税率
	行业比例税率	如增值税中，交通运输业与有形动产租赁服务业适用不同税率
	地区差别比例税率	如城市维护建设税，纳税人所在地区不同，适用不同档次的税率
	有幅度的比例税率	如契税，税率幅度为3%～5%
累进税率	全额累进税率	我国现阶段没有该税率
	超额累进税率	如个人所得税对综合所得、经营所得采用的税率
	超率累进税率	如土地增值税所采用的税率
	超倍累进税率	我国现阶段没有该税率

其他有关税率的概念如下：

（1）名义税率与实际税率。名义税率是指税法规定的税率，实际税率是指实际负担率，两者都是分析纳税人负担时常用的概念。

（2）边际税率与平均税率。边际税率是指在增加一些收入时，增加的这部分收入所纳税额同增加收入之间的比例。平均税率是指全部税额与全部收入之比。

（3）零税率与负税率。零税率是以零表示的税率。负税率是指政府利用税收形式对所得额低于某一特定标准的家庭或个人予以补贴的比例。

【例题2·2018年·单项选择题改编】下列减免税中，属于税率式减免的是（　　）。

A. 起征点　　B. 选用其他税率　　C. 免征额　　D. 抵免税额

【答案】B

【解析】本题考查税收实体法——减税、免税。

税率式减免具体包括重新确定税率、选用其他税率等形式，选项B正确。

私教点拨

减税、免税是对某些纳税人或课税对象的鼓励或照顾措施，其基本形式与分类见表1-4。

表1-4　减免税的基本形式与分类

项目	形式	具体内容
基本形式	税基式减免	包括起征点、免征额、项目扣除以及跨期结转等
	税率式减免	包括重新确定税率、选用其他税率等
	税额式减免	包括全部免征、减半征收、核定减免率、抵免税额等
分类	法定减免	如关税税额在人民币50元以下的一票货物，免征关税
	特定减免	如进口符合规定的科教用品，免征进口关税
	临时减免	如在展览会中展览或使用的货物，暂免进口关税

考点四　税收立法

【例题1·2020年·多项选择题】我国现行税法体系中，以税收法律颁布的有（　　）。

A. 环境保护税

B. 个人所得税

C. 增值税

D. 车船税

E. 消费税

【答案】ABD

【解析】本题考查税收立法——税收法律。

我国现阶段增值税、消费税尚未完成立法，《增值税暂行条例》和《消费税暂行条例》属于税收行政法规，选项C、E错误。

私教点拨

我国划分税收立法权的直接法律依据主要是《宪法》与《立法法》。通常所说的立法活动包括制定法律、行政法规、行政规章等，考试中可能出现的各种税收法律、税收法规和税务规章的举例，考生均需要掌握，具体内容见表1-5。

表 1-5 税收法律、税收法规和税务规章的举例

法律层次	举例
税收法律	《中华人民共和国企业所得税法》《中华人民共和国个人所得税法》《中华人民共和国车船税法》《中华人民共和国税收征收管理法》《中华人民共和国环境保护税法》《中华人民共和国烟叶税法》《中华人民共和国船舶吨税法》《中华人民共和国资源税法》《中华人民共和国车辆购置税法》《中华人民共和国耕地占用税法》《中华人民共和国契税法》《中华人民共和国城市维护建设税法》《中华人民共和国印花税法》
税收法规	《中华人民共和国企业所得税法实施条例》《中华人民共和国个人所得税法实施条例》《中华人民共和国税收征收管理法实施细则》《中华人民共和国增值税暂行条例》《中华人民共和国消费税暂行条例》等
税务规章	《中华人民共和国增值税暂行条例实施细则》《中华人民共和国消费税暂行条例实施细则》《税务部门规章制定实施办法》等

【例题 2 · 2019 年 · 单项选择题改编】关于税务规章规定的事项，下列说法正确的是（ ）。

A. 不可以设定减损税务行政相对人权利的规范，但可以设定增加其义务的规范

B. 必须是在税务机关业务范围内的税收事项

C. 是指县以上税务机关依照法定职权和规定程序制定并公布的事项

D. 可以重复法律已经明确规定的内容

【答案】B

【解析】本题考查税收立法——税务规章。

没有法律或者国务院的行政法规、决定、命令的依据，税务规章不得设定减损税务行政相对人权利或者增加其义务的规范，不得增加本部门的权力或者减少本部门的法定职责，选项 A 错误。选项 C 是对税务规范性文件的表述，而不是税务规章规定的事项，选项 C 错误。税务规章原则上不得重复法律和国务院的行政法规、决定、命令已经明确规定的内容，选项 D 错误。

私教点拨

对于税务规章，需要掌握的主要考点见表 1-6。

表 1-6 税务规章的相关内容

项目	具体内容
权限范围	（1）国家税务总局根据法律和国务院的行政法规、决定、命令，在权限范围内制定相关税务规章；但不能另行创设法律和国务院的行政法规、决定、命令所没有规定的内容，原则上也不得重复法律和国务院的行政法规、决定、命令已经明确规定的内容。 （2）制定税务规章应当符合上位法的规定
制定程序	税务规章以国家税务总局令公布

（续表）

项目	具体内容
解释	税务规章由国家税务总局负责解释。税务规章解释与税务规章具有同等效力
清理	对不适应全面深化改革和经济社会发展要求、不符合上位法规定的税务规章，应当及时修改或者废止

【例题3·2020年·单项选择题】关于税务规范性文件的制定，下列说法正确的是（　　）。

A. 税务规范性文件以国家税务总局令公布

B. 县级税务机关的内设机构能以自己的名义制定税务规范性文件

C. 税务规范性文件的名称可以使用“实施细则”

D. 制定税务规范性文件的机关不得将解释权授予下级税务机关

【答案】D

【解析】本题考查税收立法——税务规范性文件。

税务规范性文件应当以公告形式发布，以国家税务总局令公布的是税务规章，选项A错误。各级税务机关的内设机构、派出机构和临时性机构，不得以自己的名义制定税务规范性文件，选项B错误。税务规范性文件不得使用“条例”“实施细则”“通知”“批复”等名称，选项C错误。

私教点拨

税务规范性文件是指县以上税务机关依照法定职权和规定程序制定并发布的，影响纳税人、缴费人、扣缴义务人等税务行政相对人权利、义务，在本辖区内具有普遍约束力并在一定期限内反复适用的文件。考生需要熟悉税务规范性文件的制定管理，主要内容见表1-7。

表1-7　税务规范性文件的制定管理

项目	主要规定
特征	（1）属于非立法行为的行为规范； （2）适用主体的非特定性； （3）不具有可诉性； （4）具有向后发生效力的特征
权限范围	（1）设定权。税务规范性文件**不得**设定税收开征、停征、减税、免税、退税、补税事项，不得设定行政许可、行政处罚、行政强制、行政事业性收费以及其他**不得**由税务规范性文件设定的事项。 （2）制定权。各级税务机关的内设机构、派出机构和临时性机构，**不得**以自己的名义制定税务规范性文件
制定规则	（1）名称。税务规范性文件可以使用“办法”“规定”“规程”“规则”等名称，但是**不得**称“条例”“实施细则”“通知”“批复”等。 （2）授权。上级税务机关可以授权下级税务机关制定具体的实施办法。被授权税务机关**不得**将被授予的权力转授给其他机关。 （3）解释权限。由制定机关负责解释

考点五 税收执法

【例题·2017年·单项选择题】 关于税收执法监督，下列表述正确的是（　　）。

A. 税收执法监督的形式均为事中监督

B. 税收执法监督的主体是司法机关、审计机关

C. 税收执法监督的对象是税务机关及其工作人员

D. 税务机关的人事任免属于税收执法监督的监督范围

【答案】 C

【解析】 本题考查税收执法。

税收执法监督包括事前监督、事中监督和事后监督，选项A错误。税收执法监督的主体是税务机关，选项B错误。税务机关及其工作人员的非职务行为，或者税务机关的人事任免等内容，均属于非行政执法行为，不属于税收执法监督的监督范围，选项D错误。

私教点拨

对于税收执法的主要考点，需要把握的内容见表1-8。

表1-8 税收执法的主要考点

考点	具体内容
合法性原则	（1）执法主体法定。税收执法的主体是国家税务机关及其公职人员或经法定授权的组织。 （2）执法内容合法。税收执法主体必须在税法规定的范围内活动，不得超越职权，也不得滥用职权。 （3）执法程序合法。 （4）执法根据合法
监督	税收执法监督包括事前监督、事中监督和事后监督，具有以下特征： （1）主体是税务机关； （2）对象是税务机关及其工作人员； （3）内容是税务机关及其工作人员的行政执法行为

考点六 税收司法

【例题·2017年·多项选择题】 下列关于税收司法的说法中，正确的有（　　）。

A. 对税务机关作出的征税行为不服，属于税收行政诉讼具体的受案范围

B. 税收司法概念的核心在于谁能够行使国家司法权处理涉税案件

C. 税收刑事司法以《刑法》和《刑事诉讼法》为法律依据

D. 保障纳税人的合法权益是税收行政司法制度的重要内容

E. 税收司法的主体是税务机关

【答案】ABCD

【解析】本题考查税收司法。

我国司法权行使的主体是人民法院、人民检察院和公安机关，选项 E 错误。

私教点拨

税收司法的相关内容虽考查频率较低，但仍有一定的可能性，应予以把握。

宪法以根本法的权威，确认我国司法权行使的主体是人民法院、人民检察院和公安机关。税收司法是各级司法主体在宪法和法律规定的职权范围内，按照法定程序处理涉税行政、民事和刑事案件的专门活动。其概念核心在于谁能够行使国家司法权处理涉税案件，关键点在于公安机关和人民检察院能否行使国家司法权力。有关税收司法的主要内容见表 1－9。

表 1－9　税收司法的主要考点

项目	具体内容
税收行政司法	税务机关相对人有权对以下税收行政行为提起诉讼，即构成了税收行政诉讼的受案范围： （1）对税务机关作出的**征税行为**不服； （2）对税务机关作出的责令纳税人提供**纳税担保**行为不服； （3）对税务机关作出的税收保全措施不服； （4）对税务机关通知出境管理机关阻止纳税人出境行为不服； （5）对税务机关税收**强制执行措施**不服； （6）对税务机关行政处罚不服，包括罚款、没收、停止出口退税权等； （7）认为税务机关没有正当理由而对要求颁发有关证件的申请予以拒绝或者不予答复； （8）认为税务机关侵犯法定经营自主权； （9）认为税务机关违法要求履行义务； （10）对税务机关复议行为不服； （11）法律法规规定可以提起诉讼的其他税务行政案件等
税收刑事司法	税收刑事司法是以《**刑法**》和《**刑事诉讼法**》为法律依据，以危及税收的行为为规制对象，以规制国家权力、保障当事人权利为目的的责任制度与程序制度
税收民事司法	税收的优先权、代位权、撤销权制度等，都是有关税收债权的重要保护制度

真题演练

1.（2022年·单项选择题）从税法法律性质来说，税法属于（　　）。

A. 制定法　　B. 义务法　　C. 授权法　　D. 习惯法

2.（2022年·单项选择题）根据税法的内容，税法具有（　　）。

A. 综合性　　B. 单一性　　C. 程序性　　D. 实体性

3.（2021年·单项选择题）为深入推进税务领域“放管服”改革，2021年3月中办、国办印发的文件是（　　）。

A.《纳税信用等级评定管理试行办法》

B.《税务行政处罚裁量权行使规则》

C.《关于进一步深化税收征管改革的意见》

D.《关于进一步加强税收征管工作的若干意见》

4.（2018年·单项选择题）关于税务规范性文件，下列说法正确的是（　　）。

A. 税务规范性文件可以设定退税事项

B. 税务规范性文件解释权由制定机关负责解释

C. 税务规范性文件的名称可以使用“通知”“批复”

D. 各级税务机关的内设机构，可以以自己的名义制定税务规范性文件

5.（2017年·单项选择题）我国划分税收立法权的主要依据是中华人民共和国的（　　）。

A.《税务部门规章制定办法》　　B.《宪法》和《立法法》

C.《税收征收管理法》　　D.《立法法》

6.（2023年·多项选择题）下列属于减免税基本形式的有（　　）。

A. 税额式减免　　B. 税率式减免　　C. 加计式减免　　D. 税基式减免

E. 特定式减免

7.（2022年·多项选择题）关于税收法律关系的特点，下列说法正确的有（　　）。

A. 具有财产所有权或支配权单向转移的性质　　B. 体现国家单方面的意志

C. 体现纳税人单方面的意志　　D. 主体的一方只能是国家

E. 权利义务关系具有不对等性

8.（2022年·多项选择题）下列情形导致税收法律关系消灭的有（　　）。

A. 纳税人履行纳税义务　　B. 某些税法的废止

C. 纳税人自身的组织状况发生变化　　D. 纳税主体的消失

E. 纳税义务的免除

9.（2022年·多项选择题）税法适用原则是指税务行政机关或司法机关运用税收法律规范解决具体问题所必须遵循的准则，具体包括（　　）。

A. 法律优位原则
B. 税收法定主义原则
C. 法律不溯及既往原则
D. 程序优于实体原则
E. 特别法优于普通法原则

10. （2021 年 · 多项选择题）税务规范性文件的特征包括（　　）。

A. 适用主体的非特定性
B. 具有向后发生效力的特征
C. 属于非立法行为的行为规范
D. 与税务规章设定权一致
E. 不具有可诉性

11. （2017 年 · 多项选择题改编）下列关于税务部门规章的说法中，正确的有（　　）。

A. 税务规章解释与税务规章具有同等效力
B. 税务规章由国家税务总局负责解释
C. 税务规章的效力低于法律，高于行政法规
D. 税务规章解释的效力低于税务规章
E. 不符合上位法规定的税务规章应当及时修改或者废止

参考答案及解析

1. **【答案】**B

【解析】本题考查税法概念。

从法律性质看，税法属于义务性法规。

2. **【答案】**A

【解析】本题考查税法概述——特点。

税法的特点可以概括为以下几个方面：①从立法过程来看，税法属于制定法；②从法律性质来看，税法属于义务性法规；③从内容来看，税法具有综合性。选项 A 正确。

3. **【答案】**C

【解析】本题考查税收制度的建立与发展。

为深入推进税务领域“放管服”改革，2021 年 3 月中办、国办印发的文件是《关于进一步深化税收征管改革的意见》，选项 C 正确。

4. **【答案】**B

【解析】本题考查税收立法——税务规范性文件。

税务规范性文件不得设定税收开征、停征、减税、免税、退税、补税事项，选项 A 错误。税务规范性文件不可以使用“条例”“实施细则”“通知”“批复”等名称，选项 C 错误。各级税务机关的内设机构、派出机构和临时性机构，不得以自己的名义制定税务规范性文件，选项 D 错误。

5.【答案】B

【解析】本题考查税收立法——税收法律。

我国划分税收立法权的直接法律依据主要是《宪法》与《立法法》，选项 B 正确。

6.【答案】ABD

【解析】本题考查税收实体法要素。

减免税基本形式包括税基式减免（选项 D）、税率式减免（选项 B）、税额式减免（选项 A）。

7.【答案】ABDE

【解析】本题考查税收法律关系的特点。

税法法律关系的特点：①主体的一方只能是国家（选项 D）；②体现国家单方面的意志（选项 B）；③权利义务关系具有不对等性（选项 E）；④具有财产所有权或支配权单向转移的性质（选项 A）。

8.【答案】ABDE

【解析】本题考查税收法律关系消灭的原因。

税收法律关系消灭的原因：①纳税人履行纳税义务（选项 A）；②纳税义务因超过期限而消灭；③纳税义务的免除（选项 E）；④某些税法的废止（选项 B）；⑤纳税主体的消失（选项 D）。

9.【答案】ACDE

【解析】本题考查税法概述——原则。

税法适用原则包括：法律优位原则；法律不溯及既往原则；新法优于旧法原则；特别法优于普通法原则；实体从旧，程序从新原则；程序优于实体原则。选项 A、C、D、E 正确。

10.【答案】ABCE

【解析】本题考查税收立法——税务规范性文件。

税务规范性文件的特征包括：① 属于非立法行为的行为规范；② 适用主体的非特定性；③ 不具有可诉性；④ 具有向后发生效力的特征。选项 A、B、C、E 正确。

11.【答案】ABE

【解析】本题考查税收立法——税务规章。

税务规章的效力低于法律、行政法规，选项 C 错误。税务规章解释与税务规章具有同等效力，选项 D 错误。

第二章　增值税

本章考情 Q&A

Q：本章的重要性如何？

A：“增值税”属于整本书的核心，是最重要的章节，在《税法（Ⅰ）》中具有举足轻重的地位，对本章考点的掌握程度会直接影响考试结果。从近 5 年的考题来看，本章在考试中的平均分值约为 60 分，稳居各税种榜首。

Q：本章的学习难度如何？

A：本章的学习难度较大，内容较多，其中：征税范围、税收优惠、一般计税方法应纳税额的计算、简易计税方法每年都会考查，特定企业的计税方法、出口退税属于难点。除此之外，增值税还可以与其他任意税种结合考查，尤其是消费税、关税、土地增值税和城市维护建设税。

Q：本章在考试中通常以什么形式考查？

A：本章可以以任何题型考查，考生应全面掌握。

Q：2024 年本章内容有变动吗？

A：本章内容变化较大，主要变化如下：

1. 新增

（1）消防救援设备免征进口税收的优惠政策；

（2）烟叶“价外补贴”抵扣进项税额的发票开具；

（3）进项税额转出的规定；

（4）先进制造业企业、集成电路企业、工业母机企业加计抵减政策；

（5）普遍性留抵退税政策；

（6）横琴、平潭开发有关增值税退税政策；

（7）成品油零售加油站增值税政策；

（8）金融企业发放贷款后发生的应收未收利息是否征收增值税的规定。

2. 调整

（1）小规模纳税人、二手车、小额贷款等增值税税收优惠政策延期；

（2）退役士兵创业就业、重点群体创业就业扣减增值税优惠政策；

（3）研发机构采购国产设备增值税退税政策。

3. 删除

（1）直接用于科学研究、科学试验和教学的进口仪器、设备免征增值税的规定；

（2）处置抵债不动产可选择差额计税或全额计税的规定；

（3）杭州亚运会和亚残运会、三项国际综合运动会、公共交通运输服务、动漫企业销售动漫软件即征即退、中国国际服务贸易交易会展期内销售的进口展品、制造业中小微企业延缓缴纳部分税费等优惠政策；

（4）航空运输、铁路运输企业分支机构暂停预缴增值税；

（5）生产、生活服务加计抵减政策；

（6）增值税发票的使用和管理。

Q：本章主要考点近年分布如何？

A：以下用星标方式展示本章主要考点的学习难度、考题难度、考查频率。

考点	学习难度	考题难度	考查频率
纳税人	★	★	★★
征税范围	★★	★★	★★★
视同销售	★★	★★	★★★
不征税规定	★★	★★	★★
减税、免税	★★★	★★★	★★★
销项税额	★★	★★	★★★
进项税额	★★★	★★	★★★
一般计税方法应纳税额的计算	★★★	★★★	★★★
留抵退税	★★	★★	★★
简易计税方法	★★	★★	★★
特定企业（交易行为）税收政策	★★★	★★★	★★★
进口增值税政策	★★	★★	★★
出口增值税政策	★★★	★★	★★
纳税义务发生时间	★★	★★	★★

经典例题

考点一　纳税人

【**例题1·2019年·单项选择题改编**】关于增值税纳税人的规定，下列说法正确的是（　　）。

A. 承包人以发包人名义对外经营并由发包人承担法律责任的，以承包人为纳税人

B. 报关进口货物，以进口货物的发货人为纳税人

C. 资管产品运营过程中发生的增值税应税行为，以资管产品管理人为纳税人

D. 境外单位在境内提供应税劳务，一律以购买者为纳税人

【**答案**】C

【**解析**】本题考查增值税纳税人。

承包人以发包人名义对外经营并由发包人承担法律责任的，以发包人为纳税人，选项A错误。报关进口货物，以进口货物的收货人或办理报关手续的单位和个人为进口货物的纳税人，选项B错误。境外的单位或个人在境内提供应税劳务，在境内未设有经营机构的，其应纳税款以境内代理人为扣缴义务人；在境内没有代理人的，以购买者为扣缴义务人，选项D错误。

私教点拨

凡在我国境内销售货物或者加工、修理修配劳务，销售服务、无形资产、不动产以及进口货物的单位和个人，为增值税的纳税人。考试常见的增值税纳税人知识点见表2-1，考生需要掌握。

表2-1　增值税纳税人

关键词	应税行为	纳税人
承包、承租、挂靠	承包人、承租人、挂靠人以发包人、出租人、被挂靠人**名义**对外经营**并**由发包人、出租人、被挂靠人**承担法律责任**的	发包人、出租人、被挂靠人
	不满足上述条件的	承包人、承租人、挂靠人
建筑合同	建筑企业与发包方签订建筑合同后，又授权集团内其他纳税人（以下称第三方）**实际**为发包方提供建筑服务，并由第三方直接与发包方**结算**工程款的	第三方
资管产品	**资管产品**运营过程中发生的增值税应税行为	资管产品管理人，如银行、信托公司、基金公司

（续表）

关键词	应税行为	纳税人
进口	报关进口的货物	收货人或办理报关手续的单位和个人
	代理进口货物	完税凭证上所载纳税人

除以上纳税人的相关内容外，考生也应当掌握对应的增值税扣缴义务人知识点，见表2－2。

表2－2 增值税扣缴义务人

关键词	应税行为		扣缴纳税人
应税劳务	境外的单位或个人在境内提供应税**劳务**	在境内没有经营机构的	**境内代理人**
		在境内没有经营机构，也没有代理人的	**购买方**
销售服务、无形资产、不动产	境外的单位或个人在境内销售**服务**、**无形资产**或者**不动产**，在境内没有经营机构的		**购买方**

【例题2·2019年·多项选择题】根据增值税纳税人登记管理的规定，下列说法正确的有（　　）。

A. 个体工商户年应税销售额超过小规模纳税人标准的，不能申请登记为一般纳税人

B. 非企业性单位、不经常发生应税行为的企业，可以选择按小规模纳税人纳税

C. 增值税纳税人年应税销售额超过小规模纳税人标准的，除另有规定外，应当向主管税务机关办理一般纳税人登记

D. 纳税人登记时所依据的年应税销售额不包括税务机关代开发票销售额

E. 纳税人偶然发生的销售无形资产、转让不动产的销售额，不计入应税行为年应税销售额

【答案】BCE

【解析】本题考查增值税纳税人。

年应税销售额超过小规模纳税人标准的个体工商户，应按规定办理一般纳税人登记，选项A错误。年应税销售额包括纳税申报销售额、稽查查补销售额、纳税评估调整销售额。其中，纳税申报销售额包括免税销售额和税务机关代开发票销售额，选项D错误。

私教点拨

对于纳税人的登记管理，考生应当掌握以下两点。

（1）增值税纳税人分类的基本依据是纳税人的**年应税销售额**是否超过500万元。具体划分标准可根据不同情形理解，见表2－3。

表2－3　增值税纳税人类型划分

情形	纳税人类型
年应税销售额**超过500万元**的	一般情况，为一般纳税人
	特殊情况： （1）超过500万元的**其他个人**，应当为小规模纳税人； （2）**非企业性单位，不经常发生应税行为**的企业、单位、个体工商户，可选择为小规模纳税人
年应税销售额在**500万元及以下**的	会计核算不健全的，为小规模纳税人
	会计核算健全，能够提供准确税务资料的，可以申请登记为一般纳税人

（2）针对作为纳税人分类依据的年应税销售额，应当注意的内容见表2－4。

表2－4　增值税纳税人分类依据——年应税销售额

项目	具体情形
核算期间	连续不超过12个月或4个季度的经营期
核算范围	包括**纳税申报销售额、稽查查补销售额、纳税评估调整销售额**。其中，纳税申报销售额包括**免税销售额**和**税务机关代开发票销售额**
	（1）不包括偶然发生的销售无形资产、转让不动产的销售额； （2）销售服务、无形资产或者不动产有扣除项目的纳税人，应以扣除前的销售额作为纳税人分类的判断依据，不得扣除可扣除项目

考点二　征税范围

【例题1·2020年·多项选择题】根据增值税征税范围的规定，下列说法正确的有（　　）。

A. 道路通行服务按“不动产租赁服务”缴纳增值税

B. 向客户收取的退票费按“其他现代服务”缴纳增值税

C. 融资性租赁（除售后回租）按“金融服务”缴纳增值税

D. 车辆停放服务按“有形动产租赁服务”缴纳增值税

E. 融资性售后回租按“租赁服务”缴纳增值税

【答案】AB

【解析】本题考查增值税征税范围。

选项 C 属于“现代服务——租赁服务”，选项 D 属于“不动产租赁服务”，选项 E 属于“金融服务——贷款服务”。

私教点拨

在历年考试中，对于增值税征税范围的考查从未间断，一切复杂的计算也皆基于此。判断征税范围是第一步，作为基础性的内容，一定要牢牢掌握。征税范围中与“租”相关的部分内容如下。

（1）**租赁服务**，包括**融资租赁服务**和**经营租赁服务**。融资租赁服务具有融资性质和所有权转移的特点；而在经营租赁服务中，租赁物的所有权不会发生变更。各租赁服务又可根据标的物的不同细分为动产租赁和不动产租赁。

考试中常涉及的内容包括：将飞机、车辆等**有形动产的广告位出租**给其他单位或个人用于发布广告，应属于有形动产经营租赁服务；与之对应的，将建筑物、构筑物等**不动产的广告位出租**给其他单位或个人用于发布广告，就属于不动产经营租赁服务。两者均是用于发布广告，区别就在于载体不同，在动产上发布广告属于有形动产租赁服务，在不动产上发布广告就属于不动产租赁服务。同样的道理，**车辆停放服务、道路通行服务**（包括过路费、过桥费、过闸费等），属于租用场地、道路等不动产，因此，按照不动产经营租赁服务缴纳增值税。

（2）**融资性售后回租**，因为带有“租”字，很容易与租赁服务混淆。在融资性售后回租中，承租方的目的是融资，相当于把设备抵押给从事融资性售后回租业务的企业，以取得资金，因此，融资性售后回租属于金融服务——贷款服务。

【例题 2 · 2018 年 · 多项选择题】下列应按照“有形动产租赁服务”缴纳增值税的有（　　）。

A. 航空运输的干租业务　　B. 有形动产经营性租赁

C. 有形动产融资租赁　　D. 远洋运输的期租业务

E. 水路运输的程租业务

【答案】ABC

【解析】本题考查增值税征税范围。

远洋运输的期租服务、水路运输的程租服务属于“交通运输服务”，选项 D、E 错误。

私教点拨

关于程租、期租、湿租、干租以及光租的辨析，见表2-5。

表2-5　程租、期租、湿租、干租以及光租的辨析

出租方式		应税服务类型	具体内容	税率
航空运输	湿租	交通运输服务	航空运输企业将配备机组人员的飞机出租一段时间	9%
	干租	有形动产经营租赁服务	航空公司只将飞机出租一段时间	13%
水路运输	光租	有形动产经营租赁服务	运输企业只将船舶出租一段时间	13%
	程租	交通运输服务	运输企业将配备操作人员的船舶出租一段航程	9%
	期租	交通运输服务	运输企业将配备操作人员的船舶出租一段时间	9%

类似的情形还有，纳税人**将建筑施工设备出租给他人使用并配备操作人员**的，按照"**建筑服务**"缴纳增值税。而只出租建筑施工设备的，应按照"有形动产经营租赁服务"缴纳增值税。

由此可见，**只出租资产**（如飞机、轮船、施工设备）的，属于"有形动产经营租赁"，而**将资产连同操作人员**一同出租的，应按行业归属于不同的服务。

【例题3·2017年·单项选择题】下列业务中，属于在我国境内发生增值税应税行为的是（　　）。

A. 英国会展单位在我国境内为境内某单位提供会议展览服务

B. 境外企业在巴基斯坦为我国境内单位提供工程勘察勘探服务

C. 我国境内单位转让在德国境内的不动产

D. 新西兰汽车租赁公司向我国境内企业出租汽车，供其在新西兰考察中使用

【答案】A

【解析】本题考查增值税征税范围。

向境内单位或者个人提供的工程、矿产资源在境外的工程勘察勘探服务，不属于在境内销售服务，选项B错误。销售的不动产在境外的，不属于在我国境内发生增值税应税行为，选项C错误。境外单位或者个人向境内单位或者个人出租完全在境外使用的有形动产，不属于在境内销售服务，选项D错误。

私教点拨

根据纳税人的定义我们已经知道，凡在我国境内发生应税行为的单位和个人，为增值税的纳税人。其中，对于什么是“境内”，可以分别从以下几点来理解。

（1）增值税**境内销售的界定**见表2－6。

表2－6 增值税境内销售的界定

应税行为	境内的界定
销售货物	货物的起运地或者所在地在境内
销售服务（除租赁不动产外）、销售无形资产（除自然资源使用权外）	**销售方或者购买方在境内**
销售或者租赁不动产	**不动产在境内**
销售自然资源使用权	**自然资源在境内**

（2）再从反面了解一下，哪些**不属于**在境内销售服务或无形资产，具体内容见表2－7。

表2－7 不属于在境内销售服务或无形资产

方向	行为	所在地
境外单位或者个人向**境内**单位或者个人	销售**服务**、**无形资产**。 例如，提供建筑服务、工程监理服务、工程勘察勘探服务、会议展览服务等	**完全在境外**。 例如，工程施工地点、矿产资源所在地点、会议展览地点、汽车使用地点
	出租**有形资产**。 例如，出租汽车、设备等	

除了上述境外单位或个人发生的行为外，以下**境内单位和个人**发生的行为应**视同**从境外取得收入：**境内单位和个人**作为工程分包方，为施工地点**在境外**的工程项目提供建筑服务，从境内工程总承包方取得的分包款收入，视同从境外取得收入。

对于什么是“完全在境外”，可通过下面的一个例子来理解。

境外GOLDEN工程公司在俄罗斯为我国高顿石油公司提供工程勘察勘探服务，由于提供的工程勘察勘探服务发生地点在俄罗斯，因此，不属于在我国境内销售服务。

而对于什么是“未完全在境外”发生或使用，可通过下面的两个例子来理解：

例一，境外GOLDEN咨询公司与境内高顿教育公司签订咨询合同，就境内高顿教育公司开拓境内、境外市场进行实地调研并提出公司战略与风险管理建议，境外GOLDEN咨询公司提供的咨询服务同时在境内和境外发生，因此，属于在境内销售服务。

例二，境外 GOLDEN 研发公司向境内高顿制造公司转让一项专利技术，该技术同时用于高顿制造公司在境内和境外的大型生产线，因此，属于在境内销售服务。

考点三 视同销售

【例题 1 · 2019 年 · 单项选择题】下列各项中，应视同销售，征收增值税的是（ ）。

A. 王某无偿向其他单位转让无形资产（用于非公益事业）

B. 某公司将外购饮料用于职工福利

C. 某建筑公司外购水泥发生非正常损失

D. 个人股东无偿借款给单位

【答案】A

【解析】本题考查增值税视同销售。

单位或者个人向其他单位或者个人无偿转让无形资产或者不动产，用于非公益事业的，应视同销售征收增值税，选项 A 正确。

【例题 2 · 2020 年 · 多项选择题】下列业务中，属于增值税视同销售行为的有（ ）。

A. 运输公司无偿向新冠肺炎疫区运输抗疫物资

B. 超市将购进的食用油发放给员工

C. 汽车厂将自产汽车分配给股东

D. 软件开发企业向另一企业无偿提供软件维护服务

E. 食品厂将委托加工收回食品无偿赠送给关联方

【答案】CDE

【解析】本题考查增值税视同销售。

单位无偿提供服务，用于公益事业的，不属于视同销售行为，选项 A 错误。将外购的货物用于集体福利、个人消费的，不属于视同销售行为，选项 B 错误。将自产的货物分配给股东或投资者，属于视同销售行为，选项 C 正确。单位无偿提供服务，不用于公益事业或者不以社会公众为对象的，属于视同销售行为，选项 D 正确。单位将委托加工的货物无偿赠送给其他单位的，应当视同销售，选项 E 正确。

私教点拨

根据征税范围的不同，对视同销售行为进行如下区分。

1. 视同销售**货物**

（1）将货物交付其他单位或者个人**代销**；

（2）销售**代销**货物；

（3）设有两个以上机构并实行统一核算的纳税人，将货物从一个机构移送其他机构用于销售，但相关机构设在同一县（市）的除外；

（4）将自产、委托加工的货物用于**集体福利或者个人消费**；

（5）将自产、委托加工或者购进的货物作为**投资**，提供给其他单位或者个体工商户；

（6）将自产、委托加工或者购进的货物**分配**给股东或者投资者；

（7）将自产、委托加工或者购进的货物**无偿赠送**给其他单位或者个人。

对比上述第（4）条至第（7）条，根据货物来源梳理视同销售的情形，见表2-8。

表2-8 购进、自产、委托加工货物的视同销售行为

货物来源	视同销售行为
购进	投资、分配、赠送
自产、委托加工	集体福利、个人消费、投资、分配、赠送

由此可见，将**购进的**货物用于**投资**、**分配**、**赠送**时，需要视同销售缴纳增值税，而用于**集体福利或者个人消费**时，并不需要视同销售。

2. 视同销售**服务、无形资产或者不动产**

（1）单位或者个体工商户向其他单位或者个人**无偿**提供服务；

（2）单位或者个人向其他单位或者个人**无偿**转让无形资产或者不动产。

注意，将上述**服务、无形资产或者不动产**用于**公益事业或者以社会公众为对象的，不属于**视同销售行为。

考点四 不征税规定

【例题·2018年·单项选择题】下列收入中，不征收增值税的是（ ）。

A. 被保险人获得的保险赔付

B. 销售代销货物取得的收入

C. 电力公司向发电企业收取的过网费

D. 销售机器设备同时提供安装服务取得的安装费

【答案】A

【解析】本题考查增值税不征税规定。

被保险人获得的保险赔付，不征收增值税，选项 A 正确。销售代销货物取得的收入，应当视同销售，征收增值税，选项 B 错误。电力公司向发电企业收取的过网费，应当征收增值税，选项 C 错误。销售机器设备同时提供安装服务取得的安装费，应分别核算销售额，征收增值税，选项 D 错误。

私教点拨

除了上述例题中的不征税行为外，其他常涉及的**不征税行为**见表 2-9。

表 2-9 部分增值税不征税行为

关键词	行为
代收	代为收取的符合规定的政府性基金或者行政事业性收费
单位内部服务	员工为本单位提供取得工资的服务
	单位为员工提供应税服务
国家指令	根据国家指令无偿提供的铁路运输服务、航空运输服务，属于用于公益事业的服务
党费、会费	各党派、共青团、工会、妇联、中科协、青联、台联、侨联收取党费、团费、会费，以及政府间国际组织收取会费

上述**非经营活动**，均不征收增值税。而对经济实务中某些特殊行为，政策中也作出了具体规定，可以适当掌握。例如，纳税人在重组过程中，通过合并、分立、出售、置换等方式，将全部或者部分实物资产以及与其相关联的债权、负债和劳动力一**并转让**给其他单位和个人，不属于增值税的征税范围。

考点五 减税、免税

【例题 1·2020 年·多项选择题】下列项目中，免征增值税的有（ ）。

A. 幼儿园收取的赞助费

B. 学生勤工俭学

C. 职业培训机构提供的培训

D. 福利彩票发行收入

E. 婚姻介绍服务

【答案】BDE

【解析】本题考查增值税的减税、免税。

超过规定收费标准的，以开办实验班、特色班和兴趣班等为由另外收取的费用以及与幼儿入园挂钩的赞助费、支教费等超过规定范围的收入，不属于免征增值税的收入，选项A错误。学生勤工俭学提供的服务，免征增值税，选项B正确。提供学历教育的学校提供的教育服务收入，免征增值税，但该学校不包括职业培训机构等国家不承认学历的教育机构，选项C错误。福利彩票、体育彩票的发行收入，免征增值税，选项D正确。婚姻介绍服务，免征增值税，选项E正确。

私教点拨

表2－10根据不同的应税类型，对常涉及的增值税免税规定进行了划分，可以根据分类进行记忆。

表2－10　增值税免税项目

相关范围	具体规定
销售货物	（1）农产品相关： ① **农业生产者**销售的自产农产品，免征增值税； ② 从事蔬菜及鲜活肉蛋**批发**、**零售的纳税人**销售的蔬菜、部分鲜活肉蛋产品，免征增值税。 （2）研发设备相关： 研发机构**采购国产设备**，**全额退还**增值税。 （3）**其他个人**销售自己使用过的物品，免征增值税。 （4）供热企业向居民个人供热而取得的采暖费收入，免征增值税。 （5）单位或者个体工商户将自产、委托加工或购买的**货物**通过公益性社会组织、县级以上政府及其部门，或**直接**无偿捐赠给**目标脱贫地区**的单位和个人，免征增值税。 （6）免征图书批发、零售环节增值税
提供加工、修理修配劳务	残疾人个人提供的加工、修理修配劳务
销售服务	（1）残疾人相关： ① 残疾人福利机构提供的**育养**服务； ② 残疾人员本人为社会提供的服务。 （2）**婚姻介绍**服务。 （3）学生勤工俭学提供的服务。 （4）福利彩票、体育彩票的发行收入。 （5）提供**学历教育**的学校提供的教育服务收入。 （6）**国债**、**地方政府债**的利息收入。 （7）**个人**从事金融商品转让业务。 （8）法律援助人员按规定获得的法律援助补贴
销售无形资产	（1）个人转让著作权。 （2）纳税人提供技术转让、技术开发和与之相关的技术咨询、技术服务
销售不动产及不动产租赁	（1）个人销售**自建自用**住房。 （2）军队空余房产租赁收入

【例题2·2019年·多项选择题改编】关于小规模纳税人的增值税政策，下列说法正确的有（ ）。

A. 小规模纳税人月销售额扣除本期发生的销售不动产销售额后未超过10万元的，其销售货物、劳务、服务、无形资产取得的销售额免征增值税

B. 适用增值税差额征税政策的小规模纳税人，以差额后的销售额确定是否可以享受月销售额10万元及以下免征增值税政策

C. 从2023年1月1日起，月销售额10万元以下（含本数）的增值税小规模纳税人，免征增值税

D. 按现行规定应当预缴增值税税款的小规模纳税人，凡在预缴地实现的月销售额未超过10万元的，当期无须预缴税款

E. 其他个人一次性收取两月租金18万元，不能享受免征增值税政策

【答案】ABCD

【解析】本题考查增值税的减税、免税。

其他个人（除个体工商户以外的自然人）采取一次性收取租金形式出租不动产取得的租金收入，可在对应的租赁期内平均分摊，分摊后租金未超过10万元的，免征增值税。题中选项E，月平均租金为9万元（18÷2），未超过10万元，因此可以享受免税政策，选项E错误。

私教点拨

增值税纳税人中，个人一般包括个体工商户和其他个人（自然人），个体工商户达到标准（具体标准参照本章考点一“纳税人”）的，可以认定为一般纳税人，未达到标准的，为小规模纳税人。随着国家对小微企业进一步的支持，对小规模纳税人也作出了更大幅度的免征规定。小规模纳税人免税规定见表2-11。

表 2-11 小规模纳税人免税规定

项目	具体规定
小规模纳税人免税规定	自 2023 年 1 月 1 日至 2027 年 12 月 31 日，对月销售额未超过 10 万元（或者季度销售额未超过 30 万元，下同）的增值税小规模纳税人，免征增值税。 （1）小规模纳税人发生增值税应税销售行为，合计月销售额超过 10 万元，但扣除本期发生的销售不动产的销售额后未超过 10 万元的，其销售货物、劳务、服务、无形资产取得的销售额免征增值税； （2）适用差额征税的小规模纳税人，以差额后的销售额确定是否可以享受免税政策； （3）**其他个人**一次性收取的**不动产租金**收入，可以在租赁期内**平均分摊**后确定是否可以享受免税政策； （4）应当预缴增值税的小规模纳税人，凡在预缴地实现的月销售额未超过 10 万元的，当期无须预缴税款

月销售额超过 10 万元或季度销售额超过 30 万元，需要就销售额全额计算缴纳增值税。而按照固定期限纳税的小规模纳税人，可以根据自己的实际经营情况选择实行按月纳税或按季纳税。

自 2023 年 1 月 1 日至 2027 年 12 月 31 日，增值税小规模纳税人适用 3%征收率的应税销售收入，减按 1%征收率征收增值税；适用 3%预征率的预缴增值税项目，减按 1%预征率预缴增值税。

【例题 3 · 2023 年 · 单项选择题】网络游戏开发公司为增值税一般纳税人，2023 年 3 月，销售自行开发的网络游戏软件取得不含税销售额 900 万元，自行开发软件运维服务不含税销售额 100 万元。本月购进材料取得增值税专用发票上注明税额 40 万元，本月即征即退增值税（　　）万元。

A. 60　　B. 54　　C. 53　　D. 50

【答案】B

【解析】本题考查增值税的减税、免税。

实际税负金额 = 900×3% = 27（万元），销售软件产品应缴纳的增值税 = 900×13% − 40×900÷(900+100) = 81（万元），81 万元>27 万元，即征即退税额 = 81 − 27 = 54（万元），选项 B 正确。

【例题 4 · 2020 年 · 多项选择题】根据增值税一般纳税人即征即退政策的规定，下列说法正确的有（　　）。

A. 对提供有形动产融资租赁服务增值税实际税负超过 5%的部分即征即退

B. 对销售自产磷石膏资源综合利用产品，增值税即征即退 70%

C. 对提供管道运输服务增值税实际税负超过 3%的部分即征即退

D. 对销售自产的利用风力生产的电力产品，增值税即征即退 70%

E. 对销售自行开发生产的软件产品增值税实际税负超过 3%的部分即征即退

【答案】BCE

【解析】本题考查增值税的减税、免税。

对提供有形动产融资租赁服务增值税实际税负超过 3%的部分，实行即征即退政策，选项 A 错误。对销售自产的利用风力生产的电力产品，实行增值税即征即退 50%的政策，选项 D 错误。

私教点拨

我国对不同行业和项目采用不同的即征即退办法，在考试中，也会直接考查不同应税行为的即征即退办法。常涉及的增值税即征即退项目的归纳见表 2－12，需要记忆。

表 2－12 增值税即征即退项目

应税行为	即征即退办法
纳税人销售自产磷石膏资源综合利用产品	即征即退 70%
纳税人销售自产的利用风力生产的电力产品	即征即退 50%
飞机维修劳务	实际税负超过 6%的部分即征即退
销售自行开发生产的**软件产品**	实际税负超过 3%的部分即征即退
提供**管道运输**服务	
经批准从事融资租赁业务的纳税人提供的**有形动产融资租赁服务**和**有形动产融资性售后回租服务**	

实际税负是指纳税人当期发生应税行为实际缴纳的增值税税额占纳税人当期发生应税行为取得的全部价款和价外费用的比例。软件产品增值税即征即退退税额的计算方法：

即征即退退税额＝当期软件产品增值税应纳税额－当期软件产品销售额×3%

当期软件产品增值税应纳税额＝当期软件产品销项税额－当期软件产品可抵扣进项税额

当期软件产品销项税额＝当期软件产品销售额×适用税率

考点六 销项税额

【例题 1 · 2019 年 · 单项选择题改编】某企业为增值税一般纳税人，2023 年 4 月提供汽车租赁服务，开具增值税专用发票，注明金额 50 万元；提供汽车车身广告位出租服务，开具增值税专用发票，注明金额 60 万元；出租上月购置房屋，开具增值税专用发票，注明金额 100 万元。该企业当月上述业务增值税销项税额为（　　）万元。

A. 15.60　　B. 18.90　　C. 23.30　　D. 25.60

【答案】C

【解析】本题考查增值税销项税额。

本题解题步骤如下：

第一步：确定征税范围与适用税率。

提供汽车租赁服务，属于有形动产经营租赁，适用税率为13%；提供汽车车身广告位出租服务，属于有形动产经营租赁，适用税率为13%；出租房屋，属于不动产经营租赁，适用税率为9%。

第二步：确定销售额。

提供有形动产经营租赁，销售额=50+60=110（万元）；

提供不动产经营租赁，销售额为100万元。

由于为增值税专用发票注明金额，因此，上述销售额为不含税金额。

第三步：计算销项税额。

销项税额=销售额×税率=110×13%+100×9%=23.30（万元）

因此，选项C正确。

私教点拨

销项税额是计算出来的，取决于销售额与税率，其公式为：

销项税额=销售额×税率

销售额为纳税人发生应税行为收取的全部价款和价外费用，但不包括销项税额。**税率分4档**，即13%、9%、6%、0，详见表2-13。

表2-13 增值税税率

税率	具体内容
13%	销售货物、劳务、有形动产租赁服务或者进口货物
9%	销售交通运输、邮政、基础电信、建筑、不动产租赁服务，销售不动产、转让土地使用权，销售或者进口农产品、食用植物油、天然气、图书、报刊、饲料、农机等
6%	除另有规定外，销售服务、无形资产以及增值电信服务
0	出口货物、劳务或者境内单位和个人发生的跨境应税行为

【提示】销售服务、无形资产、不动产时，涉及9%和6%税率的记忆口诀：

9%：不租不售土，交邮基建。

（不动产租赁、不动产出售、转让土地使用权，交通运输、邮政、基础电信、建筑服务。）

6%：现金无增生。

[现代服务（租赁服务除外）、金融服务、无形资产（转让土地使用权除外）、增值电信、生活服务。]

对于应纳税额的计算，**征税范围和税率是基础**，一些看似复杂的计算，其实万变不离其宗。为避免基础薄弱，考生需要在这里花些时间去记忆、练习，熟练掌握后，势必会对后续学习效率的提升有较大帮助。而对于不同情形下销售额的确定，接下来会根据考试常涉及的内容，逐一在例题解析与“私教点拨”中予以讲解。

【例题2·2020年·单项选择题改编】某工业企业为增值税一般纳税人，2023年4月销售货物，开具增值税专用发票，注明金额300万元，在同一张发票金额栏注明的折扣金额共计50万元。为鼓励买方及早付款，实行现金折扣N/90，1/45，2/30，买方于第45天付款。该企业上述业务销项税额（　　）万元。

A. 32.11　　B. 32.50

C. 39　　D. 38.61

【答案】B

【解析】本题考查增值税销项税额。

本题解题步骤如下：

第一步：确定征税范围与适用税率。

一般情况下，销售货物适用税率为13%。

第二步：确定销售额。

销售额和折扣额在同一张发票上的“金额”栏分别注明的，可按折扣后的销售额计算征收增值税。而现金折扣是为了鼓励购货方及时偿还货款而给予的折扣优待，不得从销售额中减除。因此，销售额=300-50=250（万元）。

第三步：计算销项税额。

销项税额=销售额×税率=250×13%=32.50（万元）

因此，选项B正确。

私教点拨

在销售活动中，为了达到促销目的，纳税人有多种销售方式选择。不同销售方式下，销售额的确定也会有所不同，折扣方式销售货物较易混淆，知识总结详见表2-14。

表 2－14 销售额的确定——折扣方式销售货物

折扣方式	具体内容	销售额的确定
折扣销售	指因购买方需求量大而给予的价格优惠。一般情况下，折扣与销售**同时**发生	将销售额和折扣额在同一张发票的“**金额**”栏中分别注明的，可以按折扣后的销售额征税
销售折扣（现金折扣）	发生在销货之**后**，指为了鼓励购货方及时偿还货款而给予的折扣优待	销售折扣**不得**从销售额中减除
销售折让	指由于货物**质量**不合格等原因，销货方给予购货方未予退货下的价格折让，虽然发生在销货之后，却是由货物的品种和质量引起的销售额减少	以折让后的货款为销售额

【例题 3·2019 年·单项选择题改编】某金店为增值税一般纳税人。2023 年 4 月采取以旧换新方式零售金银首饰，向顾客收取差价 20 万元。已知旧款金银首饰回收折价 5 万元。该金店当月增值税销项税额（　　）万元。

A. 0.58　　B. 1.73　　C. 2.30　　D. 2.88

【答案】C

【解析】本题考查增值税销项税额。

本题解题步骤如下：

第一步：确定征税范围与适用税率。

销售金银首饰，适用税率为 13%。

第二步：确定销售额。

纳税人采取以旧换新方式销售金银首饰，可以按销售方实际收取的不含增值税的全部价款征收增值税。向顾客收取的价款一般为价税合计额，需要进行价税分离，因此，销售额＝20÷(1+13%)＝17.70（万元）。

第三步：计算销项税额。

销项税额＝销售额×税率＝17.70×13%＝2.30（万元）

因此，选项 C 正确。

私教点拨

纳税人采取以旧换新方式销售货物的，其货物类型可以分为金银首饰和金银首饰以外的货物两类，应分别确定销售额。

（1）金银首饰，以销售方**实际收取**的不含税销售价格为销售额，即以新旧货物的**差额**确定销售额。

(2) 金银首饰以外的货物，按**新货物**的同期销售价格确认为销售额，不扣减旧货物价格。

【例题4·2019年·多项选择题改编】 关于增值税销售额的规定，下列说法正确的有（ ）。

A. 航空运输企业以向购买者收取的全部价款和价外费用为销售额，包括机场建设费

B. 纳税人提供旅游服务，可以选择以全部价款和价外费用，扣除向旅游服务购买方收取并支付给其他单位或者个人的住宿费、餐饮费、交通费、签证费、门票费和支付给其他接团旅游企业的旅游费用后的余额为销售额

C. 金融商品转让，按照卖出价扣除买入价后的余额为销售额

D. 纳税人提供劳务派遣服务，按照一般计税方法计税的，应以取得的全部价款和价外费用为销售额

E. 纳税人提供签证代理服务，以取得的全部价款和价外费用，扣除向服务接受方收取并代为支付给外交部和外国驻华使（领）馆的签证费、认证费后的余额为销售额

【答案】 BCDE

【解析】 本题考查增值税销项税额。

航空运输企业的销售额，不包括代收的机场建设费和代售其他航空运输企业客票而代收转付的价款，选项A错误。

私教点拨

一般情况下，增值税的销售额为纳税人收取的全部价款和价外费用，但对一些行为也作出了特殊规定，即引入了以差额作为销售额的规定。常见的差额确定销售额项目，主要集中在营改增之后的销售服务行为中，见表2-15。

表2-15 差额确定销售额项目

项目	销售额	关键点
经纪代理服务	以取得的全部价款和价外费用，扣除向委托方收取并**代为支付**的政府性基金或者行政事业性收费后的余额为销售额	代为支付
签证代理服务	以取得的全部价款和价外费用，扣除向服务接受方收取并**代为支付**给外交部和外国驻华使（领）馆的签证费、认证费后的余额为销售额	
人力资源外包服务	其销售额，不包括**代为**向客户单位员工发放的工资和**代理**缴纳的社会保险、住房公积金	
劳务派遣服务	可以选择差额纳税，以取得的全部价款和价外费用，扣除**代为**向用工单位支付给劳务派遣员工的工资、福利和为其办理社会保险及住房公积金后的余额为销售额	

（续表）

项目	销售额	关键点
航空运输服务	其销售额，不包括**代收**的机场建设费和**代售**其他航空运输企业客票而代收转付的价款	代为支付
客运场站服务	以取得的全部价款和价外费用，扣除**支付给**承运方**运费**后的余额为销售额	支付给其他方
旅游服务	以取得的全部价款和价外费用，扣除向旅游服务购买方收取并**支付给**其他单位或者个人的**住宿费**、**餐饮费**、**交通费**、**签证费**、**门票费**和支付给**其他接团旅游企业的旅游费用**后的余额为销售额	
金融商品转让	按照卖出价**扣除买入价**后的余额为销售额	扣买价
融资租赁服务	以取得的全部价款和价外费用，扣除支付的**借款利息**、**发行债券利息和车辆购置税**后的余额为销售额	扣利息
融资性售后回租服务	以取得的全部价款和价外费用（不含本金），扣除对外支付的**借款利息**、**发行债券利息**后的余额作为销售额	

【提示】差额确定销售额的记忆口诀：

经纪代理减行政，签证代理减签证；

人力资源扣工资，劳务派遣亦如此；

航空运输扣建设，客运场站扣运费；

旅游支付扣六项，金融转让扣买价；

融资租赁扣息税，售后回租减本息。

经纪代理、签证代理、人力资源外包、劳务派遣、航空运输服务差额确定销售额的定义中均有一个“代”字，纳税人代替客户所支付的部分，均不是自身提供服务所取得的收入，因此不作为其销售额。客运场站、旅游服务也是同样的道理，扣除的部分都是需要支付给第三方的款项，只是过路钱财而已。而金融商品转让、融资租赁服务、融资性售后回租服务，由于无法开具增值税专用发票、借款利息无法抵扣等原因，为了避免重复征税，也作出了差额征收的规定。

纳税人提供建筑服务、转让不动产，房地产开发企业销售其开发的房地产项目的差额征收规定在本章“特定企业（交易行为）税收政策”中说明。

考点七　进项税额

【例题1·2020年·单项选择题改编】某生产企业为增值税一般纳税人，生产销售货物适用税率9%。2023年1月从农业生产者购进免税农产品，开具农产品收购发票，注明金额为40万元；从小规模纳税人处购入农产品，取得增值税专用发票，注明金额 8 万元、税额 0.24 万元。假设农产品未纳入核定扣除范围，取得增值税扣税凭证当月计算抵扣进项税额。该企业当月可抵扣进项税额（　　）万元。

A. 3.84　　B. 3.60　　C. 4.24　　D. 4.32

【答案】D

【解析】本题考查增值税进项税额。

本题解题步骤如下：

第一步：确定扣除凭证和扣除比例。

纳税人开具农产品收购发票，未用于生产加工 13%税率货物的，以收购发票上注明的农产品金额和 9%的扣除率计算进项税额；从小规模纳税人处取得增值税专用发票，未用于生产加工 13%税率货物的，以增值税专用发票上注明的金额和 9%的扣除率计算进项税额。

第二步：计算进项税额。

进项税额合计 = 40×9% + 8×9% = 4.32（万元）

因此，选项 D 正确。

私教点拨

纳税人购进农产品，取得（开具）以下票据的，其进项税额的抵扣见表 2－16。

表 2－16　农产品进项税额的抵扣

票据类型	进项税额的抵扣
从一般纳税人处取得的增值税专用发票、海关进口增值税专用缴款书	凭票据上注明的税额抵扣
从小规模纳税人处取得 3%征收率的增值税专用发票	按增值税专用发票上注明的金额×9%
从小规模纳税人处取得 1%征收率的增值税专用发票	凭增值税专用发票上注明的税额抵扣
销售发票、收购发票	按发票上注明的农产品买价×9%

纳税人购进的农产品凡用于生产或者委托加工 13%税率货物的农产品时，按照 10%的扣除率计算进项税额，即在 9%的基础上再加计 1%扣除（从小规模纳税人处取得 1%征收率的增值税专用发票不适用）。

【例题 2 · 2020 年 · 单项选择题改编】某生产企业为增值税一般纳税人，2023 年 4 月其员工因公出差取得如下票据：注明本单位员工身份信息的铁路车票，票价共计 10 万元；注明本单位员工身份信息的公路客票，票价共计 3 万元；道路通行费增值税电子普通发票，税额共计 2 万元。该企业当月可以抵扣增值税进项税额（　　）万元。

A. 0.83　　B. 2.91　　C. 0.91　　D. 3.07

【答案】B

【解析】本题考查增值税进项税额。

本题解题步骤如下：

第一步：确定扣除凭证和扣除比例。

取得注明旅客身份信息的铁路车票，可作为进项税额扣除凭证，扣除比例为不含税票面金额的9%；取得注明旅客身份信息的公路、水路等其他客票，可以作为进项税额扣除凭证，扣除比例为不含税票面金额的3%。（前述铁路车票，公路、水路等其他客票，其票价计税时应进行价税分离。）取得道路通行费增值税电子普通发票，可以凭票据上注明的税款作为进项税额抵扣。

第二步：计算进项税额。

进项税额合计=10÷（1+9%）×9%+3÷（1+3%）×3%+2=2.91（万元）

因此，选项B正确。

私教点拨

购进国内旅客运输服务与通行费的抵扣方法有两类。

第一类，**凭票直接抵扣**。凭**增值税专用发票**或**增值税电子普通发票**上注明的增值税税额直接抵扣。例如，企业购买某在线打车平台的旅客运输服务，取得其开具的增值税电子普通发票，可直接凭电子发票上注明的税额抵扣进项税额。

第二类，**计算抵扣**。根据**票据所载金额**价税分离后，按照扣除比例计算进项税额。例如，公司员工取得的铁路车票，需要根据票载金额计算抵扣进项税额。

具体内容见表2-17。

表2-17　购买国内旅客运输服务、支付通行费进项税额的抵扣

票据类型		进项税额的抵扣
国内旅客运输服务	增值税专用发票	凭票据上注明的税额抵扣
	增值税电子普通发票	
	航空运输电子客票行程单	（票价+燃油附加费）÷（1+9%）×9%
	铁路车票	票面金额÷（1+9%）×9%
	公路、水路等其他客票	票面金额÷（1+3%）×3%
通行费	道路通行费增值税电子普通发票	凭票据上注明的税额抵扣
	桥、闸通行费发票	票面金额÷（1+5%）×5%

上述增值税专用发票与增值税电子普通发票均应注明购买方“名称”“纳税人识别号”等信息，并且与实际抵扣税款的纳税人一致。国内旅客运输服务中的航空、铁路、公路、

水路票据上需要注明**旅客信息**，该旅客限于与本单位签订了劳动合同的**员工**，以及本单位接受的劳务派遣员工，未注明旅客信息以及经查旅客信息不准确的票据均不得作为进项税额抵扣。

【例题 3 · 2020 年 · 单项选择题】下列项目中，允许抵扣增值税进项税额的是（　　）。

A. 纳税人取得增值税电子普通发票的道路通行费

B. 个人消费的购进货物

C. 纳税人购进的娱乐服务

D. 纳税人支付的贷款利息

【答案】A

【解析】本题考查增值税进项税额。

纳税人支付的道路通行费，按照收费公路通行费增值税电子普通发票上注明的增值税税额抵扣进项税额，选项 A 正确。购进货物用于个人消费，不得抵扣进项税额，选项 B 错误。购进的娱乐服务、贷款服务，不得抵扣进项税额，选项 C、D 错误。

私教点拨

考试常涉及的不得从销项税额中抵扣的进项税额，见表 2－18。

表 2－18　不得从销项税额中抵扣的进项税额

用途/非正常损失	购进的项目
不区分用途	贷款服务、餐饮服务、居民日常服务和娱乐服务
专用于简易计税项目、免税项目、集体福利或者个人消费	货物、劳务、服务、无形资产和不动产
非正常损失	购进的货物（包括在产品、产成品所耗用的货物），以及相关的劳务和交通运输服务
	不动产、不动产在建工程及其所耗用的购进货物、设计服务和建筑服务

（1）购进的**贷款服务、餐饮服务、居民日常服务和娱乐服务**，不区分用途，均不得作为进项税额抵扣。

（2）购进的项目，**专用**于简易计税项目、免税项目、集体福利或者个人消费时，不得作为进项税额抵扣；其中的固定资产、无形资产、不动产**兼用**于上述不允许抵扣项目时，其进项税额可以全额抵扣。例如，将购进的二层楼房的一楼用于日常经营办公，二楼用于集体食堂，这种情形下购进不动产时确认的进项税额可以全额抵扣。

（3）非正常损失是指因**管理不善**造成的货物被盗、丢失、霉烂变质，以及因**违反法律法规**造成货物或者不动产被依法没收、销毁、拆除的情形。这些损失都是由纳税人自身**人为原因**造成的，不应由国家承担，因此纳税人无权要求抵扣进项税额。而**自然灾害**等**非人为原因**造成的货物毁损，不属于此处规定的非正常损失，其进项税额**可以抵扣**。

【例题4·2019年·单项选择题改编】某制药厂为增值税一般纳税人。2023年4月销售应税药品取得不含税收入100万元，销售免税药品取得收入50万元。当月购入原材料一批，取得增值税专用发票，注明税款6.80万元；应税药品与免税药品无法划分耗料情况。该制药厂当月应缴纳增值税（　　）万元。

A. 6.20　　B. 8.47　　C. 10.73　　D. 13

【答案】B

【解析】本题考查增值税进项税额。

本题解题步骤如下：

第一步：确定销项税额。

销售应税药品属于销售货物，适用税率为13%，销售额为100万元。因此，销项税额=100×13%=13（万元）。销售免税药品，免征增值税。

第二步：确定进项税额。

购进的原材料既用于应税项目，又用于免税项目，且无法划分耗料情况时，应当根据不同项目的销售额计算不得扣除的比例，据以计算不得抵扣的进项税额。

不得抵扣的进项税额=当期无法划分的全部进项税额×[（当期简易计税方法计税项目销售额+免征增值税项目销售额）÷当期全部销售额]

=6.80×[50÷(100+50)]

=2.27（万元）

因此，可抵扣的进项税额=6.80−2.27=4.53（万元）。

第三步：计算当期应缴纳的增值税。

当期应纳税额=销项税额−进项税额=13−4.53=8.47（万元）

因此，选项B正确。

私教点拨

纳税人兼营简易计税项目、免征增值税项目，无法划分可抵扣的进项税额与不得抵扣的进项税额时，应按下列公式计算不得抵扣的进项税额：

$$\text{不得抵扣的进项税额} = \text{当期无法划分的全部进项税额} \times \left[\left(\text{当期简易计税方法计税项目销售额} + \text{免征增值税项目销售额}\right) \div \text{当期全部销售额}\right]$$

无法划分的进项税额一般为题目的已知内容，而重点需要考虑的是**不得抵扣的比例**，即简易计税、免税项目销售额占全部销售额的比例。该比例也不难理解，因为简易计税、免税项目都不能抵扣进项税额，所以用简易计税、免税项目销售额除以全部销售额后就是不得抵扣的比例了。当计算出不得抵扣的进项税额后，不要忘记用全部进项税额**扣除**不得抵扣的进项税额，这样得到的才是当期可以抵扣的进项税额。

考点八 一般计税方法应纳税额的计算

【例题 1 · 2020 年 · 计算题改编】

	【审题过程】
某金融机构为增值税一般纳税人［1］，按季申报缴纳增值税。2023 年第二季度经营业务如下：	［1］金融服务增值税一般纳税人适用税率为 6%。
业务一：向企业发放贷款取得利息收入［2］8 000万元，利息支出 1 600 万元。	［2］将资金贷与他人使用而取得的利息收入，属于贷款服务。
业务二：转让债券［3］，卖出价 2 200 万元。该债券于 2021 年 6 月买入，买入价 1 400 万元；该金融机构 2023 年第一季度转让债券亏损 80 万元。2022 年年底转让债券有负差 100 万元［4］。	［3］转让债券，属于金融商品转让。 ［4］时间线：2021 年 6 月购入债券，2022 年年底有债券负差，2023 年第一季度仍有债券负差，2023 年第二季度出售债券。
业务三：为企业客户提供金融服务取得手续费收入 53 万元；代理发行国债取得手续费收入 67 万元［5］。	［5］为金融业务提供相关服务并且收取手续费，属于直接收费金融服务。
业务四：承租居民贾某门市房作为营业网点，租赁期限为 3 年，合同规定按季度支付租金。支付本季度租金价税合计 4.20 万元，取得税务机关代开的增值税专用发票［6］；购进自动存取款设备，取得增值税专用发票，注明金额 100 万元、税额 13 万元，该设备已按固定资产入账。	［6］从个人处取得税务机关代开的增值税专用发票，可以作为进项税额抵扣的凭据。

上述收入均为含税收入［7］。本季度取得的相关票据均按规定申报抵扣进项税额。	［7］每一条题目信息都会直接影响计算结果，需要审题仔细、阅读完整。

注：题干中的序码“［＊］”与【审题过程】中的“［＊］”一一对应，下同。

根据上述资料，回答下列问题：

（1）业务一销项税额为（　　）万元。

A. 362.26　　B. 480　　C. 384　　D. 452.83

【答案】D

【解析】本题考查增值税销项税额。

本题解题步骤如下：

第一步：确定征税范围与适用税率。

纳税人提供贷款服务，适用税率为6%。

第二步：确定销售额。

提供贷款服务，以取得的全部利息及利息性质的不含税收入为销售额，不扣减利息支出。

因此，销售额=8 000÷(1+6%)=7 547.17（万元）。

第三步：计算销项税额。

销项税额=销售额×税率=7 547.17×6%=452.83（万元）

因此，选项D正确。

（2）业务二销项税额为（　　）万元。

A. 35.09　　B. 40.76　　C. 43.20　　D. 124.53

【答案】B

【解析】本题考查增值税销项税额。

本题解题步骤如下：

第一步：确定征税范围与适用税率。

纳税人发生金融商品转让，适用税率为6%。

第二步：确定销售额。

金融商品转让，按照卖出价扣除买入价后的余额为销售额。转让金融商品出现的负差，可结转至下一个纳税期与下期转让金融商品销售额相抵，但年末时仍出现负差的，不得转入下一个会计年度。

本题中，2023年第一季度的亏损80万元可以在计算2023年第二季度的销售额时减去，但2022年年底转让债券的负差100万元，因为跨年度所以无法结转到2023年。因此，销售额=(2 200−1 400−80)÷(1+6%)=679.25（万元）。

第三步：计算销项税额。

销项税额=销售额×税率=679.25×6%=40.76（万元）

因此，选项B正确。

注意，该题在合并计算步骤时，与分步计算相比，会出现0.01万元的尾差，这是由于四舍五入导致的，属于正常现象，考生应以掌握解题思路和知识点为主，下同。

(3) 业务三销项税额为（ ）万元。

A. 6.79　　B. 3.18　　C. 3　　D. 7.20

【答案】 A

【解析】 本题考查增值税销项税额。

本题解题步骤如下：

第一步：确定征税范围与适用税率。

纳税人提供直接收费金融服务，适用税率为6%。

第二步：确定销售额。

提供直接收费金融服务，以收取的不含税手续费为销售额。因此，销售额=(53+67)÷(1+6%)=113.21（万元）。

第三步：计算销项税额。

销项税额=销售额×税率=113.21×6%=6.79（万元）

因此，选项A正确。

(4) 该金融机构本季度应缴纳增值税（ ）万元。

A. 486.54　　B. 487.18　　C. 477.72　　D. 487.35

【答案】 B

【解析】 本题考查增值税一般计税方法应纳税额的计算。

本题解题步骤如下：

第一步：确定销项税额。

题目中各项业务的销项税额均已分别计算得出，因此，销项税额合计=452.83+40.76+6.79=500.38（万元）。

第二步：确定进项税额。

贾某出租门市房，属于小规模纳税人提供不动产租赁服务，可以找税务机关代开增值税专用发票。而购买不动产租赁服务的一方，可根据该增值税专用发票上注明的税额作为进项税额抵扣，该项业务可抵扣的进项税额=4.20÷(1+5%)×5%=0.20（万元）。

可抵扣的进项税额合计=0.20+13=13.20（万元）

第三步：计算当期应缴纳的增值税。

当期应纳税额=销项税额-进项税额=500.38-13.20=487.18（万元）

因此，选项B正确。

私教点拨

金融服务包括贷款服务、直接收费金融服务、金融商品转让和保险服务，考试主要涉及前三类业务，这三类业务销售额的确定见表2-19。

表 2－19 金融服务销售额的确定

业务	销售额的确定	确定方法
贷款服务	提供服务取得的全部利息及利息性质的收入	全额确定
直接收费金融服务	提供服务收取的手续费、佣金、管理费、服务费等各类费用	
金融商品转让	卖出价扣除买入价后的余额	差额确定

【例题 2 · 2022 年 · 计算题】

	【审题过程】
某生产企业为增值税一般纳税人，货物适用增值税税率 13%，2021 年 3 月发生以下业务：	
业务一：销售货物，开具增值税专用发票［1］，注明金额 200 万元，款项尚未收到；	［1］结合税率，可计算出业务一的销项税额，且需注意增值税专用发票全额为不含税全额。
业务二：购进货物，支付价税合计金额 90 万元，取得一般纳税人开具的增值税专用发票［2］，支付运费价税合计 2 万元［2］，取得一般纳税人运输企业开具的增值税专用发票［2］；	［2］购进取得增值税专用发票，无特殊不得抵扣情形时，相应的进项税额可以抵扣，货物税率无特别交代为 13%，运费税率为 9%。注明了价税合计，需要作价税分离。
业务三：月末盘点库存材料时发现，上月购进的已抵扣进项税额的免税农产品［3］（未纳入核定扣除范围）发生非正常损失［3］，该批农产品成本 80 万元［3］（含一般纳税人运输企业提供的运输服务成本 1.50 万元）；	［3］材料非正常损失，其进项税额不得扣除，且相应的运输服务的进项税额也不得扣除。本题的农产品成本，为计算抵扣进项税额以后的成本。在库农产品扣除率为 9%。
业务四：转让 2015 年购入的商铺［4］，取得价税合计 1 000 万元，商铺原购入价为 500 万元，该企业选择简易计税［4］方法计税；	［4］非自建不动产转让时，差额计税，本题可扣除购入价，注意取得价款为价税合计，需要作价税分离。简易计税时税率为 5%。
业务五：期初留抵进项税额 5 万元。	
已知：该企业当月购进项目的增值税专用发票均已申报抵扣。	

根据上述资料，回答下列问题：

（1）业务二可抵扣进项税额（　　）万元。

A. 10.58　　B. 1.66　　C. 10.36　　D. 10.52

【答案】D

【解析】本题考查增值税进项税额。

本题解题步骤如下：

第一步：确定征税范围与适用税率。

货物税率无特别交代时为13%，运费税率为9%。

第二步：确定购买时对方的销售额。

支付金额为价税合计，需要将含税金额作价税分离。

货物不含税价=90÷(1+13%)=79.65（万元）

运费不含税价=2÷(1+9%)=1.83（万元）

第三步：计算可抵扣进项税额。

购进时取得增值税专用发票，无特殊交代不得抵扣情形时，相应的进项税额可以抵扣。

可抵扣进项税额=79.65×13%+1.83×9%=10.52（万元）

因此，选项D正确。

(2) 业务三应转出的进项税额为（　　）万元。

A. 8.86　　B. 7.90　　C. 7.20　　D. 8

【答案】B

【解析】本题考查增值税进项税额转出。

本题解题步骤如下：

第一步：确定农产品收购价。

可以抵扣进项税额时，收购该批农产品成本=免税农产品收购金额-计算抵扣进项税额+计入农产品成本的运输费。

即：80=免税农产品收购金额×(1-9%)+1.50

免税农产品收购金额=(80-1.5)÷(1-9%)=86.26（万元）

第二步：计算应转出的进项税额。

材料非正常损失，其进项税不得扣除，已扣除的需要作进项税额转出。

根据题干“月末盘点库存材料时发现……”，可以得知发生非正常损失的免税农产品是以原材料的形式存在的，即还未生产领用，所以计算进项税额转出额的扣除率为9%。

计入农产品成本的运输费为不含税的金额，税率为9%。

应转出的进项税额=(80-1.50)÷(1-9%)×9%+1.50×9%=7.90（万元）

因此，选项B正确。

(3) 业务四应缴纳的增值税为（　　）万元。

A. 82. 57　　B. 67. 62　　C. 23. 81　　D. 41. 28

【答案】C

【解析】本题考查销售不动产增值税应纳税额计算。

本题解题步骤如下：

第一步：计算应纳税的销售额。

非自建不动产转让时，符合简易计税条件的营改增之前的老项目，可以差额计税；本题中，可扣除购入价。

应纳税的销售额＝1 000−500＝500（万元）

第二步：计算应缴纳的增值税。

取得价款为价税合计，需要作价税分离。不动产销售时简易计税的税率为5%。

应缴纳的增值税＝(1 000−500)÷(1+5%)×5%＝23. 81（万元）

因此，选项 C 正确。

（4）该企业 3 月应缴纳增值税（　　）万元。

A. 47. 12　　B. 23. 38　　C. 22. 26　　D. 42. 19

【答案】D

【解析】本题考查增值税应纳税额的计算。

本题解题步骤如下：

第一步：计算一般计税方法下的销项税额与进项税额。

销项税额＝200×13%＝26（万元）

准予抵扣的进项税额＝10. 52+5−7. 90＝7. 62（万元）

第二步：计算简易计税方法下的应纳税额。

由业务四、第（3）问结论得知：

简易计税方法下应缴纳的增值税＝23. 81（万元）

第三步：计算当期增值税应纳税额。

3 月应缴纳增值税＝26−7. 62+23. 81＝42. 19（万元）

因此，选项 D 正确。

私教点拨

部分考查增值税的题目会比较综合，经常需要将题干信息从头到尾多读几遍。有时为了捋顺条理和加快答题速度，在审题时应当对题干中的每项业务提取有用信息并将其记录在草稿纸上，划分出销售业务、购进业务以及需要作进项税额转出的业务等，便于随时取用。归类后也能将复杂业务简单化，快捷地计算出正确结果。

考点九 留抵退税

【例题·2021年·多项选择题改编】制造业等行业一般纳税人申请退还增量留抵税额的条件有（ ）。

A. 自2019年4月1日起未享受即征即退、先征后返（退）政策

B. 申请退税前24个月未发生骗取留抵退税

C. 申请退税前36个月未因偷税被税务机关处罚两次及以上

D. 纳税信用等级为A级或者B级

E. 申请退税前48个月未发生虚开增值税专用发票情形

【答案】ACD

【解析】本题考查制造业等行业一般纳税人申请退还增量留抵税额的条件。

办理留抵退税的小微企业、制造业等行业纳税人，需同时符合以下条件：

① 纳税信用等级为A级或者B级；

② 申请退税前36个月未发生骗取留抵退税、骗取出口退税或虚开增值税专用发票情形；

③ 申请退税前36个月未因偷税被税务机关处罚两次及以上；

④ 自2019年4月1日起未享受即征即退、先征后返（退）政策。

选项B和选项E不符合以上第②点，因此选项B、E错误。

私教点拨

1. 普遍性留底退税政策

自2019年4月1日起，试行增值税期末留抵税额退税制度。同时符合以下条件的纳税人，可以向主管税务机关申请退还增量留抵税额：

（1）纳税信用等级为A级或者B级；

（2）申请退税前36个月未发生骗取留抵退税、出口退税或虚开增值税专用发票情形；

（3）申请退税前36个月未因偷税被税务机关处罚两次及以上；

（4）自2019年4月1日起未享受即征即退、先征后返（退）政策；

（5）自2019年4月税款所属期起，连续6个月（按季纳税的，连续2个季度）增量留税额均大于零，且第6个月增量留抵税额不低于50万元。

所称增量留抵税额，是指与2019年3月底相比新增加的期末留抵税额。

2. 纳税人当期允许退还的增量留抵税额的计算

（1）允许退还的增量留抵税额=增量留抵税额×进项构成比例×60%

（2）进项构成比例，为2019年4月至申请退税前一税款所属期已抵扣的增值税专用发

票（含带有“增值税专用发票”字样全面数字化的电子发票、税控机动车销售统一发票）、收费公路通行费增值税电子普通发票、海关进口增值税专用缴款书、解缴税款完税凭证注明的增值税占同期全部已抵扣进项税额的比重。

3. 小微企业和制造业、批发零售业等行业的留抵税额

（1）办理留抵退税的小微企业、制造业和批发零售业等行业纳税人，需同时符合以下条件：

① 纳税信用等级为 A 级或者 B 级；

② 申请退税前 36 个月未发生骗取留抵退税、骗取出口退税或虚开增值税专用发票情形；

③ 申请退税前 36 个月未因偷税被税务机关处罚两次及以上；

④ 自 2019 年 4 月 1 日起未享受即征即退、先征后返（退）政策。

（2）制造业、批发零售业等行业企业，是指从事《国民经济行业分类》中“批发和零售业”“农、林、牧、渔业”“住宿和餐饮业”“居民服务、修理和其他服务业”“教育”“卫生和社会工作”“文化、体育和娱乐业”“制造业”“科学研究和技术服务业”“电力、热力、燃气及水生产和供应业”“软件和信息技术服务业”“生态保护和环境治理业”和“交通运输、仓储和邮政业”业务相应发生的增值税销售额占全部增值税销售额的比重超过 50%的纳税人。

（3）允许退还的增量留抵税额=增量留抵税额×进项构成比例×100%

允许退还的存量留抵税额=存量留抵税额×进项构成比例×100%

考点十　简易计税方法

【例题 1 · 2023 年 · 单项选择题】增值税一般纳税人的下列行为，可以选择简易计税方法计算增值税的是（　　）。

A. 影视节目制作服务

B. 文化体育服务

C. 医疗防疫服务

D. 客运场站服务

【答案】B

【解析】本题考查增值税简易计税方法。

一般纳税人提供电影放映服务、仓储服务、装卸搬运服务、收派服务和文化体育服务，可以选择简易计税方式计税，征收率为 3%，选项 B 正确。

【例题 2·2020 年·单项选择题】一般纳税人提供的下列服务中，可以选择简易计税方法按5%征收率计算缴纳增值税的是（　　）。

A. 公共交通运输服务

B. 不动产经营租赁

C. 建筑服务

D. 文化体育服务

【答案】B

【解析】本题考查增值税简易计税方法。

公共交通运输服务、建筑服务、文化体育服务可以选择简易计税方法，按照3%的征收率计算缴纳增值税，选项A、C、D错误。

私教点拨

小规模纳税人与符合条件的一般纳税人，均可适用征收率。征收率共有两档：3%和5%。纳税人应根据不同的业务适用不同的征收率。增值税一般纳税人销售表2－20所示的货物、服务、不动产时，可以选择简易计税方法计税。

表2－20 一般纳税人征收率的适用情形

征收率	适用情形	
3%	销售货物	（1）县级及县级以下小型水力发电单位生产的电力； （2）自来水等
	提供金融服务	主要针对提供涉农的金融服务取得的收入。 **【提示】融资性售后回租**业务不适用简易计税方法
	提供建筑服务	（1）以**清包工**方式提供的建筑服务； （2）为**甲供工程**提供的建筑服务； （3）为建筑工程老项目提供的建筑服务
	提供其他服务	（1）**公共交通运输服务；** （2）**电影放映服务、仓储服务、装卸搬运服务、收派服务和文化体育服务；** （3）提供**物业管理服务**的纳税人，向服务接受方收取的自来水水费
5%	（1）销售不动产或经营租赁不动产，选择简易方法计税的；［详见本章“特定企业（交易行为）税收政策”］ （2）提供劳务派遣服务和安全保护服务，选择按照差额计税的； （3）提供人力资源外包服务，选择简易计税方法的	

【例题3·2018年·单项选择题改编】 2023年2月，某设计公司（小规模纳税人）提供设计服务，取得含税收入16万元；销售自己使用过的固定资产，取得含税收入1万元。该公司当月的上述业务应纳增值税（　　）万元。

A. 0.39　　B. 0.17　　C. 0.52　　D. 0.20

【答案】 B

【解析】 本题考查增值税简易计税方法。

本题解题步骤如下：

第一步：确定征税范围与征收率。

小规模纳税人提供设计服务，适用征收率3%；小规模纳税人销售自己使用过的固定资产按照简易办法，依照3%征收率减按2%征收增值税。2027年12月31日前，小规模纳税人适用3%征收率的应税销售收入，减按1%征收率征收增值税。

第二步：确定销售额。

提供设计服务、销售自己使用过的固定资产不含税销售额=(16+1)÷(1+1%)=16.83（万元）

第三步：计算应纳税额。

应纳税额=销售额×征收率=16.83×1%=0.17（万元）

因此，选项B正确。

私教点拨

纳税人销售自己使用过的固定资产与销售旧货的计税方法见表2-21。

表2-21　销售自己使用过的固定资产与销售旧货的计税方法

项目		计税方法
销售自己使用过的物品	**固定资产**	**含税销售额÷(1+3%)×2%**
	其他资产	含税销售额÷(1+3%)×3%
销售旧货	**二手车经销商销售收购的二手车**	**含税销售额÷(1+0.5%)×0.5%**
	其他旧货	含税销售额÷(1+3%)×2%

（1）**小规模纳税人**销售**自己使用过的固定资产**，可以享受减税，即按照3%的征收率减按2%的办法纳税，但不可以开具增值税专用发票。若纳税人放弃减税，用3%征收率计算缴纳增值税，可以开具增值税专用发票。**一般纳税人**销售自己使用过的**未抵扣过进项税额**的固定资产时，适用上述政策；销售已抵扣过进项税额的固定资产的，按照一般计税方法计税。

【提示】 这里要注意，其他个人（自然人）销售使用过的物品是免征增值税的。

（2）旧货是指进入二次流通的仍具有使用价值的货物，但不包括自己使用过的物品。需要注意的是，二手车经销业务减按 0.5%征收率征收增值税的政策，**仅适用于从事二手车经销业务的纳税人收购的二手车**，该业务可开具征收率为 0.5%的增值税专用发票。

（3）2027 年 12 月 31 日前，增值税小规模纳税人适用 3%征收率的应税销售收入，减按 1%征收率征收增值税；适用 3%预征率的预缴增值税项目，减按 1%预征率预缴增值税。

考点十一　特定企业（交易行为）税收政策

【例题 1 · 2020 年 · 单项选择题】根据一般纳税人转让取得不动产的增值税管理办法规定，下列说法正确的是（　　）。

A. 转让 2018 年自建的不动产，可以选择适用简易计税方法

B. 取得的不动产，包括抵债取得的不动产

C. 转让 2015 年取得的不动产，以取得的全部价款和价外费用扣除不动产购置原价后的余额为计税销售额

D. 取得不动产转让收入，应向不动产所在地主管税务机关申报纳税

【答案】B

【解析】本题考查增值税特定企业（交易行为）税收政策——转让不动产。

一般纳税人转让其 2016 年 5 月 1 日后自建的不动产，适用一般计税方法，不得选择适用简易计税方法，选项 A 错误。**取得不动产，包括以直接购买、接受捐赠、接受投资入股、自建以及抵债等各种形式取得的不动产**，选项 B 正确。一般纳税人转让营改增前取得（不含自建）的不动产，可以选择简易计税方法计税，也可以选择一般计税方法计税。选择简易计税方法计税的，以取得的全部价款和价外费用扣除不动产购置原价后的余额为计税销售额，而选择一般计税方法的，不得扣除不动产原价，选项 C 错误。向不动产所在地主管税务机关预缴税款，向机构所在地主管税务机关申报纳税，选项 D 错误。

私教点拨

本考点中，特定企业，指房地产开发企业；特定交易，指转让不动产、提供不动产经营租赁服务、跨县（市、区）提供建筑服务。

增值税一般纳税人（非房地产开发企业）转让**2016年4月30日前**取得（或自建）的不动产，可以选择一般计税方法，也可以选择简易计税方法；而转让**2016年5月1日后**取得（或自建）的不动产，只适用于一般计税方法。小规模纳税人无论取得（或自建）不动产的时点在营改增前还是营改增后，转让时仅适用简易计税方法。

考试时，题目会直接考查预缴税款与应纳税额的计算。下面根据不动产不同的来源方式，对税务处理进行归纳总结，见表2-22。表中的“全额”，指转让不动产取得的全部价款和价外费用；“差额”，指转让不动产取得的全部价款和价外费用扣除不动产购置原价或者取得不动产时的作价后的余额。此处，小规模纳税人不包括个人出售购买的住房的情形。

表2-22 纳税人转让不动产的税务处理

来源	纳税人类型	计税方法	预缴税款	申报纳税
取得的不动产	一般纳税人	一般计税方法	差额÷(1+5%)×5%	全额÷(1+9%)×9%-进项税额-预缴税款
		简易计税方法		**差额**÷(1+5%)×5%-预缴税款
	小规模纳税人			
自建的不动产	一般纳税人	一般计税方法	全额÷(1+5%)×5%	全额÷(1+9%)×9%-进项税额-预缴税款
		简易计税方法		全额÷(1+5%)×5%-预缴税款
	小规模纳税人			

自建的不动产，无论预缴还是申报、一般计税方法还是简易计税方法，均以**全额**为基础计算增值税；而**取得**的不动产，只有在一般计税方法下申报时，才以全额为基础计算，因为可以抵扣进项税额，所以这里就不再以差额计税。房地产开发企业销售自行开发的房地产项目，不适用于表2-22所示的计税规定。

表2-22需要记忆，关于纳税人转让不动产的税务处理，后续会有相应习题。

【例题2·2019年·多项选择题】关于提供不动产经营租赁服务的增值税政策，下列说法正确的有（　　）。

A. 纳税人以经营租赁方式将土地出租给他人使用，按照销售无形资产缴纳增值税

B. 个体工商户出租住房，应按照5%的征收率减按1.5%计算应纳税额

C. 其他个人出租不动产，均按照5%的征收率计算应纳税额

D. 其他个人出租不动产，可向不动产所在地主管税务机关申请代开增值税专用发票

E. 出租不动产，租赁合同中约定免租期的，不属于视同销售服务

【答案】 BDE

【解析】 本题考查增值税特定企业（交易行为）税收政策——不动产经营租赁。

纳税人以经营租赁方式将土地出租给他人使用，按照不动产经营租赁服务缴纳增值税，选项 A 错误。其他个人出租住房，按照 5%的征收率减按 1.5%计算应纳税额，选项 C 错误。

私教点拨

纳税人异地提供不动产经营租赁服务的增值税税务处理，见表 2－23。一般纳税人出租 **2016 年 4 月 30 日前**取得的不动产，可以选择一般计税方法，也可以选择适用简易计税方法；出租 **2016 年 5 月 1 日后**取得的不动产，仅适用一般计税方法。表中的 **"全额"**，指提供不动产经营租赁服务取得的全部价款和价外费用；小规模纳税人不包括个人出租住房的情形。

表 2－23　异地提供不动产经营租赁服务的税务处理

纳税人类型	计税方法	预缴税款	申报纳税
一般纳税人	一般计税方法	全额÷(1+9%)×3%	全额÷(1+9%)×9%－进项税额－预缴税款
小规模纳税人	简易计税方法	全额÷(1+5%)×5%	全额÷(1+5%)×5%－预缴税款

不动产经营租赁业务，均以**全额**为基础计算增值税。个人（包含个体工商户和其他个人）出租**住房**的，均按照 5%的征收率减按 1.5%计算应纳税额，需要代开增值税专用发票的，可向不动产所在地主管税务机关申请。其他个人出租不动产时无须预缴税款。

【例题 3 · 2017 年 · 综合分析题改编】

某建筑企业为增值税一般纳税人，位于 A 市市区［1］，2023 年 3 月发生如下业务： 业务一：在机构所在地提供建筑服务，开具增值税专用发票，注明金额 400 万元、税额 36 万元。另在 B 市 C 县城提供建筑服务［2］，取得含税收入 218 万元，其中支付分包商工程	**【审题过程】** ［1］增值税综合题中，最后往往需要计算城市维护建设税，因此，需要关注纳税人的所在地，以确定城市维护建设税的适用税率。 ［2］属于跨地区提供建筑服务，应当在建筑服务发生地预缴增值税，预缴时以扣除分包款

价款，取得增值税专用发票，注明金额 50 万元、税额 4.50 万元。上述建筑服务均适用一般计税方法。	后的余额为基础计算预缴税款。
业务二：购买一批建筑材料［3］，用于一般计税方法项目，取得增值税专用发票，注明金额 280 万元。	［3］销售建筑材料与销售建筑服务，是两类不同的应税行为，一类是销售货物，另一类是销售建筑服务，分别适用 13% 与 9% 的税率，要注意区分。而购买方均可以根据销售方开具的增值税专用发票注明税额作抵扣。
业务三：在机构所在地提供建筑服务，该项目为老项目［4］，企业选择适用简易计税方法，开具增值税专用发票，注明金额 200 万元。	［4］老项目是指合同开工日期在 2016 年4 月30 日前的建筑工程项目。对于老项目，一般纳税人可以选择一般计税方法，也可选择简易计税方法。
业务四：购买一台专业设备，取得增值税专用发票，注明金额 3 万元、税额 0.39 万元。该设备专门用于建筑工程老项目，该项目选择适用简易计税方法［5］。	［5］专用于简易计税项目的购进货物、劳务、服务、无形资产和不动产，其进项税额不得抵扣。
业务五：购买办公用的固定资产［6］，取得增值税专用发票，注明金额 10 万元、税额 1.30 万元，无法划清是用于一般计税项目还是简易计税项目。	［6］纳税人购进的固定资产、无形资产、不动产，既用于一般计税项目又用于简易计税项目的，其进项税额可以全额抵扣。
业务六：购买办公用品［7］，取得增值税专用发票，注明金额 5 万元、税额 0.65 万元，无法划清是用于一般计税项目还是简易计税项目。 假定本月取得的相关票据符合税法规定，并在本月按照规定认证抵扣进项税额。	［7］纳税人购进的货物，兼用于一般计税项目与简易计税项目而无法划分的，应依据各自销售额比例划分可抵扣的进项税额与不可抵扣的进项税额。

根据上述资料，回答下列问题：

（1）该企业在 B 市 C 县城提供的建筑服务应预缴增值税（　　）万元。

A. 3　　B. 4.50　　C. 0　　D. 6.66

【答案】A

【解析】本题考查增值税特定企业（交易行为）税收政策——跨地区提供建筑服务。

本题解题步骤如下：

第一步：确定征税范围、适用税率（征收率）与预征率。

纳税人提供建筑服务，采用一般计税方法，适用税率为9%、预征率为2%。

第二步：计算预缴税款。

应预缴税款＝(全部价款和价外费用－支付的分包款)÷(1+适用税率)×2%

＝(218－50－4.50)÷(1+9%)×2%

＝3（万元）

因此，选项A正确。

（2）关于业务四的增值税处理，下列说法正确的有（　　）。

A. 该设备进项税额由纳税人自行决定是否抵扣

B. 购买时抵扣进项税额0.39万元

C. 若该设备将来专用于一般计税方法项目，按原值计算抵扣进项税额

D. 购买时不得抵扣进项税额

E. 若该设备将来专用于一般计税方法项目，按净值计算抵扣进项税额

【答案】DE

【解析】本题考查增值税进项税额。

购进的固定资产专用于简易计税项目，不得抵扣进项税额，选项A、B错误。不得抵扣且未抵扣进项税额的固定资产，发生用途改变，用于允许抵扣进项税额的应税项目，可在用途改变的次月，依据合法有效的增值税扣税凭证，计算可以抵扣的进项税额，可以抵扣的进项税额＝固定资产净值÷(1+适用税率)×适用税率，选项C错误，选项E正确。由于该设备专门用于简易计税项目，因此购进时不得抵扣进项税额，选项D正确。

（3）业务五中可以从销项税额中抵扣进项税额（　　）万元。

A. 1.28　　B. 1.31　　C. 0　　D. 1.30

【答案】D

【解析】本题考查增值税进项税额。

纳税人购进的固定资产，既用于一般计税项目又用于简易计税项目的，其进项税额可以全额抵扣，选项D正确。

（4）业务六中可以从销项税额中抵扣进项税额（　　）万元。

A. 0.49　　B. 0.65　　C. 0　　D. 0.85

【答案】A

【解析】本题考查增值税进项税额。

不得抵扣的进项税额＝当期无法划分的全部进项税额×[(当期简易计税方法计税项目销售额+免征增值税项目销售额)÷当期全部销售额]

当期销售业务有三笔：其一，业务一中在机构所在地提供的建筑服务，采用一般计税方法，

取得的不含税销售额400万元；其二，业务一中提供的跨地区建筑服务，采用一般计税方法，取得的不含税销售额200万元［218÷(1+9%)］；其三，业务三中在机构所在地提供的建筑服务，采用简易计税方法，取得的不含税销售额200万元。因此，当期销售额合计=400+200+200=800（万元）。当期简易计税方法计税项目销售额为200万元。

不得抵扣的进项税额=0.65×(200÷800)=0.16（万元）

当期可抵扣的进项税额=0.65-0.16=0.49（万元）

或者 =0.65×[(400+200)÷800]=0.49（万元）

因此，选项A正确。

（5）该企业当月在A市申报缴纳增值税（　　）万元。

A. 14.31　　B. 15.26　　C. 13.35　　D. 16.56

【答案】A

【解析】本题考查增值税应纳税额的计算。

本题解题步骤如下：

第一步：确定销项税额。

销项税额为业务一中的两项业务，销项税额=[400+218÷(1+9%)]×9%=54（万元）。

第二步：确定进项税额。

业务一中，支付分包款，取得增值税专用发票，进项税额为4.50万元；业务二中，购买建筑材料，进项税额=280×13%=36.40（万元）；业务五中，购买固定资产，进项税额为1.30万元；业务六中，可抵扣的进项税额为0.49万元。

可抵扣进项税额合计=4.50+36.40+1.30+0.49=42.69（万元）

第三步：计算当期应缴纳的增值税。

采用简易计税方法时，不存在销项税额与进项税额，用销售额乘以征收率计算出的结果为应纳税额。之前已经预缴的增值税税款也可以在申报缴纳时扣除。

申报缴纳税额=(54-42.69)+200×3%-3=14.31（万元）

因此，选项A正确。

（6）该企业当月在A市市区申报缴纳城市维护建设税（　　）万元。

A. 1　　B. 1.29　　C. 0.93　　D. 1.16

【答案】A

【解析】本题考查城市维护建设税应纳税额的计算。

本题解题步骤如下：

第一步：确定城市维护建设税的计税依据。

城市维护建设税的计税依据，为实际缴纳的增值税、消费税税额（本题不涉及），即14.31万元。

第二步：确定城市维护建设税的税率。

纳税人所在地在市区的，税率为7%。

第三步：计算应缴纳的城市维护建设税。

应纳税额 = 14.31×7% = 1（万元）

因此，选项A正确。

私教点拨

纳税人异地提供跨地区建筑服务的增值税处理，见表2-24。一般纳税人为建筑工程**老项目**提供建筑服务，可以选择一般计税方法，也可以选择简易计税方法；为建筑工程新项目提供建筑服务，仅适用一般计税方法。表中的“**全额**”，指纳税人跨地区提供建筑服务取得的全部价款和价外费用；“**差额**”，指纳税人跨地区提供建筑服务取得的全部价款和价外费用扣除支付的**分包款后**的余额。此处，小规模纳税人不含其他个人。

表2-24 异地提供跨地区建筑服务的税务处理

纳税人类型	计税方法	预缴税款	申报纳税
一般纳税人	一般计税方法	差额÷(1+9%)×2%	**全额**÷(1+9%)×9%-进项税额-预缴税款
小规模纳税人	简易计税方法	差额÷(1+3%)×3%	**差额**÷(1+3%)×3%-预缴税款

类似于纳税人转让不动产，在提供建筑服务时，只有一般纳税人采用一般计税方法申报纳税时，才以全额为基础计算增值税，而其他情形下，都以差额为基础计算增值税。

【例题4·2018年·计算题改编】

	【审题过程】
某房地产开发公司［1］（增值税一般纳税人）2023年3月发生如下业务： 业务一：销售2016年3月开工建设的工程项目［2］含税收入166 000万元，从政府部门取得土地时支付土地价款78 000万元。该项目选择简易计税方法计税。 业务二：支付甲建筑公司工程价款，取得增值税专用发票，注明金额12 000万元。 业务三：出租一栋写字楼，合同约定租期为3年，每年不含税租金4 800万元，每半	［1］房地产开发企业销售自行开发的房地产项目适用单独的税收政策。 ［2］销售自行开发的房地产老项目，纳税人可以选择适用一般计税方法，也可以选择简易计税方法。

年支付一次租金。本月收到2023年3月至8月租金［3］，开具增值税专用发票，注明金额2 400万元；另收办公家具押金［4］160万元，开具收据。该业务适用一般计税方法。	［3］提前一次性收到的租金，应当在收到当期确认增值税。 ［4］该笔押金在1年以内又未过期，因此，不予征税。
业务四：购进小轿车一辆，支付不含税价款20万元，增值税2.60万元，取得机动车销售统一发票。	
业务五：支付过桥费［5］，取得通行费发票，注明收费金额1.05万元。	［5］桥、闸通行费，可凭通行费发票上注明的收费金额，计算可抵扣的进项税额。
已知：本月取得的相关凭证均符合税法规定，并在本月申报抵扣进项税额。	

根据上述资料，回答下列问题：

（1）业务一应纳增值税（　　）万元。

A. 2 563.11　　B. 4 190.48　　C. 4 834.95　　D. 7 904.76

【答案】 D

【解析】 本题考查增值税特定企业（交易行为）税收政策——房地产开发企业销售自行开发的房地产项目。

本题解题步骤如下：

第一步：确定征税范围与征收率。

房地产开发企业一般纳税人销售自行开发的房地产老项目，选择适用简易计税方法的，按照5%的征收率计税。

第二步：确定销售额。

销售额为取得的全部价款和价外费用，不包含增值税。

销售额＝166 000÷(1+5%)＝158 095.24（万元）

第三步：计算应纳税额。

应纳税额＝销售额×征收率＝158 095.24×5%＝7 904.76（万元）

因此，选项D正确。

（2）业务二准予从销项税额中抵扣的进项税额为（　　）万元。

A. 0　　B. 528　　C. 792　　D. 1 080

【答案】 D

【解析】 本题考查增值税进项税额。

本题解题步骤如下：

第一步：确定扣除凭证和扣除比例。

支付甲建筑公司工程价款，即购买建筑服务，以取得的增值税专用发票上注明的金额和9%的税率计算进项税额。

第二步：计算进项税额。

进项税额＝12 000×9%＝1 080（万元）

因此，选项D正确。

（3）业务三增值税销项税额为（　　）万元。

A. 114.29　　B. 121.90　　C. 216　　D. 281.60

【答案】C

【解析】本题考查增值税特定企业（交易行为）税收政策——不动产经营租赁。

本题解题步骤如下：

第一步：确定征税范围与适用税率。

非异地提供不动产经营租赁服务，无须预缴增值税，适用税率9%；收取办公家具押金时，不征收增值税。

第二步：确定销售额。

不动产经营租赁，不含税销售额为2 400万元。

注意，一次性收到多月租金的，增值税纳税义务发生时间为收到预收款的当天，不按配比原则分期确认销售额。

第三步：计算销项税额。

销项税额＝销售额×税率＝2 400×9%＝216（万元）

因此，选项C正确。

（4）该公司当月应纳增值税（　　）万元。

A. 3 131.05　　B. 7 904.76　　C. 7 866.13　　D. 8 086.13

【答案】B

【解析】本题考查增值税应纳税额的计算。

本题解题步骤如下：

第一步：确定销项税额。

销项税额，为业务三中提供不动产经营租赁服务的销项税额，即216万元。

第二步：确定进项税额。

业务二中，购买建筑服务，进项税额为1 080万元；业务四中，购进小轿车，进项税额为2.60万元；业务五中，支付过桥费1.05万元，进项税额＝1.05÷(1+5%)×5%＝0.05（万元）。

进项税额合计=1 080+2.60+0.05=1 082.65（万元）

第三步：计算当期应缴纳的增值税。

一般计税方法应纳税额=216-1 082.65=-866.65（万元），简易计税方法应纳税额=7 904.76（万元）。该公司当月应纳增值税7 904.76万元，期末留抵税额为866.65万元。

因此，选项B正确。

私教点拨

房地产开发企业销售自行开发房地产项目的增值税处理，见表2-25。房地产开发企业销售自行开发的房地产**老项目**，可以选择一般计税方法，也可以选择简易计税方法；销售自行开发的房地产新项目，仅适用一般计税方法。表中的**“全额”**，指房地产开发企业销售自行开发房地产项目取得的全部价款和价外费用；**“差额”**，指房地产开发企业销售自行开发房地产项目取得的全部价款和价外费用扣除当期销售房地产项目对应的**土地价款**后的余额。

表2-25 房地产开发企业销售自行开发房地产项目的税务处理

纳税人类型	计税方法	预缴税款	申报纳税
一般纳税人	一般计税方法	预收款÷(1+9%)×3%	差额÷(1+9%)×9%-进项税额-预缴税款
小规模纳税人	简易计税方法	预收款÷(1+5%)×3%	全额÷(1+5%)×5%-预缴税款

特定企业（交易行为）税收政策均会涉及预缴税款，其预征率也各有不同。现根据不同企业类型下计税方法的预征率进行总结，见表2-26。

表2-26 特定企业（交易行为）的预征率

企业类型	计税方法	预征率			
		提供建筑服务	不动产经营租赁	转让不动产	销售自行开发的房地产项目
非房企	一般计税方法	2%	3%	5%	—
	简易计税方法	3%	5%	5%	—
房企	一般/简易	—	—	—	3%

【提示】特定企业（交易行为）预征率的记忆口诀：

房开预征统一3；（开3）

非房一般235，非房简易355。（建2、租3、转让5，建3、租5、转让5。）

考点十二 进口增值税政策

【例题 1 · 2023 年 · 多项选择题】关于跨境电子商务零售进口商品征收增值税，下列说法正确的有（　　）。

A. 购买跨境电子商务零售进口商品的个人作为纳税义务人

B. 电子商务企业、电子商务交易平台、企业或物流企业作为代收代缴义务人

C. 跨境电子商务企业、电子商务交易平台、企业或物流企业，商品自海关放行之日起 60 日内退货的，可以申请退税

D. 超过单次交易限值，累加后超过个人年度交易限值的单次交易，按一般贸易方式全额征税

E. 已购买的电商进口商品可以进入国内市场再次销售

【答案】ABD

【解析】本题考查进口增值税政策。

选项 C，跨境电子商务零售进口商品自海关放行之日起 30 日内退货的，可申请退税，并相应调整个人年度交易总额。选项 E，已经购买的电商进口商品属于消费者个人使用的最终商品，不得进入国内市场再次销售。

【例题 2 · 2020 年 · 多项选择题】根据跨境电子商务零售进口商品征税规定，下列说法正确的有（　　）。

A. 跨境电子商务零售进口商品缴纳行邮税

B. 购买跨境电子商务零售进口商品的个人作为纳税义务人

C. 电子商务交易平台可作为进口环节税款代收代缴义务人

D. 跨境电子商务零售进口商品超过单次交易限制，按照一般贸易方式全额征税

E. 物流企业可作为进口环节税款代收代缴义务人

【答案】BCE

【解析】本题考查进口增值税政策。

跨境电子商务零售进口商品按照货物征收关税和进口环节增值税、消费税，选项 A 错误。购买跨境电子商务零售进口商品的个人作为纳税义务人，选项 B 正确。电子商务企业、电子商务交易平台企业或物流企业可作为代收代缴义务人，选项 C、E 正确。完税价格超过 5 000 元单次交易限值但低于 26 000 元年度交易限值，且订单下仅一件商品时，可以自跨境电商零售渠道进口，按照货物税率全额征收关税和进口环节增值税、消费税，交易额计入年度交易总额，但年度交易总额超过年度交易限值的，应按一般贸易管理，选项 D 错误。

私教点拨

在进口增值税政策中，考频较高的是跨境电子商务零售进口商品的征税方法，除了上述例题中涉及的考点外，还应掌握以下内容：

跨境电子商务零售进口商品的单次交易限值为人民币 5 000 元，个人年度交易限值为人民币 26 000 元。在限值以内进口的跨境电子商务零售进口商品，关税税率暂设为零；进口环节增值税、消费税暂按法定应纳税额的 70%征收。

该考点一般以客观题形式考查，可结合消费税、关税的内容一起学习。

考点十三　出口增值税政策

【例题 1 · 2020 年 · 单项选择题改编】2023 年 3 月，某生产企业出口自产货物销售额折合人民币 2 000 万元，内销货物不含税销售额 800 万元。为生产货物购进材料取得增值税专用发票，注明金额 4 600 万元、税额 598 万元。已知该企业出口货物适用税率为 13%，出口退税率为 10%，当月取得的增值税专用发票已勾选抵扣进项税额，期初无留抵税额。该公司当月出口货物应退增值税（　　）万元。

A. 338　　B. 454　　C. 598　　D. 200

【答案】D

【解析】本题考查出口增值税政策——应退税额的计算。

本题解题步骤如下：

第一步：计算当期应纳税额。

当期不得免征和抵扣的税额＝(出口货物离岸价－免税购进原材料价格)×(出口货物适用税率－出口货物退税率)
＝2 000×(13%－10%)
＝60（万元）

当期应纳税额＝当期销项税额－（当期进项税额－当期不得免征和抵扣税额）
＝800×13%－（598－60）
＝－434（万元）（即当期期末留抵税额为 434 万元）

第二步：计算当期免抵退税额。

当期免抵退税额＝(出口货物离岸价－免税购进原材料价格)×出口货物退税率
＝2 000×10%
＝200（万元）

第三步：确定应退税额。

当期期末留抵税额>当期免抵退税额，则当期应退税额＝当期免抵退税额，即当期应退税额为 200 万元。

因此，选项 D 正确。

私教点拨

出口货物劳务增值税免抵退税和免退税的计算主要分为两类，见表 2－27。

表 2－27　出口货物劳务增值税免抵退税和免退税的计算

企业类型	退税方法	计算方法
生产企业	免抵退税	**第一步：计算当期应纳税额。** ① 当期不得免征和抵扣的税额＝(出口货物离岸价－免税购进原材料价格)×(出口货物适用税率－出口货物退税率) 该税额不予免征也不得抵扣，会减少当期进项税额，最终计入货物成本。题目中没有免税购进原材料时，则不予考虑，下同
生产企业	免抵退税	② 当期应纳税额＝当期销项税额－（当期进项税额－当期不得免征和抵扣税额） 本步得出的结果为负时，才会退税。若有上期留抵税额，也应予以考虑。 **第二步：计算当期免抵退税额。** 当期免抵退税额＝(出口货物离岸价－免税购进原材料价格)×出口货物退税率 免抵退税额为退税限额，是可以退还的最高额。但到底能退多少，还需要与期末留抵税额比较。 **第三步：确定应退税额。** 情形一：当期期末留抵税额≤当期免抵退税额，则 当期应退税额＝当期期末留抵税额 当期免抵税额＝当期免抵退税额－当期应退税额 情形二：当期期末留抵税额>当期免抵退税额，则 当期应退税额＝当期免抵退税额 当期免抵税额＝0 当期期末留抵税额，为当期增值税纳税申报表中的“期末留抵税额”，一般为第一步中计算出的当期应纳税额。 由此可知，应退税额为期末留抵税额与免抵退税额比较的**较小者**
外贸企业	免退税	增值税应退税额＝增值税退（免）税计税依据×出口货物退税率 外贸企业应退税额的计算较为简单，用购进货物时增值税专用发票上注明的计税金额乘以退税率，就可一步计算得出

增值税出口退税的计算日常接触并不多，理解起来有一定难度，但只要掌握了步骤，将题目中的信息一步步代入公式，还是不难计算出结果的。因此，考生需要熟悉步骤，多加练习。

【例题 2 · 2020 年 · 单项选择题】关于增值税境外旅客购物离境退税政策，下列说法正确的是（　　）。

A. 退税物品不包括退税商店销售的增值税免税物品

B. 一次购买金额达到300元可以退税

C. 退税币种为退税者所在国货币

D. 境外旅客是指在中国境内居住满365天的个人

【答案】 A

【解析】 本题考查出口增值税政策——境外旅客退税。

境外旅客申请退税需要同一境外旅客同一日在同一退税商店购买的退税物品金额达到500元人民币，选项B错误。退税币种为人民币，选项C错误。境外旅客是指在中国境内连续居住不超过183天的外国人和中国港澳台同胞，选项D错误。

私教点拨

除了企业出口货物劳务涉及的出口退税外，境外旅客在我国离境口岸离境时，其在退税商店购买的退税物品也会涉及退还增值税，常涉及的内容见表2－28。

表2－28 境外旅客购物离境退税

项目	具体内容
退税条件（同时满足）	（1）同一境外旅客同一日在同一退税商店购买的退税物品金额达到500元人民币。 （2）退税物品尚未启用或消费。 （3）离境日距退税物品购买日不超过90天。 （4）所购退税物品由境外旅客本人随身携带或随行托运出境
计算公式	应退增值税＝退税物品销售发票金额（**含增值税**）×退税率
退税方式	（1）退税币种为人民币。 （2）退税方式包括现金退税和银行转账退税两种方式。退税额**未超过**10 000**元**的，可自行选择退税方式。退税额**超过**10 000**元**的，以银行转账方式退税
退税率	2019年4月1日后，退税物品发票注明的税率为9%，适用8%的退税率；退税物品发票注明的税率为13%，适用11%的退税率

值得注意的是，退税物品是指旅客本人在退税商店购买且符合退税条件的个人物品，但不包括下列物品：

（1）相关规定所列禁止、限制出境的物品；

（2）退税商店销售的适用增值税免税政策的物品。

考点十四 纳税义务发生时间

【例题 · 2019 年 · 单项选择题改编】某生产企业 2023 年 2 月 10 日签订货物销售合同，合同约定 2023 年 3 月 10 日发货、3 月 15 日收款。生产企业按照合同约定发货后，4 月 5 日收到货款，则其增值税纳税义务发生时间为（ ）。

A. 2023 年 2 月 10 日 B. 2023 年 3 月 10 日

C. 2023 年 3 月 15 日 D. 2023 年 4 月 5 日

【答案】C

【解析】本题考查增值税征收管理。

纳税人采取赊销方式销售货物的，增值税纳税义务发生时间为书面合同约定的收款日期当天，即 2023 年 3 月 15 日当天。

私教点拨

对于增值税的纳税义务发生时间，应当掌握的内容见表 2－29。

表 2－29 增值税纳税义务发生时间

项目	销售方式/服务类型	纳税义务发生时间
销售货物	**直接收款方式**	收到销售款或取得索取销售款凭据的当天
	预收货款方式	发出货物的当天
	赊销和分期收款方式	书面合同约定收款日期的当天
	托收承付和委托银行收款方式	发出货物并办妥托收手续的当天
	委托代销货物	收到代销清单或货款的当天；未收到代销清单及货款的，为发出代销货物满 180 日的当天
	除上述规定外的视同销售货物行为	货物移送的当天
销售劳务	销售应税劳务	收到销售款或取得索取销售款凭据的当天
销售服务、无形资产、不动产	租赁服务预收款方式	收到预收款的当天
	金融商品转让	所有权转移的当天
	视同销售服务、无形资产或者不动产	权属变更的当天
	提供建筑服务，被工程发包方从应支付的工程款中扣押的质押金、保证金，未开具发票的	为纳税人实际收到质押金、保证金的当天

真题演练

1. （2023年·单项选择题）甲公司为增值税一般纳税人，2023年2月基于社会责任将职工食堂改造成对外开放的社区食堂，对孤寡老人以低价提供餐饮服务，取得含税收入40万元，本月取得与收入直接挂钩的财政补贴5万元。对其他社会人员按市场价格提供餐饮服务，取得含税收入135万元。为职工提供免费餐饮服务，成本45万元。甲公司上述业务销项税额为（　　）万元。

A. 13.16　　B. 10.61　　C. 12.88　　D. 10.19

2. （2023年·单项选择题）关于增值税出口退税，正确的是（　　）。

A. 纳税人提供零税率服务，适用简易计税的，可适用免抵退政策

B. 适用不同退税率的货物劳务，未分开报关、核算的，从低适用退税率

C. 生产企业进料加工复出口货物，增值税退税计税依据按出口货物离岸价确定

D. 出口企业既适用增值税免抵退，也适用即征即退，增值税即征即退可参与免抵退计算

3. （2023年·单项选择题）某大数据科技公司为增值税一般纳税人，收入来自数据信息技术服务。2023年3月，为大型企业提供数据采集及公司网络运营服务，取得不含税收入860万元。购进办公用品等固定资产，取得增值税专用发票注明的税额为16万元，该公司当期应缴纳增值税（　　）万元。

A. 34.8　　B. 33.2　　C. 35.6　　D. 34

4. （2023年·单项选择题）下列选项中，属于免征增值税的是（　　）。

A. 供热企业向高新技术企业供热　　B. 专业培训机构提供培训服务

C. 从事蔬菜批发的纳税人销售的蔬菜　　D. 个人出租住房

5. （2023年·单项选择题）甲公司为增值税一般纳税人，2023年1月出租2018年购置的仓库，租期为1年。第1个月为免租期，之后每月租金为2万元（不含税），每季度初支付。1月收到首季度租金4万元，上述业务甲公司应确认的销项税额为（　　）万元。

A 2.16　　B. 1.98　　C. 0.54　　D. 0.36

6. （2023年·单项选择题）甲个体工商户为小规模纳税人，2023年3月出租住房取得含税租金2万元，出租门市房取得含税租金16万元，上述业务应缴纳的增值税为（　　）万元。

A. 40.26　　B. 0.27　　C. 0.79　　D. 186

7. （2023年·单项选择题）甲企业为增值税一般纳税人、省级科技企业孵化器。2023年3月将园区内办公楼（2022年接受投资转入）出租给在孵企业，取得租金收入20万元。另外为它提供其他服务，取得经纪代理服务收入8万元，餐饮服务收入6万元，打字复印服务收入5万

元，上述收入均为含税金额。则甲企业应缴纳的增值税为（ ）万元。

A 2.73　　B. 2.27　　C. 2.44　　D. 0.62

8.（2023年·单项选择题）某森林公园为增值税一般纳税人，2023年3月取得第一道门票含税收入62万元，在景区经营摆渡车取得含税收入6万元，景区停车场（2017年自建）收取含税停车费4万元，该公园上述业务应确认销项税额（ ）万元。

A 1.02　　B. 4.18　　C. 0.67　　D. 4.53

9.（2023年·单项选择题）下列行为属于在我国境内销售无形资产、不动产或服务，应当计算缴纳增值税的是（ ）。

A. 境外单位销售位于我国境内的不动产

B. 境外单位向境内单位提供会议展览地点在境外的会议展览服务

C. 境内单位销售位于境外的不动产

D. 境外单位向境内单位销售完全在境外使用的无形资产

10.（2023年·单项选择题）下列业务属于增值税视同销售的是（ ）。

A. 单位的员工为本单位提供取得工资的服务

B. 将不动产无偿转让用于公益事业

C. 将货物交付其他单位代销

D. 设有两个机构并实行统一核算的纳税人，将货物从一个机构移送同一县（市）其他机构用于销售

11.（2023年·单项选择题）下列关于增值税先征后退的说法中，正确的是（ ）。

A. 外文图书出版适用增值税100%先征后退政策

B. 少数民族文字出版物印刷业务适用增值税50%先征后退政策

C. 少年儿童期刊适用增值税50%先征后退政策

D. 盲文印刷出版物适用增值税100%先征后退政策

12.（2022年·单项选择题）某企业为增值税一般纳税人，2023年3月通过市民政部门将一批自产货物捐赠给甲县用于扶贫项目，该批货物成本价为100万元，同类货物售价为160万元。通过公益性社会团体将一批自产货物捐赠给某老年福利院，该批货物成本价为30万元，同类货物销售价为50万元。以上货物价格均不含税，成本利润率均为10%。甲县属于目标脱贫地区、国家扶贫开发工作重点县，并已于2022年2月实现脱贫。该企业上述业务应计算增值税销项税额（ ）万元。

A. 6.50　　B. 27.30　　C. 0　　D. 18.59

13.（2022年·单项选择题）下列行为中，属于增值税特定减免税优惠项目的是（ ）。

A. 公办幼儿园开设特色收费的项目　　B. 残疾人家属为社会提供的服务

C. 养老机构提供的养老服务　　D. 个人出租商业用房

14. **（2022年·单项选择题）**甲建筑施工企业为增值税一般纳税人，2023年3月收入项目如下：平整土地收入1 000万元，塔吊出租收入40万元，建筑物外墙清理修复收入60万元。上述收入均不包含增值税。甲企业当月计算的增值税销项税额应为（　　）万元。

A. 96　　B. 68.8　　C. 98.8　　D. 100.6

15. **（2022年·单项选择题）**下列服务属于增值税现代服务征收范围的是（　　）。

A. 旅游娱乐服务　　B. 文化体育服务

C. 教育医疗服务　　D. 物流辅助服务

16. **（2022年·单项选择题）**某酒厂为增值税一般纳税人，2023年5月销售啤酒200吨，取得不含税销售额40万元，另外收取包装物押金0.5万元。当日销售白酒10吨，取得不含税销售额80万元，另外收取包装物押金0.3万元。包装物押金均单独分别计税，退还期限均为6个月。该酒厂当月计算的销项税额为（　　）万元。

A. 15.63　　B. 15.69　　C. 15.66　　D. 15.60

17. **（2022年·单项选择题）**某航空公司为增值税一般纳税人，具有国际运输经营资质。2023年5月购进飞机零配件，取得的增值税专用发票注明金额600万元，税额为78万元；开展航空运输服务，开具增值税普通发票，取得的收入包括国内运输收入2 000万元，国际运输收入500万元；为客户办理退票，向客户收取退票费收入10万元。上述收入均含税且分别核算。该航空公司应缴纳增值税（　　）万元。

A. 128.99　　B. 129.258　　C. 87.71　　D. 87.96

18. **（2022年·单项选择题）**关于增值税一般纳税人购进农产品时可以扣除的进项税额（不考虑核定扣除情形），下列说法正确的是（　　）。

A. 纳税人购进农产品开具农产品收购发票的，以开具的农产品收购发票上注明的买价和10%的扣除率计算进项税额

B. 购进用于生产13%税率货物的农产品，按13%扣除率计算进项税额

C. 从小规模纳税人处购进农产品取得3%征收率的增值税专用发票，以发票上注明的税额为进项税额

D. 购进用于生产低税率货物的农产品，以取得的农产品销售发票注明的农产品买价和9%的扣除率计算进项税额

19. **（2022年·单项选择题）**关于代理进口货物的增值税纳税人，下列说法正确的是（　　）。

A. 代理进口货物的销售方是纳税人

B. 代理进口货物的消费者是纳税人

C. 海关完税凭证开具给购买方，销售方是纳税人

D. 海关完税凭证开具给代理方，代理方是纳税人

20. （2022 年 · 单项选择题）关于跨境电子商务零售进口商品税收征管，下列说法错误的是（　　）。

A. 跨境电子商务零售进口商品至海关放行之日起 30 日内退货的可申请退税

B. 单次交易限值以内进口的商品按法定应纳税额的 50%征收消费税或增值税

C. 进口商品的关税完税价格为实际交易价款，包括货物零售价格、运费和保险费

D. 跨境电子商务零售进口商品购买的个人为纳税人

21. （2022 年 · 单项选择题）关于增值税特殊销售业务的税务处理，下列说法正确的是（　　）。

A. 经营单位购入拍卖物品再销售的应缴纳增值税

B. 发售加油卡销售成品油的纳税人在售卖加油卡时取得预收资金应缴纳增值税

C. 单用途卡售卡企业销售单用途卡取得预收资金应缴纳增值税

D. 持卡人使用多用途卡向特约商户购买物品时，特约商户不缴纳增值税

22. （2022 年 · 单项选择题）境外单位在境内实施应税服务，但在境内没有设立经营机构场所的，则增值税扣缴义务人是（　　）。

A. 代理人　　B. 购买方　　C. 销售方　　D. 消费者

23. （2022 年 · 单项选择题）一般纳税人的下列行为中，享受增值税实际税负超过 6%的部分即征即退优惠政策的是（　　）。

A. 销售自产软件产品　　B. 有形动产融资性售后回租

C. 飞机维修劳务　　D. 提供管道运输服务

24. （2022 年 · 单项选择题）下列服务属于增值税现代服务征收范围的是（　　）。

A. 居民日常服务　　B. 信息技术服务

C. 教育医疗服务　　D. 餐饮住宿服务

25. （2022 年 · 单项选择题）某物业管理企业为增值税一般纳税人，2022 年 3 月向业主收取物业管理费 220 万元，收取自来水水费 35 万元，同时向自来水公司支付水费 30 万元，已取得发票。为业主提供装修服务，取得装修费 50 万元，当月可抵扣进项税额 8 万元，上述价格均为含税价格。物业管理企业向服务接受方收取自来水水费，选择简易计税方法计税。该企业当月应缴纳的增值税为（　　）万元。

A. 10.17　　B. 8.73　　C. 7.43　　D. 7.57

26. （2022 年 · 单项选择题）某金饰商店为增值税一般纳税人，2022 年 2 月采取以旧换新方式向消费者销售金项链 3 000 条，新项链每条零售价为 0.55 万元，旧项链每条作价 0.48 万元，每条项链取得的差价款为 0.07 万元。将上述旧项链翻新后，当月向消费者销售 600 条，每条零售价为 0.53 万元。该首饰商店当月应缴纳的增值税销项税额为（　　）万元。

A. 36.59　　B. 41.35　　C. 60.74　　D. 226.41

27.（2022年·单项选择题）增值税一般纳税人购进货物后因质量原因发生进货退回的，增值税处理正确的是（　　）。

A. 冲减购进货物当期的进项税额

B. 根据纳税人的财务核算确定冲减进项税额的时间

C. 冲减进货退回当期的进项税额

D. 从当期销项税额中扣减

28.（2022年·单项选择题）关于增值税的销售额，下列说法正确的是（　　）。

A. 贷款服务已取得的利息收入扣除手续费计算缴纳增值税

B. 提供直接收费金融服务收取的过户费，不征收增值税

C. 以物易物方式销售货物，以各自发出的货物核算销售额

D. 纳税人收取的包装物押金一律并入销售额征税

29.（2022年·单项选择题）甲企业为增值一般纳税人，2022年3月销售自产饮料灌装设备取得收入600万元，同时取得安装费收入30万元。当月另对安装运行后的设备提供维护保养取得收入10万元，提供设备维修服务取得收入20万元。上述收入均为不含税收入，会计上均分别核算，均采用一般计税方法。甲企业当月增值税销项税额为（　　）万元。

A. 83.90　　B. 83.40　　C. 85.10　　D. 84.60

30.（2022年·单项选择题）甲航空运输公司于2022年3月取得航空运输服务不含税收入500万元，并按照甲与乙航空货运公司签订的飞机货机舱位互换协议，当月甲利用自有货机舱位为乙公司提供货运服务，取得不含税收入50万元。甲利用乙公司货机舱位提供货运服务，支付乙公司不含税运费40万元。上述企业均为增值税一般纳税人，甲公司当月增值税销项税额为（　　）万元。

A. 48　　B. 49.5　　C. 45　　D. 45.95

31.（2022年·单项选择题）甲企业2022年3月以含税价格65 540元（成本价为45 666元）的自产产品与乙公司换取含税价格为47 460元的原材料一批，乙企业另支付其交换差价18 080元，交换货物均适用13%增值税税率，成本利润率为8%。双方均为增值税一般纳税人，均对此取得增值税专用发票。甲企业该业务应计算增值税销项税额（　　）元。

A. 7 540　　B. 9 620　　C. 6 318　　D. 2 080.6

32.（2022年·单项选择题）某家电商场为增值税一般纳税人，2022年1月采取以旧换新方式销售冰箱，取得零售收入100万元，其中包括回收旧冰箱价款8万元。该商场当月应计算增值税销项税额（　　）万元。

A. 11.96　　B. 10.58　　C. 13　　D. 11.50

33.（2022年·单项选择题）某酒厂为增值税一般纳税人，2022年3月销售食用酒精1万公斤，税务机关公布的玉米单耗数量是2.2。该企业月初库存玉米10万公斤，平均单价为2.39元。

本月购进20万公斤，平均单价为2.42元，上述价格均是含税价格。该厂生产销售货物均适用13%增值税税率。农产品进项税额采用投入产出法核定扣除。该酒厂当月允许扣除农产品增值税进项税额（　　）元。

A. 4 368.72　　B. 4 377.80　　C. 6 086.99　　D. 6 099.65

34. **（2022年・单项选择题）** 甲建筑公司与乙房地产公司均为增值税一般纳税人，于2022年2月签订建筑施工合同，建筑工程费为8 938万元（含税），甲公司将该项目部分业务分包给无关联的丙建筑公司（一般纳税人），支付含税分包款7 632万元并取得增值税专用发票。甲建筑公司当月增值税销项税额为（　　）万元。

A. 1 772　　B. 738　　C. 804　　D. 1 008

35. **（2022年・单项选择题）** 某市居民张某2022年3月转让一套临街商铺，取得转让收入500万元，该商铺2012年6月购置，购置原价300万元，可提供房屋购置发票，上述价格均为含税价格。张某当月转让商铺应缴纳增值税（　　）万元。

A. 5.83　　B. 23.81　　C. 9.52　　D. 14.50

36. **（2022年・单项选择题改编）** 某商贸企业是小规模纳税人，专门从事二手车经营。2023年3月销售其收购的二手车取得含税销售额32万元，该批车辆原含税收购价为26万元；当月另转售一辆本企业自用小汽车取得含税销售额3万元，该车辆系2016年6月购置。上述业务当月应缴纳增值税（　　）万元。

A. 0.22　　B. 0.99　　C. 1.02　　D. 0.19

37. **（2021年・单项选择题）** 某生产企业为增值税一般纳税人，2021年3月应税货物不含税销售额为180万元，货物适用税率为13%；免税货物销售额为120万元，已知用于生产应税货物和免税货物的原材料进项税额无法划分，合计20万元（购进时已抵扣）。该企业当月应缴纳增值税（　　）万元。

A. 11.40　　B. 23.40　　C. 15.40　　D. 31.40

38. **（2021年・单项选择题）** 下列行为不属于增值税“现代服务”征收范围的是（　　）。

A. 在游览场所经营索道、摆渡车业务

B. 度假村提供会议场地及配套服务

C. 将建筑物广告位出租给其他单位用于发布广告

D. 为电信企业提供基站天线等塔类站址管理业务

39. **（2021年・单项选择题改编）** 某制造业企业为增值税一般纳税人，符合增值税增量留抵退税条件。2022年6月期末增量留抵税额为1 500万元，当期购进货物与服务可抵扣进项税额6 000万元，进项构成比例为80%。该企业6月可申请退还增量留抵税额（　　）万元。

A. 1 200　　B. 1 500

C. 6 000　　D. 720

40. （2021 年 · 单项选择题改编）根据期末留抵税额退税政策，下列说法正确的是（　　）。

A. 纳税人出口货物劳务适用免抵退税办法的，可以在同一申报期内，既申报免抵退税又申请办理留抵退税

B. 纳税人在同一申报期内可同时申报享受即征即退政策和留抵退税政策

C. 纳税人均可申请期末 100%留抵退税

D. 纳税人连续 6 个月增量留抵税额月均 20 万元即可申请退税

41. （2021 年 · 单项选择题）某生产企业为增值税一般纳税人（未实行农产品进项税额核定扣除），2021 年 3 月，从小规模纳税人购入初级农业产品，取得的增值税专用发票上注明金额 100 000 元、税额 1 000 元，当月全部领用生产适用税率 13%的货物。该批农产品可抵扣进项税额（　　）元。

A. 13 000　　B. 9 000

C. 10 000　　D. 1 000

42. （2021 年 · 单项选择题）某企业为增值税一般纳税人，2021 年 3 月员工报销的交通费和通行费合计 75 万元（含税），其中：45 万元（不含机场建设费）为注明员工身份信息的航空运输电子客票行程单，25 万元为出租车车票，4 万元为高速公路通行费电子发票，1 万元为桥梁通行费增值税普通发票。该企业上述票据可抵扣进项税额（　　）万元。

A. 5. 93　　B. 4. 22　　C. 6. 47　　D. 3. 89

43. （2021 年 · 单项选择题）某生产企业为增值税一般纳税人，2021 年 4 月因违反法律规定部分货物被依法没收。该货物购进时已抵扣进项税额，账面成本为 309 万元（其中含一般纳税人提供的运输服务成本 9 万元，货物适用税率 13%）。该批货物应转出进项税额（　　）万元。

A. 27. 81　　B. 39. 81　　C. 40. 17　　D. 35. 26

44. （2021 年 · 单项选择题）关于试点纳税人农产品核定扣除增值税进项税额，下列说法错误的是（　　）。

A. 农产品指的是初级农业产品

B. 投入产出法是农产品增值税进项税额核定扣除方法之一

C. 购进农产品及应税服务不再凭增值税扣税凭证抵扣增值税进项税额

D. 进项税额核定扣除试点范围包括以农产品为原料生产销售液体乳及乳制品、酒及酒精、植物油

45. （2021 年 · 单项选择题）下列关于增值税销售额的特殊规定，说法正确的是（　　）。

A. 提供客运场站服务，以取得的全部价款和价外费用为销售额

B. 提供签证代理服务，以取得的全部价款和价外费用为销售额

C. 提供经纪代理服务，以取得的全部价款和价外费用为销售额

D. 金融机构开展贴现业务，以其实际持有票据期间取得的利息收入作为贷款服务销售额

46. （2021 年·单项选择题）下列关于增值税税款缴纳期限说法正确的是（　　）。

A. 以 15 日为缴纳周期的，缴纳周期届满后，25 日内进行缴纳

B. 以 10 日为缴纳周期的，缴纳周期届满后，15 日内进行缴纳

C. 以一个季度为缴纳周期的，缴纳周期届满后，35 日内进行缴纳

D. 以一个月为缴纳周期的，缴纳周期届满后，15 日内进行缴纳

47. （2021 年·单项选择题）某汽车生产企业为增值税一般纳税人，2021 年 3 月销售一批小汽车，开具增值税专用发票注明金额 1 200 万元，另收取汽车内部装饰和设备费用价税合计金额 50 万元，该笔业务应计算销项税额（　　）万元。

A. 161.75　　B. 143.81　　C. 5.75　　D. 156

48. （2021 年·单项选择题）一般纳税人购进货物发生下列情况，其进项税额不得从销项税额中抵扣的是（　　）。

A. 用于分配给股东　　B. 用于集体福利

C. 用于对外投资　　D. 发生正常损失

49. （2021 年·单项选择题）下列金融服务中免征增值税的是（　　）。

A. 保险公司提供财产保险服务

B. 银行对大型企业的贷款业务

C. 企业集团内单位之间的资金无偿借贷行为

D. 证券公司转让有价证券

50. （2021 年·单项选择题）关于二手车购销业务的增值税处理，下列说法正确的是（　　）。

A. 单位销售自己使用过的二手车，不征收增值税

B. 从事二手车经销的纳税人销售其收购的二手车，按简易办法征收增值税

C. 从事二手车经销的纳税人销售其收购的二手车，减按 2%征收增值税

D. 从事二手车经销的纳税人不得为购买方开具增值税专用发票

51. （2021 年·单项选择题）某金店为增值税一般纳税人，2021 年 3 月采取以旧换新方式零售金银首饰，向顾客收取差价款 35 万元（含增值税），已知旧金银首饰回收折价 15 万元（含增值税），该店当月应计算销项税额（　　）万元。

A. 1.73　　B. 4.03　　C. 4.55　　D. 5.75

52. （2021 年·单项选择题）下列业务的增值税处理正确的是（　　）。

A. 商业企业向供货方收取的进场费，不可以开具增值税发票

B. 商业企业向供货方收取的与商品销售额挂钩的返还收入，应视同销售计入销项税额

C. 一般纳税人因进货退回而从销售方收回的增值税税额，应从发生进货退回当期的进项税额中扣减

D. 纳税人丢失已开具增值税专用发票抵扣联的，不能抵扣进项税额

53. **（2021 年 · 单项选择题）** 甲省 A 市某生产企业为增值税一般纳税人，于 2021 年 3 月将 2017 年购置的不动产出售，取得含税收入 3 500 万元，该不动产位于乙省 B 市，购置原价为 1 600 万元。该企业转让不动产应在乙省 B 市预缴增值税（　　）万元。

A. 34.86　　B. 90.48　　C. 52.29　　D. 166.67

54. **（2021 年 · 单项选择题）** 某生产企业为增值税一般纳税人，2021 年 3 月，法院将其 2017 年 5 月购进、净值为 700 万元的商铺强制执行抵偿债务 760 万元，该商铺购进时取得增值税专用发票，价税合计金额 981 万元，该笔业务销项税额为（　　）万元。

A. 68.40　　B. 57.80　　C. 81　　D. 62.75

55. **（2020 年 · 单项选择题）** 金融机构提供贷款服务，增值税计税销售额是（　　）。

A. 贷款利息收入扣除金融服务收取的手续费的余额

B. 取得的全部利息收入扣除借款利息后的余额

C. 取得的全部利息及利息性质的收入

D. 结息当日收取的全部利息应计入下期销售额

56. **（2020 年 · 单项选择题改编）** 某生产企业为增值税一般纳税人，于 2023 年 2 月销售其 2016 年 5 月购入的不动产，开具增值税专用发票，注明金额为 4 500 万元；该不动产与企业在同一县市，购入时取得的增值税专用发票上注明金额为 2 300 万元、税额为 253 万元（已抵扣进项税额），缴纳契税 69 万元。该企业上述业务增值税销项税额为（　　）万元。

A. 108.71　　B. 152　　C. 405　　D. 296.29

57. **（2020 年 · 单项选择题改编）** 根据增值税农产品进项税额核定办法的规定，下列说法正确的是（　　）。

A. 卷烟生产属于核定扣除试点范围

B. 核定扣除的纳税人购进农产品可选择依扣税凭证抵扣

C. 扣除率为购进货物的适用税率

D. 核定方法包括投入产出法、成本法和参照法

58. **（2020 年 · 单项选择题改编）** 某生产企业为增值税一般纳税人，2023 年 2 月销售应税货物不含税销售额为 600 万元，销售免税货物销售额为 200 万元，货物耗用材料的进项税额为 65 万元。该企业当月应缴纳增值税（　　）万元。

A. 67.75　　B. 94.25　　C. 78　　D. 29.25

59. **（2020 年 · 单项选择题改编）** 某企业为增值税一般纳税人，2023 年 4 月销售建材、提供运输服务，开具增值税专用发票，分别注明货物销售金额 100 万元、运输金额 3 万元，当月可抵扣增值税进项税额 6.5 万元。该企业当月应缴纳增值税（　　）万元。

A. 6.77　　B. 2.77　　C. 18　　D. 16.89

60. **（2020 年 · 单项选择题改编）** 某网约车电商平台为增值税一般纳税人，2023 年 2 月提供网约车服务，开具增值税电子普通发票，注明不含税金额 5 000 万元，支付网约车司机服务费 3 800 万元。网约车服务选择简易计税方法。该电商平台当月应缴纳增值税（　　）万元。

A. 36　　B. 250　　C. 0　　D. 150

61. **（2020 年 · 单项选择题改编）** 某企业为增值税小规模纳税人，2023 年 1 月出售作为固定资产使用过的卡车和电脑，分别取得含税收入 3 万元和 1.50 万元，开具增值税普通发票；销售边角料，取得含税收入 2 万元。该企业当月应缴纳增值税（　　）万元（不考虑小规模纳税人减免税优惠政策）。

A. 0.13　　B. 0.19　　C. 0.15　　D. 0.16

62. **（2020 年 · 单项选择题改编）** 甲个体工商户出租住房，2023 年 3 月一次性收取半年租金共 120 万元（含税）。甲当月应缴纳增值税（　　）万元。

A. 9.91　　B. 0　　C. 5.71　　D. 1.71

63. **（2020 年 · 单项选择题改编）** 某建筑企业为增值税一般纳税人，2023 年 2 月取得跨县市建筑工程劳务款 1 500 万元（含税）；支付分包工程款 600 万元（含税），分包款取得合法有效凭证。该建筑服务项目选用一般计税方法。该企业当月应在劳务发生地预缴增值税（　　）万元。

A. 17.48　　B. 18　　C. 26.21　　D. 16.51

64. **（2019 年 · 单项选择题）** 下列纳税人中，必须办理一般纳税人登记的是（　　）。

A. 其他个人

B. 非企业性单位

C. 不经常发生应税行为的单位

D. 年应税销售额超过 500 万元且经常发生应税行为的工业企业

65. **（2019 年 · 单项选择题改编）** 根据增值税相关规定，下列说法正确的是（　　）。

A. 单位取得存款利息应缴纳增值税

B. 工会组织收取工会经费应缴纳增值税

C. 单位获得财产保险赔付应缴纳增值税

D. 取得的与收入直接挂钩的财政补贴应缴纳增值税

66. **（2019 年 · 单项选择题改编）** 某食品生产企业为增值税一般纳税人，2023 年 4 月销售货物，开具的增值税专用发票上注明金额 120 万元。开收据收取包装物押金 3 万元、优质费 2 万元。包装物押金单独记账核算。该企业当月增值税销项税额为（　　）万元。

A. 15.60　　B. 15.83　　C. 15.95　　D. 16.18

67. **（2019 年 · 单项选择题）** 关于小规模纳税人缴纳增值税，下列说法正确的是（　　）。

A. 销售自己使用过的不动产，以 3%征收率减按 2%计算缴纳增值税

B. 提供建筑服务，以取得的全部价款和价外费用为销售额，按照3%征收率计算缴纳增值税

C. 出租不动产，按照5%征收率计算缴纳增值税（不含个人出租住房）

D. 销售边角料收入应按照3%征收率减按2%计算缴纳增值税

68. **（2019年·单项选择题）**某企业为增值税一般纳税人，对外出租房屋，适用简易计税方法，由于承租方（增值税一般纳税人）提前解除租赁合同，收取承租方的违约金。关于收取的违约金，下列税务处理正确的是（　　）。

A. 不需要缴纳增值税

B. 按照3%征收率缴纳增值税

C. 按照5%征收率缴纳增值税

D. 需要缴纳增值税，不得开具增值税专用发票

69. **（2019年·单项选择题改编）**某境外旅客2023年2月2日在内地某退税商店购买了一件瓷器，价税合计金额2 260元，取得退税商店开具的增值税普通发票及退税申请单，发票注明税率13%。2023年2月8日该旅客离境，应退增值税（　　）元。（退税率为10%）

A. 220　　B. 260　　C. 226　　D. 223. 96

70. **（2018年·单项选择题）**下列情形中，应征收增值税的是（　　）。

A. 法国A公司向我国B公司销售位于我国境内的办公楼

B. 德国C公司向我国D公司出租完全在德国境内使用的客车

C. 英国E公司向我国F公司销售完全在英国境内使用的无形资产

D. 美国G公司向我国H公司提供在美国境内的会议展览服务

71. **（2018年·单项选择题）**下列项目中，免征增值税的是（　　）。

A. 婚姻介绍服务　　B. 个人转让国债

C. 个人销售受赠的住房　　D. 职业培训机构提供的非学历教育服务

72. **（2018年·单项选择题）**一般纳税人销售自行开发生产软件产品的增值税优惠政策是（　　）。

A. 即征即退　　B. 先征后退　　C. 先征后返　　D. 减半征收

73. **（2018年·单项选择题）**关于增值税起征点的规定，下列说法正确的是（　　）。

A. 仅对销售额中超过起征点的部分征税

B. 对自然人销售额未达到规定起征点的，免征增值税

C. 起征点的调整由各省、自治区、直辖市税务局规定

D. 起征点的适用范围包括自然人和认定为一般纳税人的个体工商户

74. **（2018年·单项选择题改编）**2023年4月，某交通运输公司（增值税一般纳税人）为公益事业无偿提供运输服务，发生运输服务成本2万元，成本利润率10%，无最近时期同类服务的

平均价格；当月为A企业提供运输服务，取得含税收入5.50万元。该运输公司当月上述业务的销项税额为（　　）万元。

A. 0.45　　B. 0.55　　C. 0.72　　D. 0.77

75. **（2018年·单项选择题改编）** 某商业银行（增值税一般纳税人）2023年第一季度提供贷款服务取得含税利息收入5 300万元，提供直接收费服务取得含税收入106万元，开展贴现业务取得含税利息收入500万元。该银行上述业务的销项税额为（　　）万元。

A. 157.46　　B. 172.02　　C. 306　　D. 334.30

76. **（2018年·单项选择题改编）** 纳税人外购货物专门用于的下列项目中，进项税额可以抵扣的是（　　）。

A. 免税项目　　B. 集体福利

C. 简易计税方法计税项目　　D. 无偿赠送其他单位

77. **（2018年·单项选择题改编）** 2016年5月，某公司（增值税一般纳税人）购入不动产用于办公，取得的增值税专用发票上注明金额2 000万元、税额100万元，进项税额已按规定申报抵扣。2023年1月，该办公楼改用于职工宿舍，当期净值1 500万元，该办公楼应转出进项税额（　　）万元。

A. 85.71　　B. 90　　C. 75　　D. 198

78. **（2018年·单项选择题改编）** 增值税一般纳税人购进的下列服务中，进项税额不得从销项税额中抵扣的是（　　）。

A. 咨询服务　　B. 贷款服务

C. 信息技术服务　　D. 货物运输服务

79. **（2018年·单项选择题改编）** 2023年4月，某建筑安装公司（增值税一般纳税人）以清包工方式提供建筑服务，取得含税收入1 000万元；销售2016年4月30日前自建的不动产，取得含税收入800万元。上述业务均选择简易计税方法计税。该公司当月应纳增值税（　　）万元。

A. 52.43　　B. 67.22　　C. 70.92　　D. 85.72

80. **（2018年·单项选择题改编）** 2023年4月，A市甲建筑公司（增值税一般纳税人）在B市提供建筑服务，取得全部价款（含税）1 000万元，将部分建筑业务分包给乙建筑公司，支付分包款（含税）200万元。甲公司当月在B市应预缴增值税（　　）万元。

A. 14.55　　B. 18.18　　C. 14.68　　D. 27.27

81. **（2018年·单项选择题）** 关于进口货物（非应税消费品）增值税计税依据的规定，下列说法正确的是（　　）。

A. 以到岸价格为计税依据

B. 以海关审定的成交价格为计税依据

C. 以关税完税价格与关税税额之和为计税依据

D. 以海关审定的成交价格与关税税额之和为计税依据

82. （2017 年 · 单项选择题）关于增值税的销售额，下列说法正确的是（　　）。

A. 旅游服务，一律以取得的全部价款和价外费用为销售额

B. 经纪代理服务，一律以取得的全部价款和价外费用为销售额

C. 劳务派遣服务，一律以取得的全部价款和价外费用为销售额

D. 航空运输企业的销售额不包括代收的机场建设费

83. （2017 年 · 单项选择题改编）某商场为增值税一般纳税人，2023 年 1 月举办促销活动，全部商品 8 折销售，实际取得含税收入 380 000 元，销售额和折扣额均在同一张发票上的“金额”栏分别注明。上月销售商品本月发生退货，向消费者退款 680 元（开具了红字增值税发票）。该商场当月销项税额是（　　）元。

A. 43 638. 58　　B. 47 218. 53　　C. 64 600　　D. 80 750

84. （2017 年 · 单项选择题改编）某公司为增值税一般纳税人，2023 年 3 月提供平面设计服务取得收入 36 万元，提供网站设计服务取得收入 12 万元，转让网络游戏虚拟道具取得收入 22. 60 万元，上述收入均为含税收入。关于该公司上述业务的增值税处理，下列说法正确的是（　　）。

A. 按照“文化创意服务”计算的销项税额为 4 万元

B. 按照“文化创意服务”计算的销项税额为 3. 32 万元

C. 按照“文化创意服务”计算的销项税额为 2. 04 万元

D. 按照“销售无形资产”计算的销项税额为 1. 28 万元

85. （2017 年 · 单项选择题改编）某金银饰品店为增值税一般纳税人，2023 年 4 月销售金银首饰取得不含税销售额 50 万元。另以旧换新销售金银首饰，按新货物销售价格确定含税收入 25. 20 万元，收回旧金银首饰作价 11. 70 万元（含税）。当期可抵扣进项税额 6. 17 万元。该金银饰品店当月应纳增值税（　　）万元。

A. 4. 61　　B. 3. 99　　C. 2. 63　　D. 1. 88

86. （2023 年 · 多项选择题）下列服务按照租赁服务计算缴纳增值税的有（　　）。

A. 以长租形式出租酒店式公寓并提供配套服务

B. 融资性售后回租服务

C. 车辆停放服务

D. 道路通行服务

E. 融资租赁服务

87. （2023 年 · 多项选择题）下列关于增值税起征点的说法，正确的有（　　）。

A. 起征点的调整由当地人民政府规定

B. 按期纳税的，起征点为月销售额 5 000~20 000 元（含本数）

C. 按次纳税的，起征点为每次（日）销售额 300~500 元（含本数）

D. 适用范围包括认定为一般纳税人的个体工商户

E. 对销售额超过起征点的，对超过部分征收增值税

88. （2023 年 · 多项选择题）下列出口货物适用增值税免税政策的有（　　）。

A. 国家计划内出口的卷烟

B. 出口企业提供虚假备案单证的货物

C. 增值税小规模纳税人出口的货物

D. 以旅游购物贸易方式报关出口的货物

E. 农业生产者出口的自产农产品

89. （2023 年 · 多项选择题）境内单位或个人发生的下列行为适用增值税零税率的有（　　）。

A. 在境内运载旅客出境

B. 无运输工具承运业务

C. 航天运输服务

D. 在境外运载货物入境

E. 向境外提供完全在境外消费的设计服务

90. （2022 年 · 多项选择题）增值税一般纳税人销售下列货物，可选择适用简易计税方法的有（　　）。

A. 以水泥为原料生产的混凝土

B. 典当业销售的典当物品

C. 用木料生产的家具

D. 建筑用的生产建筑材料所用的砂、土、石料

E. 县级及县级以下小型水力发电单位生产的电力

91. （2022 年 · 多项选择题）下列情形中，不征收增值税的有（　　）。

A. 纳税人取得与销售收入直接挂钩的财政补贴收入

B. 个人存款利息

C. 工会收取的会费

D. 被保险人获得的保险赔款

E. 单位为聘用员工提供服务

92. （2022 年 · 多项选择题）关于增值税一般纳税人计税的销售额，下列说法正确的有（　　）。

A. 金融商品转让按照卖出价扣除买入价后的余额为销售额

B. 提供物业管理服务的纳税人向服务接受方收取的自来水水费，以扣除其对外支付的自来

水水费后的余额为销售额

C. 经纪代理服务以取得的全部价款和价外费用，扣除佣金和手续费后的余额为销售额

D. 提供客运场站服务以其取得的全部价款和价外费用，扣除支付给承运方运费的余额为销售额

E. 航空运输企业以其取得的收入扣除航空燃油费的余额为销售额

93.（2022年·多项选择题）下列服务属于增值税建筑服务征收范围的有（ ）。

A. 平整土地　B. 修缮服务　C. 建筑物平移　D. 工程监理

E. 园林绿化

94.（2022年·多项选择题）增值税一般纳税人销售下列服务可以选择适用简易计税方法计税的有（ ）。

A. 人力资源外包　B. 仓储服务

C. 劳务派遣服务　D. 学历教育服务

E. 以清包工方式提供的建筑服务

95.（2022年·多项选择题）关于资管产品增值税征收管理，下列说法正确的有（ ）。

A. 管理人可选择分别或汇总核算资管产品运营业务销售额和增值税应纳税额

B. 管理人应按照规定的纳税期限分别申报缴纳资管产品运营业务和其他业务增值税

C. 管理人应分别核算资管产品运营业务和其他业务的销售额和增值税应纳税额

D. 资管产品管理人提供的资产管理服务一律适用一般计税方法

E. 资管产品管理人运营资管产品过程中发生的增值税应税行为，暂适用简易计税方法，按照3%的征收率缴纳增值税

96.（2022年·多项选择题）关于增值税纳税义务发生时间，下列说法正确的有（ ）。

A. 发生视同销售服务的，为服务完成的当天

B. 从事金融产品转让的，为金融商品所有权转移的当天

C. 采取直接收款方式销售货物的，为销售货物的当天

D. 采取预收货款方式销售货物的，为收到预收货款的当天

E. 采用分期收款方式销售货物的，为书面合同约定收款的当天

97.（2022年·多项选择题）下列项目中的增值税进项税额不得从销项税额中抵扣的有（ ）。

A. 非正常损失的不动产在建工程所耗用的购进货物、设计服务和建筑服务

B. 提供保险服务的纳税人以实物赔付方式承担机动车辆保险责任的，自行向车辆修理劳务提供方购进的车辆修理劳务

C. 用于简易计税方法计税项目的购进货物

D. 用于集体福利的购进货物

E. 用于免征增值税项目的购进货物

98. （2022 年 · 多项选择题）下列属于增值税“交通运输服务”征收范围的有（ ）。

A. 航空运输的干租业务

B. 水路运输的期租业务

C. 航空运输的湿租业务

D. 水路运输的程租业务

E. 水路运输的光租业务

99. （2021 年 · 多项选择题）关于跨县（不在同一地级行政区域内）提供建筑服务增值税征收管理，下列说法正确的有（ ）。

A. 纳税人应按照工程项目分别计算应预缴税款并分别预缴

B. 跨县提供建筑服务是指纳税人在其机构所在地以外的县提供建筑服务

C. 纳税人以预缴税款抵减应纳税额，应以完税凭证作为合法有效凭证

D. 一般纳税人以取得的全部价款和价外费用扣除支付的分包款后的余额为计税依据计算应预缴税款

E. 小规模纳税人以取得的全部价款和价外费用为计税依据计算应预缴税款

100. （2021 年 · 多项选择题）关于中国铁路总公司（现称国家铁路集团）汇总缴纳增值税，下列说法正确的有（ ）。

A. 所属运输企业提供铁路运输及辅助服务取得的全部收入应预缴税额，不得抵扣进项税额

B. 总公司及其所属运输企业用于铁路运输及辅助服务以外的进项税额不得汇总

C. 汇总的进项税额为总公司及其所属运输企业支付的全部增值税额

D. 汇总的销售额为总公司及其所属运输企业提供铁路运输及辅助服务的销售额

E. 总公司的增值税纳税期限为 1 个季度

101. （2021 年 · 多项选择题改编）关于增值税税收优惠，下列说法正确的有（ ）。

A. 对纳税人销售自产的利用风力生产的电力产品，实行增值税即征即退 50%的政策

B. 纳税人初次购买增值税税控系统专用设备支付的费用以及纳税人缴纳的技术维护费可在增值税应纳税额中全额抵减

C. 对安置残疾人的单位和个体工商户，由税务机关按纳税人安置残疾人的人数，限额扣减增值税

D. 自主就业退役士兵从事个体经营的，自办理个体工商户登记当月起，在 3 年内予以先征后返增值税

E. 企业招用脱贫人口，自签订劳动合同并缴纳社会保险当月起，在 3 年内按实际招用人数予以定额即征即退增值税

102. （2021 年 · 多项选择题）关于增值税纳税地点，下列说法正确的有（ ）。

A. 固定业户到外县（市）销售货物或劳务的，应当向其机构所在地主管税务机关报告外出经营事项，并向其机构所在地主管税务机关申报纳税

B. 固定业户应当向其机构所在地主管税务机关申报纳税

C. 扣缴义务人应当向其机构所在地或者居住地的主管税务机关申报缴纳其扣缴的税款

D. 进口货物，应当由进口人或其代理人向报关地海关申报纳税

E. 非固定业户销售货物或劳务，应当向居住地主管税务机关申报纳税

103. （**2021年·多项选择题**）关于农产品进项税额的扣除，下列说法正确的有（　　）。

A. 乳制品厂以购进农产品为原料生产销售液体乳，按照9%扣除率计算进项税额

B. 提供餐饮服务的一般纳税人从农业生产者手中购进其自产农产品取得农产品销售发票的，以销售发票上注明的买价和9%的扣除率计算进项税额

C. 一般纳税人购进农产品取得一般纳税人开具的增值税专用发票的，以发票上注明的税额为进项税额

D. 提供餐饮服务的一般纳税人从农业生产者手中购进其自产农产品开具农产品收购发票的，以收购发票上注明的买价和9%的扣除率计算进项税额

E. 提供餐饮服务的一般纳税人从依照3%征收率计算缴纳增值税的小规模纳税人处购进农产品取得增值税专用发票的，以发票上注明的金额和9%的扣除率计算进项税额

104. （**2021年·多项选择题**）关于资管产品增值税的征收管理，下列说法正确的有（　　）。

A. 管理人应按照规定的纳税期限，汇总申报缴纳资管产品运营业务和其他业务增值税

B. 管理人运营资管产品提供贷款服务，以产生的利息及利息性质的收入为销售额

C. 管理人可选择分别或汇总核算资管产品运营业务销售额和增值税应纳税额

D. 资管产品包括银行理财产品

E. 管理人运营资管产品过程中发生的增值税应税行为不适用简易计税方法

105. （**2021年·多项选择题**）一般纳税人提供劳务派遣服务，选择差额纳税时允许扣除的项目有（　　）。

A. 代用工单位支付给劳务派遣员工的福利

B. 代用工单位支付给劳务派遣员工的工资

C. 劳务派遣公司收取的管理费

D. 为劳务派遣人员办理的住房公积金

E. 为劳务派遣人员办理的社会保险金

106. （**2021年·多项选择题**）一般纳税人销售下列服务，可以选择简易计税方法计税的有（　　）。

A. 经认定的动漫企业在境内转让动漫版权

B. 提供物业管理服务的纳税人，向服务接受方收取的自来水水费

C. 提供学历教育服务

D. 电影放映服务

E. 公共交通运输服务

107. **（2020 年 · 多项选择题）** 根据增值税纳税义务发生时间的相关规定，下列说法正确的有（　　）。

A. 采取赊销方式销售货物的，为实际收款的当天

B. 视同销售无形资产的，为无形资产转让的当天

C. 从事金融商品转让的，为金融商品所有权转让的当天

D. 提供租赁服务采取预收款方式的，为收到预收款的当天

E. 采取托收承付方式销售货物的，为发出货物的当天

108. **（2019 年 · 多项选择题）** 关于增值税一般纳税人购进和租用固定资产进项税额抵扣，下列说法正确的有（　　）。

A. 购进固定资产，既用于一般计税方法计税项目，又用于免征增值税项目，进项税额可以全额从销项税额中抵扣

B. 购进固定资产，既用于一般计税方法计税项目，又用于免征增值税项目，进项税额不得从销项税额中抵扣

C. 购进固定资产，专用于简易计税方法计税项目，进项税额不得从销项税额中抵扣

D. 租入固定资产，既用于一般计税方法计税项目，又用于免征增值税项目，其进项税额准予从销项税额中全额抵扣

E. 购买时不得抵扣且未抵扣进项税额的固定资产，发生用途改变，用于允许抵扣进项税额的应税项目，可在用途改变的次月按照规定计算可抵扣的进项税额

109. **（2019 年 · 多项选择题改编）** 一般纳税人发生下列应税行为，可以选择简易计税方法计税的有（　　）。

A. 人力资源外包服务　　B. 收派服务

C. 公交客运服务　　D. 出租 2016 年 5 月 1 日后取得的不动产

E. 以清包工方式提供建筑服务

110. **（2018 年 · 多项选择题）** 下列纳税人中，年应税销售额超过规定标准但可以选择按照小规模纳税人纳税的有（　　）。

A. 会计核算健全的单位　　B. 非企业性单位

C. 自然人　　D. 不经常发生应税行为的企业

E. 不经常发生应税行为的个体工商户

111. **（2018 年 · 多项选择题）** 下列销售额应计入增值税纳税人判定标准的有（　　）。

A. 纳税评估调整的销售额
B. 稽查查补的销售额
C. 免税销售额
D. 税务机关代开发票销售额
E. 偶尔发生的销售无形资产销售额

112. （2018 年 · 多项选择题）关于增值税计税销售额，下列说法正确的有（　　）。

A. 航空运输服务，代收的机场建设费不计入计税销售额
B. 以物易物方式销售货物，双方以各自发出的货物核算销售额
C. 销售折扣方式销售货物，折扣额不得从销售额中扣除
D. 客运场站服务，以其取得的全部价款和价外费用为计税销售额
E. 贷款服务以实收利息和应收未收利息之和为计税销售额

113. （2018 年 · 多项选择题）一般纳税人发生的下列应税行为中，可以选择简易计税方法计算增值税的有（　　）。

A. 电影放映服务
B. 铁路旅客运输服务
C. 仓储服务
D. 收派服务
E. 融资性售后回租

114. （2018 年 · 多项选择题）关于增值税纳税义务和扣缴义务发生时间，下列说法正确的有（　　）。

A. 从事金融商品转让的，为收到销售额的当天
B. 赠送不动产的，为不动产权属变更的当天
C. 扣缴义务发生时间为纳税人增值税纳税义务发生的当天
D. 以预收款方式提供租赁服务的，为服务完成的当天
E. 以预收款方式销售货物（除特殊情况外）的，为货物发出的当天

115. （2017 年 · 多项选择题）下列行为中，不征收增值税的有（　　）。

A. 单位员工将自有房屋出租给本单位收取房租
B. 单位或者个体工商户为员工提供应税服务
C. 各级工会组织收取工会经费
D. 人民法院收取诉讼费用
E. 各党派收取党费

116. （2017 年 · 多项选择题）下列关于增值税优惠政策的说法中，正确的有（　　）。

A. 符合条件的内资研发机构和外资研发中心采购国产设备全额退还增值税
B. 一般纳税人销售其自行开发生产的软件产品，实际税负超过 6%的部分即征即退
C. 供热企业向居民个人供热而取得的采暖费收入免征增值税
D. 飞机维修劳务增值税实际税负超过 3%的部分即征即退
E. 蔬菜批发零售取得的收入免征增值税

117. **（2022 年·计算题）** 某生产企业为增值税一般纳税人，销售货物适用增值税税率 13%。2022 年 3 月发生以下业务：

（1）销售货物开具增值税专用发票，注明金额 200 万元，暂未收到货款。

（2）购进货物支付货款价税合计 90 万元，取得注明税率为 13%的增值税专用发票。支付运费价税合计 2 万元，取得一般纳税人企业开具的增值税专用发票。

（3）月末盘点库存材料时发现，上月购进均已计算抵扣进项税额的免税农产品（未纳入核定扣除范围）因管理不善发生非正常损失，已知损失的农产品成本为 80 万元（含一般纳税人运输企业提供的运输服务成本 1.50 万元）。

（4）转让 2015 年购入的商铺，取得价税合计 1 000 万元，商铺原购入价为 500 万元，该企业选择简易计税办法。

（5）期初留抵进项税额 5 万元。

已知：该企业当月购进项目的增值税专用发票均已申报抵扣。

根据上述资料，回答下列问题：

（1）业务（2）可抵扣进项税额（　　）万元。

A. 1.66　　B. 10.52　　C. 10.35　　D. 10.58

（2）业务（3）应转出进项税额（　　）万元。

A. 7.90　　B. 7.20　　C. 8　　D. 8.86

（3）业务（4）应缴纳增值税（　　）万元。

A. 23.81　　B. 41.28　　C. 47.62　　D. 82.57

（4）该企业 3 月应缴纳增值税（　　）万元。

A. 42.19　　B. 23.38　　C. 22.62　　D. 47.12

118. **（2019 年·计算题改编）** 某软件企业为增值税一般纳税人（享受软件业税收优惠），2021 年 4 月发生如下业务：

业务一：销售自行开发的软件产品，取得不含税销售额 260 万元，提供软件技术服务，取得不含税服务费 35 万元。

业务二：购进用于软件产品开发及软件技术服务的材料，取得增值税专用发票，注明金额 30 万元、税额 3.90 万元。

业务三：员工国内出差，报销时提供标有员工身份信息的航空运输电子客票行程单，注明票价 2.18 万元、民航发展基金 0.12 万元。

业务四：转让 2012 年度购入的一栋写字楼，取得含税收入 8 700 万元，该企业无法提供写字楼发票，提供的契税完税凭证上注明的计税金额为 2 200 万元。该企业转让写字楼选择按照简易计税方法计税。

根据上述资料，回答下列问题：

（1）业务一销项税额为（　　）万元。

A. 15.60　　B. 17.70　　C. 35.90　　D. 38.35

（2）该公司当期可抵扣的进项税额为（　　）万元。

A. 4.08　　B. 4.09　　C. 4.49　　D. 4.50

（3）业务四应缴纳增值税（　　）万元。

A. 189.32　　B. 253.40　　C. 309.52　　D. 414.29

（4）该企业2021年4月实际缴纳增值税（　　）万元。

A. 318.94　　B. 340.93　　C. 341.34　　D. 446.11

119. **（2017年·计算题改编）**某金融机构为增值税一般纳税人，以一个季度为纳税期限，2023年第一季度发生下列业务：

业务一：提供贷款服务取得不含税贷款利息收入1 200万元，提供货币兑换服务取得不含税收入25万元。发生人员工资支出650万元。

业务二：转让金融商品，卖出价10 557.60万元，另发生手续费支出，取得增值税专用发票，注明金额9万元、税额0.54万元。该批金融商品买入价4 536.80万元。上述卖出价与买入价均为含税价格。

业务三：以自有资金对外投资，按合同约定每季度收取固定利润3 000万元（含增值税）。由于被投资方资金紧张，本季度未收到应收的固定利润。

业务四：购进办公设备取得增值税专用发票，注明税额68万元；为改善服务条件，2023年2月购买写字楼，取得增值税专用发票，注明税额1 530万元。

假设本期取得的相关票据均符合税法规定，并在当期按照规定认证抵扣进项税额。

根据上述资料，回答下列问题：

（1）业务一的销项税额为（　　）万元。

A. 34.20　　B. 34.50　　C. 72　　D. 73.50

（2）业务二的销项税额为（　　）万元。

A. 340.26　　B. 340.80　　C. 597.06　　D. 597.60

（3）业务三的销项税额为（　　）万元。

A. 0　　B. 169.81　　C. 180　　D. 300

（4）2023年第一季度该金融机构增值税进项税额留抵（　　）万元。

A. 1 014.43　　B. 1 353.51　　C. 1 354.05　　D. 1 184.24

120. **（2023年·综合分析题）**甲造纸厂为增值税一般纳税人，纳税信用等级为A级，主营业务为销售办公用纸制品，2023年3月业务如下：

（1）从某商贸公司（一般纳税人）处购入原木一批，增值税专用发票注明金额500万元，税额45万元；从某木材批发商（小规模纳税人）处购买原木一批，取得增值税专用发票注明金额150万元，税额为4.5万元；从棉农手中购买棉花，价款为20万元，款项当月已全部支付，并取得农产品销售发票。前述原材料，生产车间已领用加工生产纸浆。

（2）购买纸浆一批，取得增值税专用发票注明金额120万元，税额为15.6万元。发生相关运费，取得增值税专用发票，金额为1万元，税额为0.09万元。入库整理时发现5%的非正常损失。

（3）采用分期收款方式销售一批办公用纸，合同约定不含税货款为1 500万元，本月约定收取货款80%，剩下的部分下月结清，当月实际收到货款的40%。以预收货款方式销售一批印刷用纸，按预收款100%开具不含税发票300万元，已经发货70%。

（4）将2016年8月购入的综合楼改建为员工宿舍，购入时取得增值税专用发票上注明金额2 000万元，税额为100万元，税额已抵扣，该不动产的净值率为70%。

（5）销售2008年购入机械设备一台，购入时按当时政策未抵扣进项税，取得含税收入1.03万元，已开具增值税专用发票。

（6）回收废纸，取得增值税专用发票注明税额6.5万元。销售处理废纸后的再生产品，取得不含税收入5万元，销售再生纸取得不含税收入280万元。受托加工再生纸浆，收取不含税加工费15万元，产品返回给委托方。

（7）该公司当月的污染物排放情况如下：二类水污染物SS、CODcr、氨氮、总磷，排放量分别为200千克。大气污染物SO_2、CO、甲醛、苯、硫化氢排放量分别为：100千克、100千克、50千克、80千克、120千克，对应的污染当量值及环境保护税单位税额如下表所示：

二类水污染物	污染当量值（千克）	大气污染物	污染当量值（千克）
SS	4	SO_2	0.95
CODcr	1	CO	16.7
氨氮	0.8	甲醛	0.09
总磷	0.25	苯	0.05
		硫化氢	0.29
计税单位：千克	税额3.6元/千克	计税单位：千克	税额1.2元/千克

已知，该企业适用13%税率，增值税当月已申报，享受优惠政策条件已申报。该企业在2023年1月因违反生态环境保护的法律法规受到行政处罚，罚款20万元。

根据上述资料，回答下列问题：

（1）下列关于环境保护税的表述，正确的有（　　）。

A. 大气污染物，按照污染当量数从大到小排序，对前五项污染物征收环境保护税

B. 一类水污染物，按照污染当量数从大到小排序，对前五项污染物征收环境保护税

C. 甲公司当月可申请即征即退增值税额为 0.4 万元

D. 大气污染物，按照污染当量数从大到小排序，对前三项污染物征收环境保护税

E. 一类水污染物，按照污染当量数从大到小，对前三项污染物征收环境保护税

（2）业务（1）可抵扣进项税额为（　　）万元。

A. 59.8　　B. 67　　C. 60.3　　D. 51.3

（3）业务（5）应缴纳的增值税为（　　）万元。

A. 0.02　　B. 0.13　　C. 0.12　　D. 0.03

（4）业务（6）应缴纳的增值税销项税额为（　　）万元。

A. 37.05　　B. 37.3　　C. 37.95　　D. 39

（5）甲公司 3 月应缴纳的增值税为（　　）万元。

A. 215.62　　B. 202.87　　C. 203.45　　D. 213.11

（6）甲公司 3 月应缴纳的环境保护税为（　　）万元。

A. 0.77　　B. 0.79　　C. 0.76　　D. 0.64

121. **（2022 年·综合分析题）** 甲公司为增值税一般纳税人，主要经营交通运输服务，内部设有驾驶员培训部。2022 年 3 月发生如下业务：

（1）购进经营用油料及其他物料，取得增值税专用发票注明金额为 12 万元，税额为 1.56 万元。

（2）购进一栋写字楼，取得增值税专用发票注明金额 200 万元，税额为 18 万元。装修该写字楼购进材料，取得增值税专用发票注明金额 50 万元，税额为 6.5 万元。装修后 80%用作运输部办公室，其余 20%用作驾驶员培训部办公室。驾驶员培训部购进办公用品取得增值税专用发票注明金额 6 万元，税额为 0.78 万元。

（3）运输部更新运输车辆，自汽车厂（一般纳税人）购进货车取得机动车销售统一发票，发票上注明的金额为 80 万元，另支付牌照费 0.8 万元和保险费 1 万元，取得公司开具的普通发票。

（4）为客户提供货物运输服务与装卸搬运服务共取得服务费 460 万元。其中，运输服务费 400 万元，装卸搬运服务费 60 万元。

（5）与具有网络平台公路货物运输资质的乙公司（一般纳税人）建立合作关系，乙公司以自己的名义通过网络平台承揽公路货物运输服务，并承担运输人责任，取得服务费 100 万元。甲公司完成乙公司承揽的公路货物运输服务，取得乙公司支付的运输费 90 万元，并向乙公司开具增值税专用发票。

（6）驾驶员培训部取得培训收入 60 万元。

（7）疫情防控期间甲公司组成车队为当地疫情防控工作无偿提供运输服务，车队成本为 35 万元，同类运输服务销售额为 42 万元。

已知：甲公司取得的相关凭证均符合税法规定并在当月勾选抵扣，上述收入均为不含税收入，上述业务中可选择简易计税方法计税的均已选择简易计税。

根据上述资料，回答下列问题：

（1）甲公司业务（2）准予从销项税额中抵扣的进项税额为（　　）万元。

A. 24.5　　B. 25.28　　C. 19.6　　D. 20.38

（2）甲公司业务（4）应计算增值税销项税额（　　）万元。

A. 41.46　　B. 39.60　　C. 36　　D. 29.46

（3）关于网络货物运输业务的税务处理，下列说法正确的有（　　）。

A. 乙公司应计算增值税销项税额 9 万元

B. 乙公司通过网络平台承揽公路货物运输业务取得的收入，应按照“信息中介服务”计算缴纳增值税

C. 乙公司通过网络平台承揽公路货物运输业务取得的收入，应按照“交通运输服务”计算缴纳增值税

D. 乙公司可以从销项税额中抵扣进项税额 8.1 万元

E. 甲公司应计算增值税销项税额 8.1 万元

（4）关于业务（6）和业务（7）的税务处理，下列说法正确的有（　　）。

A. 驾驶员培训业务收入应缴纳增值税 1.8 万元

B. 为当地疫情防控工作无偿提供运输服务的进项税额不得从销项税额中抵扣

C. 为当地疫情防控工作无偿提供运输服务应计算增值税销项税额 3.78 万元

D. 为当地疫情防控工作无偿提供运输服务免征增值税

E. 驾驶员培训业务的进项税不得从销项税额中抵扣

（5）甲公司本月不得抵扣的进项税额为（　　）万元。

A. 9.25　　B. 5.83　　C. 1.09　　D. 7.33

（6）甲公司本月应缴纳增值税为（　　）万元。

A. 15.02　　B. 11.55　　C. 22.35　　D. 18.57

122.（**2022 年·综合分析题**）某汽车制造企业为增值税一般纳税人，主要生产乘用车。2022 年 3 月，生产经营情况如下：

（1）购进汽车零配件支付不含税货款 3 000 万元，支付的设计服务费不含税金额为 200 万元，支付的车站服务费不含税金额为 1.89 万元。上述业务均取得一般纳税人开具的增值税专用发票。

（2）支付贷款利息 20 万元，取得一般纳税人开具的增值税普通发票。

（3）采取预收款方式销售自产 A 型乘用车 500 辆，其中 480 辆已于本月发货。每辆 A 型乘用车不含税售价为 12 万元。

（4）将自产B型乘用车其中15辆发放给企业优秀员工，5辆留作企业管理部门自用。于当月办理完毕车辆登记手续。B型乘用车当期无同类产品市场对外售价，生产成本为8万元/辆。

（5）进口2辆C型乘用车自用。关税完税价格合计150万元，关税税率为10%，取得海关签发的增值税专用缴款书和消费税专用缴款书。

已知：该企业取得相关票据均符合规定，并于当月勾选抵扣进项税额。A型乘用车消费税税率为5%，B型乘用车消费税税率为9%、成本利润率为8%，C型乘用车消费税税率为40%。

根据上述资料，回答下列问题：

（1）关于该企业上述业务的税务处理，下列说法正确的有（　　）。

A. 企业管理部门自用的车辆应缴纳车辆购置税

B. 贷款利息可以凭增值税普通发票申报抵扣进项税额

C. 奖励给优秀员工的车辆应缴纳车辆购置税，由企业代扣代缴

D. 奖励给优秀员工的车辆应缴纳增值税和消费税

E. 企业管理部门自用的车辆要缴纳消费税，无须缴纳增值税

（2）进口环节应纳消费税（　　）万元。

A. 110　　B. 137.50　　C. 66　　D. 60

（3）该企业当月准予从销项税额中抵扣的进项税额为（　　）万元。

A. 402.11　　B. 403.25　　C. 437.86　　D. 439

（4）该企业当月应纳增值税（　　）万元。

A. 748.80　　B. 654.52　　C. 329.45　　D. 254.65

（5）该企业当月应纳消费税（　　）万元（不含进口环节消费税）。

A. 288　　B. 296.52　　C. 305.09　　D. 356.12

（6）该企业当月应纳车辆购置税（　　）万元。

A. 37.75　　B. 46.49　　C. 51.99　　D. 32.25

123. **（2021年·综合分析题）** 甲商城为增值税一般纳税人，2021年3月发生以下业务：

（1）珠宝部销售金银首饰取得含税销售额189万元，销售珍珠、玉石首饰取得含税销售额245万元；受托加工金银首饰，收取不含税加工费2万元，委托方提供的原料成本为6万元；以旧换新方式销售金银首饰，同类金银首饰的含税销售额为21万元，旧金银首饰作价6万元，实际取得含税销售额15万元。

（2）商城的超市采取线上交易配送到家方式销售商品，零售额为85万元；线下零售额为181.60万元，其中销售米、面、食用植物油、水果取得含税销售额46万元。

（3）销售服装、家电取得含税销售额1 695万元。

（4）商城开展科普活动，取得科普讲座门票收入含税金额5.30万元。

（5）由于2月销售的商品出现质量问题，与购货方协商后按照不含税金额200万元给予购货

方20%折让，并按折让金额开具红字发票。

（6）商城内建设休闲区供顾客休息，购进桌椅等物品，取得增值税专用发票注明税额合计0.80万元；购进一批货物捐赠给目标脱贫地区的扶贫对象，取得增值税专用发票，注明金额50万元，税额6.50万元，商城超市从某农贸市场（小规模纳税人）购进水果，取得的增值税普通发票注明金额20万元；支付快递费，取得一般纳税人开具的增值税专用发票，注明金额0.50万元；从国内购进其他商品和服务，取得的增值税专用发票注明税额合计12.56万元。

（7）从境内某品牌家电供应商取得与销售额挂钩的平销返利收入3万元。

（8）由于保管不善，从一般纳税人购进的一批服装发生丢失，该批服装的账面成本为13万元（已抵扣进项税额），其中包括一般纳税人提供运输的运费成本1万元。

已知：当月取得的相关票据均已申报抵扣，企业未放弃相关税收优惠。

根据上述资料，回答下列问题：

（1）业务（1）应缴纳消费税（　　）万元。

A. 9.45　　B. 9.71　　C. 9.76　　D. 20.29

（2）业务（2）销项税额为（　　）万元。

A. 34.66　　B. 29.18　　C. 25.38　　D. 30.67

（3）本月销项税额合计（　　）万元。

A. 271.33　　B. 242.79　　C. 271.19　　D. 271.36

（4）业务（6）准予从销项税额中抵扣的进项税额为（　　）万元。

A. 21.66　　B. 13.39　　C. 19.06　　D. 19.09

（5）本月应缴纳增值税（　　）万元。

A. 259.80　　B. 254.27　　C. 225.77　　D. 259.85

（6）关于甲商城本月业务的税务处理，下列说法正确的有（　　）。

A. 开展科普讲座门票收入免征增值税

B. 由于2月销售的商品出现质量问题而给予购货方的折让可以从本期计税销售额中扣除

C. 为建设休闲区购进各类物品的进项税额不允许从当期销项税额中抵扣

D. 为捐赠给目标脱贫地区扶贫对象购进的货物的进项税额不得从当期销项税额中抵扣

E. 从境内供应商取得的返还收入应计提销项税额

124. **（2020年·综合分析题改编）**甲市H宾馆为增值税一般纳税人，主要从事住宿、餐饮、会议场地出租及配套服务。2023年2月发生如下业务：

业务一：提供住宿服务取得不含税销售额3 000万元；提供餐饮服务取得不含税销售额420万元（含外卖食品收入20万元）；提供会议场地出租服务取得不含税租金300万元（含配套服务收入40万元）。

业务二：当月购进业务发生进项税额共计180万元，均取得合法的增值税专用发票及其他扣税凭证，按规定申报抵扣进项税额。当月因非正常损失进项税额转出 2 万元。

业务三：为调整经营结构，将位于邻省乙市的一处酒店房产出售，取得不含税收入 9 980 万元。该酒店房产于 2015 年 4 月购进，购进时取得的营业税发票注明金额为 1 260 万元，没有评估价格。H 宾馆选择按照简易方法计算缴纳增值税。

业务四：将位于邻省丙市的一处酒店式公寓房产投资于 K 物业管理公司，该房产 2017 年购置时取得的增值税专用发票上注明价款 1 200 万元、税款 132 万元。评估机构给出的评估价格为 1 500 万元（含税），双方约定以此价格投资入股并办理房产产权变更手续。K 公司当月以长租形式出租酒店式公寓，取得不含税租金 500 万元（含配套服务收入 60 万元）。

根据上述资料，回答下列问题：

（1）业务一销项税额为（　　）万元。

A. 219.60　　B. 231　　C. 223.20　　D. 232.20

（2）H 宾馆当月可抵减的加计抵减进项税额为（　　）万元。

A. 8.9　　B. 17.80　　C. 18　　D. 0

（3）业务三中，H 宾馆应在乙市预缴增值税（　　）万元。

A. 439　　B. 415.24　　C. 436　　D. 499

（4）业务四中，H 宾馆应在丙市预缴增值税（　　）万元。

A. 8.81　　B. 68.81　　C. 11.43　　D. 8

（5）关于 H 宾馆、K 公司上述业务的税务处理，下列说法正确的有（　　）。

A. H 宾馆提供的会议场地出租及配套服务，按“会议展览服务”缴纳增值税

B. H 宾馆转让乙市酒店房产计算缴纳土地增值税时，可按发票所载金额，按 4 年计算加计扣除金额

C. H 宾馆提供餐饮服务时销售的外卖食品收入，按“餐饮服务”缴纳增值税

D. K 公司以长租形式出租酒店式公寓并提供配套服务，按“不动产经营租赁服务”缴纳增值税

E. H 宾馆将丙市酒店式公寓房产投资于 K 公司，应计算缴纳土地增值税

（6）H 宾馆当月应在甲市申报缴纳增值税（　　）万元。

A. 139.82　　B. 94.90　　C. 134.35　　D. 161.05

参考答案及解析

1.【答案】D

【解析】本题考查增值税的不征税项目。

取得与收入直接挂钩的财政补贴，应缴纳增值税。单位或者个体工商户为聘用的员工提供服

务，不征收增值税；甲公司上述业务销项税额=(40+5+135)÷(1+6%)×6%=10.19（万元）。

2.【答案】B

【解析】本题考查增值税退（免）税办法。

选项A错误，境内的单位和个人提供适用零税率的服务或者无形资产，如果属于适用简易计税方法的，实行免征增值税办法。选项C错误，生产企业进料加工复出口货物增值税退（免）税的计税依据，按出口货物的离岸价（FOB）扣除出口货物所含的海关保税进口料件的金额后确定。选项D错误，出口企业既有适用增值税免抵退项目，也有增值税即征即退、先征后退项目的，增值税即征即退和先征后退项目不参与出口项目免抵退税计算。

3.【答案】C

【解析】本题考查增值税应纳税额的计算。

信息技术服务属于“现代服务”，适用税率为6%。该公司当期应缴纳增值税=860×6%-16=35.6（万元）。

4.【答案】C

【解析】本题考查增值税的税收优惠政策。

选项C正确，对从事蔬菜批发、零售的纳税人销售的蔬菜，免征增值税。选项A、B、D照章征收增值税。

5.【答案】D

【解析】本题考查视同销售的征税规定。

纳税人出租不动产，租赁合同中约定的免租期不属于视同销售服务，不征收增值税。甲公司应确认的销项税额=4×9%=0.36（万元）。

6.【答案】C

【解析】本题考查提供不动产经营租赁服务增值税的征收管理。

自然人和个体工商户（小规模纳税人）出租住房，按照5%的征收率减按1.5%计算缴纳应纳税额。甲个体工商户出租门市房（非住房）按照5%征收率计算缴纳应纳税额。甲个体工商户应缴纳的增值税=2÷(1+5%)×1.5%+16÷(1+5%)×5%=0.79（万元）。

7.【答案】D

【解析】本题考查增值税的临时减免退税项目。

自2019年1月1日至2027年12月31日，国家级、省级科技企业孵化器、大学科技园和国家备案众创空间对其向在孵对象提供孵化服务取得的收入，免征增值税。孵化服务是指为在孵对象提供的经纪代理、经营租赁、研发和技术、信息技术、鉴证咨询服务。餐饮服务和打字复印服务收入属于“现代服务”，适用税率6%。甲企业应缴纳增值税=(6+5)÷(1+6%)×6%=0.62（万元）。

8.【答案】B

【解析】本题考查销项税额的计算。

纪念馆、博物馆、文化馆、文物保护单位管理机构、美术馆、展览馆、书画院、图书馆在自己的场所提供文化体育服务取得的第一道门票收入免征增值税，公园景区的门票收入（包括第一道门票）不免征增值税。公园提供的门票收入、摆渡车属于“生活服务——文化体育服务”，适用税率6%；停车收入属于“不动产租赁服务”，适用税率9%。该公园应确认的销项税额＝62÷(1+6%)×6%+6÷(1+6%)×6%+4÷(1+9%)×9%＝4.18（万元）。

9. **【答案】**A

【解析】本题考查增值税的征税范围。

①境外单位或个人向境内单位或个人销售的完全在境外发生的服务，不属于中国境内的销售服务（选项B）；②境内单位销售位于境外的不动产，不属于在中国境内销售不动产（选项C）；③境外单位或个人向境内单位或个人销售无形资产或租赁有形动产，完全在境外使用的，不属于中国境内的增值税业务（选项D）。

10. **【答案】**C

【解析】本题考查增值税视同销售的征税规定。

单位或者个体工商户的下列行为，增值税视同销售：①将货物交付他人代销（选项C）。②销售代销货物。③设有两个以上机构并实行统一核算的纳税人，将货物从一个机构移送其他机构用于销售，但相关机构设在同一县（市）的除外。④将自产、委托加工或购买的货物作为投资，提供给其他单位或个体经营者。⑤将自产、委托加工或购买的货物分配给股东或投资者。⑥将自产、委托加工或购买的货物无偿赠送他人。⑦将自产、委托加工的货物用于集体福利或个人消费。⑧单位或者个体工商户向其他单位或者个人无偿提供服务，但用于公益事业或者以社会公众为对象的除外；单位或者个人向其他单位或者个人无偿转让无形资产或者不动产，但用于公益事业或者以社会公众为对象的除外。

11. **【答案】**D

【解析】本题考查增值税先征后退的政策。

选项A错误，外文图书出版没有先征后退100%的政策。选项B错误，少数民族文字出版物印刷业务执行增值税100%先征后退的政策。选项C错误，专为少年儿童出版发行的报纸和期刊执行增值税100%先征后退的政策。

12. **【答案】**A

【解析】本题考查增值税的税收优惠。

①自2019年1月1日至2025年12月31日，对单位或者个体工商户将自产、委托加工或购买的货物通过公益性社会组织、县级及以上人民政府及其组成部门和直属机构，或直接无偿捐赠给目标脱贫地区的单位和个人，免征增值税。在政策执行期限内，目标脱贫地区实现脱贫的，可继续适用免征增值税政策。②捐赠给某老年福利院的货物应视同销售，增值税销项税额＝50×13%＝6.5（万元），选项A正确。

13.【答案】C

【解析】本题考查增值税的税收优惠。

托儿所、幼儿园提供的保育和教育服务免征增值税；以开办实验班、特色班和兴趣班等为由另外收取的费用以及与幼儿入园挂钩的赞助费、支教费等超过规定范围的收入，不属于免征增值税收入，选项A错误。残疾人本人为社会提供的服务免征增值税，选项B错误。个人出租商业用房，按照5%的征收率计算缴纳增值税，选项D错误。

14.【答案】D

【解析】本题考查销项税额的计算。

平整土地收入和建筑物外墙清理修复属于“建筑服务”，税率为9%；塔吊出租属于“有形动产租赁服务”，税率为13%。甲企业当月计算的增值税销项税额=(1 000+60)×9%+40×13%=100.6（万元）。

15.【答案】D

【解析】本题考查增值税的征税范围。

旅游娱乐服务、文化体育服务、教育医疗服务属于“生活服务”征收范围，选项A、B、C错误。物流辅助服务属于“现代服务”征收范围，选项D正确。

16.【答案】A

【解析】本题考查增值税销项税额的计算。

酒类产品（除啤酒、黄酒外）包装物押金，收取时缴纳增值税、消费税，逾期时不再缴纳增值税、消费税。啤酒、黄酒包装物押金，收取时不缴纳增值税、消费税，逾期时缴纳增值税，不缴纳消费税（因为从量征收）。该酒厂当月计算的销项税额=[80+0.3÷(1+13%)]×13%+40×13%=15.63（万元）。

17.【答案】C

【解析】本题考查增值税应纳税额的计算。

国内运输服务属于“交通运输服务”，税率为9%。纳税人为客户办理退票而向客户收取的退票费、手续费等收入，按照“其他现代服务”缴纳增值税，税率为6%。国际运输服务适用零税率。该航空公司应缴纳的增值税=2 000÷(1+9%)×9%+10÷(1+6%)×6%-78=87.71（万元）。

18.【答案】D

【解析】本题考查进项税额的计算与确认。

选项A错误，以开具的农产品收购发票上注明的买价和9%的扣除率计算进项税额。选项B错误，购进用于生产13%税率货物的农产品，按10%扣除率计算进项税额。选项C错误，从按照简易计税方法依照3%征收率计算缴纳增值税的小规模纳税人处取得增值税专用发票的，以增值税专用发票上注明的金额和9%的扣除率计算进项税额。

19. 【答案】D

【解析】本题考查进口货物增值税的一般规定。

代理进口货物，以海关开具的完税凭证上的纳税人为增值税纳税人。即对报关进口货物，凡是海关的完税凭证开具给委托方的，对代理方不征增值税；凡是海关的完税凭证开具给代理方的，对代理方应按规定征收增值税，选项 D 正确。

20. 【答案】B

【解析】本题考查跨境电子商务零售进口商品征税方法。

选项 B 错误，对单次交易限值为人民币 5 000 元、个人年度交易限值为人民币 26 000 元以内进口的跨境电子商务零售进口商品，关税税率暂设为 0；进口环节增值税、消费税取消免征税额，暂按法定应纳税额的 70%征收。

21. 【答案】A

【解析】本题考查特殊销售的征税规定。

选项 B 错误，发售加油卡、加油凭证销售成品油的纳税人在售卖加油卡、加油凭证时，应按预收账款方法作相关账务处理，不征收增值税。选项 C 错误，单用途卡发卡企业或售卡企业销售单用途卡，或者接受单用途卡持卡人充值取得的预收资金，不缴纳增值税。选项 D 错误，持卡人使用多用途卡，向特约商户购买货物或服务，特约商户应缴纳增值税，且不得向持卡人开具增值税发票。

22. 【答案】B

【解析】本题考查增值税的扣缴义务人。

中华人民共和国境外的单位或个人在境内提供应税劳务，在境内未设有经营机构的，其应纳税款以境内代理人为扣缴义务人；在境内没有代理人的，以购买者为扣缴义务人。境外单位或个人在境内销售服务、无形资产或者不动产，在境内未设有经营机构的，以购买方为增值税扣缴义务人，选项 B 正确。

23. 【答案】C

【解析】本题考查增值税即征即退政策。

选项 C，对飞机维修劳务增值税实际税负超过 6%的部分即征即退。选项 A、B、D 属于对其增值税实际税负超过 3%的部分实行即征即退政策。

24. 【答案】B

【解析】本题考查增值税的征税范围。

选项 B 正确，信息技术服务属于“现代服务”征收范围。选项 A、C、D 属于生活服务。

25. 【答案】B

【解析】本题考查增值税简易计税方法。

物业管理服务属于“现代服务”，税率为6%。提供物业管理服务的纳税人，向服务接受方收取的自来水水费，以扣除其对外支付的自来水水费后的余额为销售额，按照简易计税方法依3%的征收率计算缴纳增值税。装修服务适用9%税率。该企业当月应缴纳的增值税=220÷(1+6%)×6%+(35-30)÷(1+3%)×3%+50÷(1+9%)×9%-8=8.73（万元）。

26.【答案】C

【解析】本题考查销项税额的计算。

金银首饰以旧换新业务按销售方实际收到的不含增值税的全部价款征税。该金饰商店应缴纳的销项税额=3 000×0.07÷(1+13%)×13%+600×0.53÷(1+13%)×13%=60.74（万元）。

27.【答案】C

【解析】本题考查特殊销售方式下的销售额。

一般纳税人因进货退回而从销售方收回的增值税额，应从发生进货退回当期的进项税额中扣减，选项C正确。

28.【答案】C

【解析】本题考查增值税特殊销售方式的销售额。

选项A错误，贷款服务，以提供贷款服务取得的全部利息及利息性质的收入为销售额计算缴纳增值税。选项B错误，直接收费金融服务，以提供直接收费金融服务收取的手续费、佣金、酬金、管理费、服务费、经手费、开户费、过户费、结算费、转托管费等各类费用为销售额计算缴纳增值税。选项D错误，对销售除啤酒、黄酒以外的其他酒类产品收取的包装物押金，无论是否返还以及会计上如何核算，均应并入当期销售额征税。

29.【答案】A

【解析】本题考查销项税额的计算。

纳税人销售活动板房、机器设备、钢结构等自产货物的同时提供建筑、安装服务，不属于混合销售，应分别核算销售货物和建筑服务的销售额。设备的维护保养属于“其他现代服务”，税率为6%。设备维修服务属于“修理修配”劳务，税率为13%。甲企业当月增值税销项税额=600×13%+30×9%+10×6%+20×13%=83.9（万元）。

30.【答案】B

【解析】本题考查销项税额的计算。

在运输工具舱位互换业务中，互换运输工具舱位的双方均按照“交通运输服务”缴纳增值税。甲公司当月增值税销项税额=(500+50)×9%=49.5（万元）。

31.【答案】A

【解析】本题考查特殊销售方式下的销售额。

采取以物易物方式销售，双方以各自发出的货物核算销售额并计算销项税额。甲企业应缴纳的销项税额=65 540÷(1+13%)×13%=7 540（元）。

32.【答案】D

【解析】本题考查特殊销售方式下的销售额。

以旧换新方式下按新货同期销售价格确定销售额，不得减除旧货收购价格。该商场当月应计算的销项税额=100÷(1+13%)×13%=11.50（万元）。

33.【答案】D

【解析】本题考查进项税额抵扣的特殊规定。

①当期农产品耗用数量=当期销售货物数量×农产品单耗数量=10 000×2.2=22 000（公斤）；②期末平均买价=（期初库存农产品数量×期初平均买价+当期购进农产品数量×当期买价）÷（期初库存农产品数量+当期购进农产品数量）=(100 000×2.39+200 000×2.42)÷(100 000+200 000)=2.41(元)；③当期允许抵扣农产品增值税进项税额=当期农产品耗用数量×农产品平均购买单价×扣除率÷(1+扣除率)=22 000×2.41×13%÷(1+13%)=6 099.65（元）。

34.【答案】B

【解析】本题考查提供建筑服务增值税的征收管理。

甲建筑公司提供的建筑项目应采用一般计税方法，当月的销项税额=8 938÷(1+9%)×9%=738（万元）。

35.【答案】C

【解析】本题考查转让不动产增值税应纳税额的计算。

张某转让商铺适用简易计税方法，征收率为5%。张某当月转让商铺应缴纳增值税=(500-300)÷(1+5%)×5%=9.52（万元）。

36.【答案】D

【解析】本题考查增值税简易计税方法。

当月应缴纳增值税=32÷(1+0.5%)×0.5%+3÷(1+1%)×1%=0.19（万元），选项D正确。

37.【答案】A

【解析】本题考查无法划分的进项税额。

不得抵扣的进项税额=当期无法划分的全部进项税额×(当期简易计税方法计税项目销售额+免征增值税项目销售额)÷当期全部销售额=20×120÷(180+120)=8（万元），当月应缴纳增值税=180×13%-(20-8)=11.40（万元），选项A正确。

38.【答案】A

【解析】本题考查增值税征税范围。

在游览场所经营索道、摆渡车业务属于生活服务中的文化体育服务，不属于现代服务，选项A符合题意。选项B，按照“现代服务——会议展览服务”缴纳增值税。选项C，按照“现代服务——租赁服务”缴纳增值税。选项 D，按照“现代服务——信息技术服务”缴纳增值税。

39.【答案】A

【解析】本题考查增值税留抵退税政策。

允许退还的增量留抵税额 = 增量留抵税额×进项构成比例×100% = 1 500×80%×100% = 1 200（万元），选项 A 正确。

40.【答案】A

【解析】本题考查增值税留抵退税政策。

纳税人出口货物劳务、发生跨境应税行为，适用免抵退税办法的，办理免抵退税后，仍符合规定条件的，可以申请退还留抵税额，选项 A 正确。纳税人向主管税务机关申请退还增量留抵税额应满足的条件之一是“自 2019 年 4 月 1 日起未享受即征即退、先征后返（退）政策的”，选项 B 错误。非小微企业、制造业和批发零售业等行业增量留抵退税的比例是 60%，选项 C 错误。普遍性留底退税政策的纳税人向主管税务机关申请退还增量留抵税额应满足的条件之一是“自 2019 年 4 月税款所属期起，连续 6 个月（按季纳税的，连续 2 个季度）增量留抵税额均大于零，且第 6 个月增量留抵税额不低于 50 万元”，选项 D 错误。

41.【答案】D

【解析】本题考查农产品进项税额的计算。

纳税人购进农产品，从依照 3%征收率计算缴纳增值税的小规模纳税人取得增值税专用发票的，以增值税专用发票上注明的金额和 9%的扣除率计算进项税额；纳税人购进农产品用于生产或者委托加工 13%税率货物的，按照 10%的扣除率计算进项税额。本题中，小规模纳税人是按照享受优惠政策 1%征收率开具的增值税专用发票，故不得享受上述政策，只能凭票面税额抵扣进项税额，选项 D 正确。

42.【答案】D

【解析】本题考查进项税额的计算。

出租车票无法抵扣进项税额。航空旅客运输服务可抵扣进项税额 = 45÷(1+9%)×9% = 3.72（万元），高速公路通行费可抵扣进项税额 = 4÷(1+3%)×3% = 0.12（万元），桥、闸通行费可抵扣进项税额 = 1÷(1+5%)×5% = 0.05（万元）。准予抵扣的进项税额 = 3.72+0.05+0.12 = 3.89（万元），选项 D 正确。

43.【答案】B

【解析】本题考查进项税额转出。

该批货物应转出进项税额 = (309−9)×13%+9×9% = 39.81（万元），选项 B 正确。

44.【答案】C

【解析】本题考查增值税进项税额。

试点纳税人购进农产品不再凭增值税扣税凭证抵扣增值税进项税额，购进除农产品以外的货物、应税劳务和应税服务，增值税进项税额仍按现行有关规定抵扣。选项 C 表述错误，符合题意。因此，本题答案为选项 C。

45.【答案】D

【解析】本题考查含税销售额的换算、销售额的特殊规定。

一般纳税人提供客运场站服务，以其取得的全部价款和价外费用，扣除支付给承运方运费后的余额为销售额，选项 A 错误。纳税人提供签证代理服务，以取得的全部价款和价外费用，扣除向服务接受方收取并代为支付给外交部和外国驻华使（领）馆的签证费、认证费后的余额为销售额，选项 B 错误。纳税人提供经纪代理服务，以取得的全部价款和价外费用，扣除向委托方收取并代为支付的政府性基金或者行政事业性收费后的余额为销售额，选项 C 错误。

46.【答案】D

【解析】本题考查增值税报缴税款期限。

纳税人以 1 个月或者 1 个季度为 1 个纳税期的，自期满之日起 15 日内申报纳税；以 1 日、3 日、5 日、10 日或 15 日为 1 个纳税期的，自期满之日起 5 日内预缴税款，于次月 1 日起 15 日内申报纳税并结清上月应纳税款。因此，选项 D 正确。

47.【答案】A

【解析】本题考查销项税额的计算。

内部装饰和设备费用属于价外费用。一般情况下，价外费用看作含税收入，在征税时换算成不含税收入，再并入销售额中计算销项税额。该笔业务应计算销项税额＝[1 200+50÷(1+13%)]×13%＝161.75（万元）。因此，选项 A 正确。

48.【答案】B

【解析】本题考查不得从销项税额中抵扣的进项税额。

选项 A、C 所表述的两种情况属于增值税视同销售货物，购进的货物准予抵扣进项税额，选项 A、C 错误。发生正常损失准予抵扣进项税额，发生非正常损失不得抵扣进项税额，选项 D 错误。

49.【答案】C

【解析】本题考查特定免税项目。

选项 A、B、D 所表述的这些金融服务均应计征增值税，选项 A、B、D 错误。自 2019 年 2 月 1 日至 2027 年 12 月 31 日，对企业集团内单位（含企业集团）之间的资金无偿借贷行为，免征增值税，选项 C 正确。

50.【答案】B

【解析】本题考查“二手车经销商销售收购的二手车”增值税相关规定。

选项A，属于纳税人销售自己使用过的固定资产，需要按规定缴纳增值税。2027年12月31日前，从事二手车经销的纳税人销售其收购的二手车，按照简易办法依3%征收率减按0.5%征收增值税，选项C错误。纳税人应当开具二手车销售统一发票，当购买方索取增值税专用发票时，应当再开具征收率为0.5%的增值税专用发票，选项D错误。

51.【答案】B

【解析】本题考查以旧换新方式销售货物销项税额的计算。

以旧换新方式销售金银首饰，销售方应按实际收取的不含增值税的全部价款作为销售额来计算增值税。该店当月应计算销项税额=35÷(1+13%)×13%=4.03（万元）。因此，选项B正确。

52.【答案】C

【解析】本题考查平销返利、销售退货等增值税的处理。

商业企业向供货方收取的进场费，可以开具增值税发票，选项A错误。商业企业向供货方收取的与商品销售额挂钩的返还收入，应按平销返利行为的有关规定冲减当期增值税进项税额，而非视同销售计入销项税额，选项B错误。纳税人丢失已开具增值税专用发票抵扣联的，可凭相应发票的发票联复印件，作为增值税进项税额的抵扣凭证，准予抵扣进项税额，选项D错误。

53.【答案】B

【解析】本题考查转让购入的不动产预缴增值税的计算。

转让非自建不动产的，可以差额预缴，一般纳税人转让不动产预征率为5%。

预缴增值税=(3 500-1 600)÷(1+5%)×5%=90.48（万元）

因此，选项B正确。

54.【答案】D

【解析】本题考查不动产抵债应纳增值税的计算。

纳税人将购进的不动产用于抵偿债务，按照转让不动产计算缴纳增值税。营改增以后，不动产销售增值税税率为9%。

销项税额=760÷(1+9%)×9%=62.75（万元）

因此，选项D正确。

55.【答案】C

【解析】本题考查增值税销项税额。

贷款服务，以提供贷款服务取得的全部利息及利息性质的收入为销售额，选项A、B错误，选项C正确。银行提供贷款服务按期计收利息的，结息日当日计收的全部利息收入，均应计入结息日所属期的销售额，选项D错误。

56.【答案】C

【解析】本题考查增值税特定企业（交易行为）税收政策——转让不动产。

本题解题步骤如下：

第一步：确定征税范围与适用税率。

转让2016年5月1日后取得的不动产，应当适用一般计税方法，适用税率为9%。

第二步：确定销售额。

以取得的全部价款及价外费用为销售额计算销项税额，销售额为4 500万元。

第三步：计算销项税额。

销项税额=销售额×税率=4 500×9%=405（万元）

因此，选项C正确。

57.【答案】D

【解析】本题考查增值税进项税额。

增值税一般纳税人购进农产品为原材料生产销售液体乳及乳制品、酒及酒精、植物油的，纳入农产品增值税进项税额核定扣除试点范围，选项A错误。试点纳税人购进农产品不再凭增值税扣税凭证抵扣增值税进项税额，选项B错误。扣除率为销售货物的适用税率，选项C错误。

58.【答案】D

【解析】本题考查增值税一般计税方法应纳税额的计算。

本题解题步骤如下：

第一步：确定销项税额。

销售货物，适用税率13%，销项税额=600×13%=78（万元）。

第二步：确定进项税额。

不得抵扣的进项税额=当期无法划分的全部进项税额×[（当期简易计税方法计税项目销售额+免征增值税项目销售额）÷当期全部销售额]

=65×[200÷(600+200)]

=16.25（万元）

可抵扣的进项税额=65-16.25=48.75（万元）

第三步：计算当期应缴纳的增值税。

当期应纳税额=78-48.75=29.25（万元）

因此，选项D正确。

59.【答案】A

【解析】本题考查增值税一般计税方法应纳税额的计算。

本题解题步骤如下：

第一步：确定销项税额。

销售货物，适用税率13%，销项税额=100×13%=13（万元）；

提供交通运输服务，适用税率9%，销项税额=3×9%=0.27（万元）。

销项税额合计=13+0.27=13.27（万元）

第二步：确定进项税额。

当月可抵扣的进项税额为6.50万元。

第三步：计算当期应缴纳的增值税。

当期应纳税额=13.27-6.50=6.77（万元）

因此，选项A正确。

60.**【答案】**D

【解析】本题考查增值税应纳税额的计算。

网约车服务没有差额征税的规定，一般纳税人交通运输服务简易计税的征收率为3%，应当缴纳的增值税=5 000×3%=150（万元），选项D正确。

61.**【答案】**C

【解析】本题考查增值税简易计税方法。

本题解题步骤如下：

第一步：确定征税范围与征收率。

该小规模纳税人销售自己使用过的固定资产，不考虑税收优惠政策时按3%征收率减按2%征收增值税；销售边角料收入，按3%征收率征收增值税。

第二步：确定销售额。

销售固定资产销售额=(3+1.50)÷(1+3%)=4.37（万元）

销售边角料销售额=2÷(1+3%)=1.94（万元）

第三步：计算应纳税额。

应纳税额=4.37×2%+1.94×3%=0.15（万元）

因此，选项C正确。

62.**【答案】**D

【解析】本题考查增值税简易计税方法。

本题解题步骤如下：

第一步：确定征税范围与征收率。

个人出租住房，按照5%的征收率减按1.5%征收增值税。

第二步：确定销售额。

纳税人一次性收取租金的，其纳税义务发生时间为收到预收款的当天，因此，销售额=120÷(1+5%)=114.29（万元）。

第三步：计算应纳税额。

应纳税额 = 114.29×1.5% = 1.71（万元）

因此，选项 D 正确。

63.【答案】D

【解析】本题考查增值税特定企业（交易行为）税收政策——跨地区提供建筑服务。

本题解题步骤如下：

第一步：确定征税范围、适用税率（征收率）与预征率。

纳税人提供建筑服务，采用一般计税方法，适用税率为 9%，预征率为 2%。

第二步：计算预缴税款。

应预缴税款 =（全部价款和价外费用－支付的分包款）÷（1+适用税率）×2%

=（1 500－600）÷（1+9%）×2%

= 16.51（万元）

因此，选项 D 正确。

64.【答案】D

【解析】本题考查增值税纳税人。

年应税销售额超过规定标准的其他个人不能登记为一般纳税人，选项 A 错误。年应税销售额超过规定标准的非企业性单位，可选择按照小规模纳税人纳税，选项 B 错误。年应税销售额超过规定标准但不经常发生应税行为的单位和个体工商户，可选择按照小规模纳税人纳税，选项 C 错误。

65.【答案】D

【解析】本题考查增值税不征税范围。

选项 A、B、C 说法错误，均不征收增值税。纳税人取得的财政补贴收入，与其销售货物、劳务、服务、无形资产、不动产的收入或者数量直接挂钩的，应按规定计算缴纳增值税。纳税人取得的其他情形的财政补贴收入，不属于增值税应税收入，不征收增值税。选项 D 正确。

66.【答案】B

【解析】本题考查增值税销项税额。

优质费属于价外费用，需要并入销售额计算增值税。企业收取的包装物押金一年以内且未超过企业规定期限，单独核算的，不并入销售额征税。该企业当月增值税销项税额 = [120+2÷（1+13%）]×13% = 15.83（万元）。

67.【答案】C

【解析】本题考查增值税简易计税方法。

小规模纳税人销售不动产，除另有规定外，按照 5%征收率计算缴纳增值税，选项 A 错误。小规模纳税人提供建筑服务，以取得的全部价款和价外费用扣除支付的分包款后的余额为销售额，按照3%的征收率计算增值税，选项B错误。小规模纳税人销售边角料收入，应按照3%的征收率计算缴纳增值税，选项D错误。

68.【答案】C

【解析】本题考查增值税简易计税方法。

向承租方收取的违约金属于价外费用，应根据所属项目的适用税率或征收率计算缴纳增值税，一般纳税人出租房屋适用征收率为5%，故违约金按照5%征收率缴纳增值税，可以开具增值税专用发票，选项A、B、D错误，选项C正确。

69.【答案】C

【解析】本题考查出口的增值税政策。

境外旅客购物离境退税，应退增值税税额=退税物品销售发票金额（含增值税）×退税率，因此，应退增值税=2 260×10%=226（元），选项C正确。

70.【答案】A

【解析】本题考查增值税征收范围。

境外单位或个人向境内单位或者个人所销售的不动产在境内的，应征收增值税，选项A正确。境外单位或者个人向境内单位或者个人出租完全在境外使用的有形动产，不征收增值税，选项B错误。境外单位或者个人向境内单位或者个人销售完全在境外使用的无形资产，不征收增值税，选项C错误。境外单位或者个人向境内单位或者个人销售完全在境外发生的服务，不征收增值税，选项D错误。

71.【答案】A

【解析】本题考查增值税减税、免税。

婚姻介绍服务免征增值税，选项A正确。个人转让国债、个人销售受赠的住房、职业培训机构提供的非学历教育服务，不予免征，均应按规定征收增值税，选项B、C、D错误。

72.【答案】A

【解析】本题考查增值税减税、免税。

增值税一般纳税人销售其自行开发生产的软件产品，按13%税率征收增值税后，对其增值税实际税负超过3%的部分实行即征即退政策，选项A正确。

73.【答案】B

【解析】本题考查增值税减税、免税。

对个人销售额未达到规定的增值税起征点的，免征增值税；达到起征点的，依照规定全额计算缴纳增值税，选项A错误，选项B正确。起征点的调整由财政部和国家税务总局规定。省、自治区、直辖市财政厅（局）和税务局应当在规定的范围内，根据实际情况确定本地区适用的起征点，并报财政部和国家税务总局备案，选项C错误。增值税起征点的适用范围限于个人，但不包括登记为一般纳税人的个体工商户，选项 D 错误。

74.【答案】A

【解析】本题考查增值税销项税额。

本题解题步骤如下：

第一步：确定征税范围与适用税率。

提供运输服务，适用税率 9%。单位或者个体工商户向其他单位或者个人无偿提供服务视同销售，但用于公益事业或者以社会公众为对象的除外。本题中，为公益事业无偿提供的运输服务，不需要视同销售。

第二步：确定销售额。

销售额 = 5.50÷(1+9%) = 5.05（万元）

第三步：计算销项税额。

销项税额 = 5.05×9% = 0.45（万元）

因此，选项 A 正确。

75.【答案】D

【解析】本题考查增值税销项税额。

本题解题步骤如下：

第一步：确定征税范围与适用税率。

提供贷款服务、直接收费金融服务，适用税率均为 6%。

第二步：确定销售额。

销售额 = (5 300+106+500)÷(1+6%) = 5 571.70（万元）

第三步：计算销项税额。

销项税额 = 5 571.70×6% = 334.30（万元）

因此，选项 D 正确。

76.【答案】D

【解析】本题考查增值税进项税额。

专用于简易计税方法计税项目、免征增值税项目、集体福利或者个人消费的购进货物、劳务、服务、固定资产、无形资产和不动产对应的进项税额不得从销项税额中抵扣。纳税人外购货物无偿赠送其他单位需视同销售缴纳增值税，其对应的进项税额可以从销项税额中抵扣。因此，选项 A、B、C 错误，选项 D 正确。

77.【答案】C

【解析】本题考查增值税进项税额。

已抵扣进项税额的不动产，发生非正常损失，或者改变用途，专用于简易计税方法计税项目、免征增值税项目、集体福利或者个人消费的，需要计算不得抵扣的进项税额，并从当期进项税额中扣减。

不动产净值率＝(不动产净值÷不动产原值)×100%＝1 500÷2 000×100%＝75%

不得抵扣的进项税额＝已抵扣进项税额×不动产净值率＝100×75%＝75（万元）

因此，选项 C 正确。

78.【答案】B

【解析】本题考查增值税进项税额。

购进的贷款服务、餐饮服务、居民日常服务和娱乐服务，其进项税额不得从销项税额中抵扣，选项 B 正确。

79.【答案】B

【解析】本题考查增值税简易计税方法。

本题解题步骤如下：

第一步：确定征税范围与征收率。

一般纳税人采用清包工方式提供建筑服务，选择简易计税方式的，征收率为 3%。销售 2016 年 4 月 30 日前自建的不动产，选择简易计税方式的，征收率为 5%。

第二步：确定销售额。

提供建筑服务销售额＝1 000÷(1+3%)＝970.87（万元）

销售不动产销售额＝800÷(1+5%)＝761.90（万元）

第三步：计算应纳税额。

应纳税额＝销售额×征收率＝970.87×3%+761.90×5%＝67.22（万元）

因此，选项 B 正确。

80.【答案】C

【解析】本题考查增值税特定企业（交易行为）税收政策——跨地区提供建筑服务。

本题解题步骤如下：

第一步：确定征税范围、适用税率（征收率）与预征率。

纳税人提供建筑服务，采用一般计税方法的，适用税率为 9%，预征率为 2%。

第二步：计算预缴税款。

应预缴税款＝(全部价款和价外费用－支付的分包款)÷(1+适用税率)×2%

＝(1 000－200)÷(1+9%)×2%

＝14.68（万元）

因此，选项 C 正确。

81.【答案】C

【解析】本题考查进口的增值税政策。

进口货物（非应税消费品）增值税的组成计税价格为关税完税价格和关税，选项 C 正确。

82.【答案】D

【解析】本题考查增值税销项税额。

纳税人提供旅游服务，可以选择以取得的全部价款和价外费用，扣除向旅游服务购买方收取并支付给其他单位或者个人的住宿费、餐饮费、交通费、签证费、门票费和支付给其他接团旅游企业的旅游费用后的余额为销售额，选项 A 错误。经纪代理服务，以取得的全部价款和价外费用，扣除向委托方收取并代为支付的政府性基金或者行政事业性收费后的余额为销售额，选项 B 错误。劳务派遣服务，可以选择差额纳税，以全部价款和价外费用，扣除代用工单位支付给劳务派遣员工的工资、福利和为其办理社会保险及住房公积金后的余额为销售额，选项 C 错误。航空运输企业销售额，不包括代收的机场建设费和代售其他航空运输企业客票而代收转付的价款，选项 D 正确。

83.【答案】A

【解析】本题考查增值税销项税额。

本题解题步骤如下：

第一步：确定征税范围与适用税率。

一般情况下，销售货物适用税率 13%。

第二步：确定销售额。

销售额和折扣额在同一张发票上的“金额”栏分别注明的，可按折扣后的销售额计算征收增值税。因此，销售额 = 380 000÷(1+13%) = 336 283.19（元）。

第三步：计算销项税额。

一般纳税人因销售货物退回而退还给购买方的增值税税额，应从发生销售货物退回当期的销项税额中扣减。

销项税额 = 336 283.19×13% − 680÷(1+13%)×13% = 43 638.58（元）

因此，选项 A 正确。

84.【答案】D

【解析】本题考查增值税销项税额。

本题解题步骤如下：

第一步：确定征税范围与适用税率。

提供平面设计服务与提供网站设计服务，均属于提供文化创意服务，适用税率 6%；

转让网络游戏虚拟道具，属于销售无形资产，适用税率 6%。

第二步：确定销售额。

提供文化创意服务，销售额=(36+12)÷(1+6%)=45.28（万元）；

销售无形资产，销售额=22.60÷(1+6%)=21.32（万元）。

第三步：计算销项税额。

提供文化创意服务，销项税额=45.28×6%=2.72（万元），选项A、B、C错误。

销售无形资产，销项税额=21.32×6%=1.28（万元）。

因此，选项D正确。

85.【答案】D

【解析】本题考查增值税一般计税方法应纳税额的计算。

本题解题步骤如下：

第一步：确定销项税额。

销售货物，适用税率13%。纳税人采取以旧换新方式销售金银首饰，可以按销售方实际收取的不含增值税的全部价款作为计税销售额。

销项税额=[50+(25.20-11.70)÷(1+13%)]×13%=8.05（万元）

第二步：确定进项税额。

当月可抵扣的进项税额为6.17万元。

第三步：计算当期应缴纳的增值税。

当期应纳税额=8.05-6.17=1.88（万元）

因此，选项D正确。

86.【答案】CDE

【解析】本题考查增值税的征税范围。

选项A错误，以长租形式出租酒店式公寓并提供配套服务按照“住宿服务”缴纳增值税。选项B错误，融资性售后回租服务按照“金融服务——贷款服务”缴纳增值税。

87.【答案】BC

【解析】本题考查起征点的相关规定。

选项A错误，起征点的调整由财政部和国家税务总局规定。选项D错误，增值税起征点的适用范围限于个人，不包括认定为一般纳税人的个体工商户。选项E错误，销售额超过起征点的，全额纳税。

88.【答案】ACDE

【解析】本题考查增值税出口货物劳务的免税政策。

选项B错误，出口企业或其他单位提供虚假备案单证的货物，适用增值税征税政策。

89.【答案】ACDE

【解析】本题考查增值税税率和征收率。

①纳税人出口货物，税率为0；但国务院另有规定的除外。②境内单位和个人跨境销售国务

院规定范围内的服务、无形资产，税率为0。主要包括国际运输服务（选项A、D）；航天运输服务（选项C）。③向境外单位提供的完全在境外消费的下列服务：研发服务、合同能源管理服务、设计服务（选项E）、广播影视节目（作品）制作和发行服务、软件服务、电路设计及测试服务、信息系统服务、业务流程管理服务、离岸服务外包业务、转让技术。选项B错误，境内单位和个人以无运输工具承运方式提供的国际运输服务，由境内实际承运人适用增值税零税率；无运输工具承运业务的经营者适用增值税免税政策。

90.【答案】ABDE

【解析】本题考查一般纳税人的简易计税方法。

选项C错误，增值税一般纳税人用木材生产的家具，适用一般计税方法。

91.【答案】BCDE

【解析】本题考查不征收增值税的项目。

选项A错误，纳税人取得的财政补贴收入与其销售货物、劳务、服务、无形资产、不动产的收入或者数量直接挂钩的，应征收增值税。纳税人取得其他情形的财政补贴收入，不属于增值税应税收入，不征收增值税。

92.【答案】ABD

【解析】本题考查特殊销售方式下的销售额。

选项C错误，经纪代理服务以取得的全部价款和价外费用，扣除向委托方收取并代为支付的政府性基金或者行政事业性收费后的余额为销售额。选项E错误，航空运输企业的销售额，不包括代收的机场建设费和代售其他航空运输企业客票而代收转付的价款。

93.【答案】ABCE

【解析】本题考查增值税的征税范围。

建筑服务包括工程服务、安装服务、修缮服务（选项B）、装饰服务和其他建筑服务。其他建筑服务，是指上列工程作业之外的各种工程作业服务，如钻井（打井）、拆除建筑物或者构筑物、平整土地（选项A）、园林绿化（选项E）、疏浚（不包括航道疏浚）、建筑物平移（选项C）、搭脚手架、爆破、矿山穿孔、表面附着物（包括岩层、土层、沙层等）剥离和清理等工程作业。选项D错误，工程监理属于“现代服务”中的鉴证咨询服务。

94.【答案】ABCE

【解析】本题考查一般纳税人的简易计税方法。

选项D错误，一般纳税人提供学历教育服务，免征增值税。

95.【答案】ACE

【解析】本题考查资管产品增值税的征收管理。

选项B错误，管理人应按照规定的纳税期限，汇总申报缴纳资管产品运营业务和其他业务增值税。选项D错误，资管产品管理人运营资管产品过程中发生的增值税应税行为，暂适用简易计税方法，按照3%的征收率缴纳增值税。

96. 【答案】ABE

【解析】本题考查增值税的征收管理。

选项C错误，采取直接收款方式销售货物的，为收到销售款或取得索取销售款凭据的当天。选项D错误，采取预收货款方式销售货物的，为货物发出的当天。

97. 【答案】ACDE

【解析】本题考查不得抵扣的进项税额。

提供保险服务的纳税人以“实物赔付”方式承担机动车辆保险责任的，自行向车辆修理劳务提供方购进的车辆修理劳务，其进项税额可以按规定从保险公司销项税额中抵扣；以“现金赔付”方式承担机动车辆保险责任的，将应付给被保险人的赔偿金直接支付给车辆修理劳务提供方，不属于保险公司购进车辆修理劳务，其进项税额不得从保险公司销项税额中抵扣。选项B不符合题意。

98. 【答案】BCD

【解析】本题考查增值税征税范围。

选项A、E属于“现代服务——租赁服务”。

99. 【答案】ABCD

【解析】本题考查特定企业（交易行为）税收政策。

小规模纳税人跨县区提供建筑服务的应预缴税款计算公式为：应预缴税款=(总包款-分包款)÷(1+3%)×3%。选项E错误。

100. 【答案】BDE

【解析】本题考查增值税征收管理。

中国铁路总公司所属运输企业提供铁路运输及辅助服务，按照除铁路建设基金以外的销售额和预征率计算应预缴税额，按月向主管税务机关申报纳税，不得抵扣进项税额。应预缴税额=(销售额-铁路建设基金)×预征率，选项A错误。中国铁路总公司及其所属运输企业用于铁路运输及辅助服务以外的进项税额不得汇总，选项C错误。

101. 【答案】AB

【解析】本题考查增值税税收优惠。

对安置残疾人的单位和个体工商户，由税务机关按纳税人安置残疾人的人数，限额即征即退增值税，选项C错误。

自主就业退役士兵从事个体经营的，自办理个体工商户登记当月起，在3年（36个月）内按每户每年20 000元为限额依次扣减其当年实际应缴纳的增值税、城市维护建设税、教育费附加、地方教育附加和个人所得税，选项D错误。

企业招用脱贫人口，与其签订1年以上期限劳动合同并依法缴纳社会保险费的，自签订劳动合同并缴纳社会保险当月起，在3年内按实际招用人数予以定额每人每年6 000元依次扣减增值税、城市维护建设税、教育费附加、地方教育附加和企业所得税，选项E错误。

102.【答案】ABCD

【解析】本题考查增值税纳税地点。

非固定业户销售货物或者劳务，应当向销售地或者劳务发生地的主管税务机关申报纳税；未向销售地或者劳务发生地的主管税务机关申报纳税的，由其机构所在地或者居住地的主管税务机关补征税款。选项E错误。

103.【答案】BCDE

【解析】本题考查农产品进项税额扣除。

以购进农产品为原料生产销售液体乳及乳制品、酒及酒精、植物油的增值税一般纳税人，纳入农产品增值税进项税额核定扣除试点范围，扣除率为销售货物的适用税率。如果销售货物适用13%税率，那么扣除率为13%；如果销售货物适用9%税率，那么扣除率为9%。因此，选项A错误。

104.【答案】ABCD

【解析】本题考查资管产品增值税的征收管理。

资管产品管理人运营资管产品过程中发生的增值税应税行为，暂适用简易计税方法，按照3%的征收率缴纳增值税，选项E错误。

105.【答案】ABDE

【解析】本题考查劳务派遣服务差额计税。

一般纳税人提供劳务派遣服务，也可以选择差额纳税，以取得的全部价款和价外费用，扣除代用工单位支付给劳务派遣员工的工资、福利和为其办理社会保险及住房公积金后的余额为销售额。因此，选项A、B、D、E正确。

106.【答案】ABDE

【解析】本题考查一般纳税人简易计税方法。

一般纳税人提供非学历教育服务、教育辅助服务，可以选择简易计税；提供学历教育服务，免征增值税。因此，选项C错误。

107.【答案】BCD

【解析】本题考查增值税纳税义务发生时间。

采取赊销和分期收款方式销售货物，增值税纳税义务发生时间为书面合同约定的收款日期的当天；无书面合同的或者书面合同没有约定收款日期的，为货物发出的当天。因此，选项A错误。采取托收承付和委托银行收款方式销售货物，增值税纳税义务发生时间为发出货物并办妥托收手续的当天，选项E错误。

108.【答案】ACDE

【解析】本题考查增值税进项税额。

将购进的固定资产兼用于一般计税方法计税项目与免征增值税项目的，购进固定资产的进项税额可以全额从销项税额中抵扣，选项 B 错误。

109.【答案】ABCE

【解析】本题考查增值税简易计税方法。

增值税一般纳税人出租 2016 年 4 月 30 日前取得的不动产，才可以选择适用简易计税方法计征增值税，选项 D 错误。

110.【答案】BDE

【解析】本题考查增值税纳税人。

年应税销售额超过规定标准，会计核算健全的单位，应登记为一般纳税人，选项 A 错误。自然人无论年销售额是否超过规定标准，均应按照小规模纳税人纳税，选项 C 错误。

111.【答案】ABCD

【解析】本题考查增值税纳税人。

年应税销售额是指纳税人在连续不超过 12 个月或 4 个季度的经营期内累计应征增值税销售额，包括纳税申报销售额、稽查查补销售额、纳税评估调整销售额。纳税申报销售额，包括免税销售额和税务机关代开发票销售额。选项 A、B、C、D 正确。纳税人偶然发生的销售无形资产、转让不动产的销售额，不计入应税行为年应税销售额，选项 E 错误。

112.【答案】ABC

【解析】本题考查增值税销项税额。

一般纳税人提供的客运场站服务，以其取得的全部价款和价外费用扣除支付给承运方运费后的余额为销售额，选项 D 错误。贷款服务，以提供贷款服务取得的全部利息及利息性质的收入为销售额，选项 E 错误。

113.【答案】ACD

【解析】本题考查增值税简易计税办法。

一般纳税人提供的公共交通运输服务，可以选择按照简易计税方法计算缴纳增值税。公共交通运输服务，包括轮客渡、公交客运、地铁、城市轻轨、出租车、长途客运、班车，不包括铁路旅客运输服务，选项 B 错误。政策中没有规定一般纳税人融资性售后回租可以选择简易计税方法计算增值税，选项 E 错误。

114.【答案】BCE

【解析】本题考查增值税征收管理。

从事金融商品转让的，增值税纳税义务和扣缴义务发生时间为金融商品所有权转移的当天，选项 A 错误。以预收款方式提供租赁服务的，增值税纳税义务和扣缴义务发生时间为收到预收款的当天，选项 D 错误。

115.【答案】BCDE

【解析】本题考查增值税不征税规定。

单位或者个体工商户聘用的员工为本单位或者雇主提供取得工资的服务不属于增值税的征税范围。而员工将自有房屋出租给本单位收取房租，不属于为雇主提供取得工资的服务，需要征收增值税，选项 A 错误。

116.【答案】ACE

【解析】本题考查增值税减税、免税。

增值税一般纳税人销售其自行开发生产的软件产品，按 13%税率征收增值税后，对其增值税实际税负超过 3%的部分实行即征即退政策，选项 B 错误。对飞机维修劳务增值税实际税负超过 6%的部分实行即征即退的政策，选项 D 错误。

117.（1）【答案】B

【解析】本题考查进项税额的抵扣。

购进货物、应税服务取得增值税专用发票，其进项税额可以抵扣。业务（2）可抵扣进项税额＝90÷(1+13%)×13%+2÷(1+9%)×9%＝10.52（万元），选项 B 正确。

（2）【答案】A

【解析】本题考查农产品进项税额转出。

非正常损失的购进货物，以及相关的劳务和交通运输服务，其进项税额不得从销项税额中抵扣。业务（3）应转出进项税额＝(80－1.50)÷(1－9%)×9%＋1.50×9%＝7.90（万元），选项 A 正确。

（3）【答案】A

【解析】本题考查特定企业（交易行为）税收政策。

一般纳税人转让其 2016 年 4 月 30 日前取得（不含自建）的不动产可以选择适用简易计税方法计税，以取得的全部价款和价外费用扣除不动产购置原价或者取得不动产时的作价后的余额为销售额，按照 5%的征收率计算应纳税额。业务（4）应缴纳增值税＝(1 000－500)÷(1+5%)×5%＝23.81（万元），选项 A 正确。

（4）【答案】A

【解析】本题考查增值税应纳税额的计算。

销售货物，增值税纳税义务发生时间为收讫销售款或者取得索取销售款凭据的当天；先开具发票的，为开具发票的当天。业务（1）销售货物虽暂未收到货款，但已开具增值税专用发票，增值税纳税义务发生，3 月销项税额＝200×13%＝26（万元）。

3 月可抵扣进项税额＝10.52+5－7.90＝7.62（万元）

该企业 3 月应缴纳增值税＝26－7.62+23.81＝42.19（万元）

因此，选项 A 正确。

118. （1）【答案】C

【解析】本题考查增值税销项税额。

本题解题步骤如下：

第一步：确定征税范围与适用税率。

销售自行开发的软件产品，适用税率为 13%；提供软件技术服务，适用税率为 6%。

第二步：确定销售额。

销售自行开发的软件产品，销售额为 260 万元；提供软件技术服务，销售额为 35 万元。

第三步：计算销项税额。

销项税额 = 260×13% + 35×6% = 33.80 + 2.10 = 35.90（万元）

因此，选项 C 正确。

（2）【答案】A

【解析】本题考查增值税进项税额。

本题解题步骤如下：

第一步：确定扣除凭证和扣除比例。

购进材料，取得增值税专用发票，注明税额 3.90 万元；取得注明旅客信息的航空运输电子客票行程单，可以按照 9% 计算进项税额。

第二步：计算进项税额。

进项税额合计 = 3.90 + 2.18÷（1+9%）×9% = 4.08（万元）

因此，选项 A 正确。

注意，航空运输企业收取的民航发展基金，属于政府性基金，不计入航空运输企业的销售收入，不征收增值税。由于增值税环环相扣，因此，购买航空运输服务的企业所支付的民航发展基金，也不得作为进项税额抵扣。

（3）【答案】C

【解析】本题考查增值税特定企业（交易行为）税收政策——转让不动产。

纳税人转让不动产，按照有关规定差额缴纳增值税的，如因丢失等原因无法提供取得不动产时的发票，可向税务机关提供其他能证明契税计税金额的完税凭证等资料，进行差额扣除。2016 年 4 月 30 日及以前缴纳契税的，增值税应纳税额 =［全部交易价格（含增值税）－契税计税金额（含营业税）］÷（1+5%）×5% =（8 700－2 200）÷（1+5%）×5% = 309.52（万元），选项 C 正确。

（4）【答案】A

【解析】本题考查增值税一般计税方法应纳税额的计算。

增值税一般纳税人销售其自行开发生产的软件产品，按 13% 税率征收增值税后，对其增值税实际税负超过3%的部分实行即征即退政策。增值税一般纳税人在销售软件产品的同时销售其他货物或者应税劳务的，对于无法划分的进项税额，应按实际成本或销售收入比例确定软件产品应分摊的进项税额。

销售软件产品销项税额=260×13%=33.80（万元）

销售软件产品进项税额=4.08×[260÷(260+35)]=3.60（万元）

销售软件产品应纳税额=33.80-3.60=30.20（万元）

实际税负=应纳税额÷销售额×100%=30.20÷260×100%=11.62%>3%

因此，销售软件产品需要实际缴纳的税额=260×3%=7.80（万元）；剩余部分=30.20-7.80=22.40（万元），即征即退。

本题解题步骤如下：

第一步：确定销项税额。

销项税额，为第（1）问中计算出的35.90万元。

第二步：确定进项税额。

进项税额，为第（2）问中计算出的4.08万元。

第三步：计算当期应缴纳的增值税。

当期实际缴纳增值税=35.90-4.08+309.52-22.40=318.94（万元）

因此，选项A正确。

119.（1）**【答案】**D

【解析】本题考查增值税销项税额。

本题解题步骤如下：

第一步：确定征税范围与适用税率。

提供贷款服务，适用税率为6%；提供直接收费金融服务，适用税率为6%。

第二步：确定销售额。

提供贷款服务销售额为1 200万元，提供直接收费金融服务25万元，销售额合计=1 200+25=1 225（万元）。

第三步：计算销项税额。

销项税额=1 225×6%=73.50（万元）

因此，选项D正确。

（2）**【答案】**B

【解析】本题考查增值税销项税额。

本题解题步骤如下：

第一步：确定征税范围与适用税率。

金融商品转让，适用税率为6%。

第二步：确定销售额。

销售额=(10 557.60−4 536.80)÷(1+6%)=5 680（万元）

第三步：计算销项税额。

销项税额=5 680×6%=340.80（万元）

因此，选项 B 正确。

(3)**【答案】**B

【解析】本题考查增值税销项税额。

本题解题步骤如下：

第一步：确定征税范围与适用税率。

以货币资金投资收取的固定利润或者保底利润，按照贷款服务缴纳增值税，适用税率为 6%。

第二步：确定销售额。

销售额=3 000÷(1+6%)=2 830.19（万元）

第三步：计算销项税额。

销项税额=2 830.19×6%=169.81（万元）

因此，选项 B 正确。

(4)**【答案】**A

【解析】本题考查增值税一般计税方法应纳税额的计算。

第一步：确定销项税额。

销项税额为第（1）（2）（3）问中计算出的结果的总和，销项税额合计=73.50+340.80+169.81=584.11（万元）。

第二步：确定进项税额。

业务二、业务四中的进项税额合计=0.54+68+1 530=1 598.54（万元）

第三步：计算当期应缴纳的增值税。

应纳税额=584.11−1 598.54=−1 014.43（万元）

留抵税额为 1 014.43 万元，选项 A 正确。

120.（1）**【答案】**BD

【解析】本题考查环境保护税的计税依据。

大气污染物，按照污染当量数从大到小排序，对前三项污染物征收环境保护税，选项 A 错误，选项 D 正确。甲公司因 2023 年 1 月违反生态环境保护的法律法规受到行政处罚 20 万元，不满足即征即退税收优惠申请条件，选项 C 错误。一类水污染物，按照污染当量数从大到小排序，对前五项污染物征收环境保护税，选项 B 正确，选项 E 错误。

【提示】纳税人申请享受即征即退政策时，申请退税税款所属期前 6 个月（含所属期当期）不得发生下列情形：

①因违反生态环境保护的法律法规受到行政处罚（警告、通报批评或单次 10 万元以下罚款、

没收违法所得、没收非法财物除外；单次 10 万元以下含本数，下同）。②因违反税收法律法规被税务机关处罚（单次 10 万元以下罚款除外），或发生骗取出口退税、虚开发票的情形。

（2）**【答案】** B

【解析】 本题考查进项税额的计算与确认。

①纳税人购进农产品用于生产货物，按照 9%税率凭票据实抵扣进项税额。②从按照简易计税方法依照 3%征收率计算缴纳增值税的小规模纳税人取得增值税发票的，以增值税发票上注明的金额和 9%的扣除率计算进项税额。③纳税人购进农产品取得农产品销售发票，以农产品销售发票注明的农产品买价和 9%的扣除率计算进项税额。④购进农产品用于生产 13%税率货物的，可按照 9%税率凭票据实抵扣或计算抵扣进项税额，另外 1%在生产领用当期加计抵扣进项税额。因此，可抵扣的进项税额＝500×(9%+1%)+150×(9%+1%)+20×(9%+1%)＝67（万元）。

（3）**【答案】** D

【解析】 本题考查一般纳税人的简易计税方法。

一般纳税人销售自己使用过的资产适用 3%减按 2%政策的，可以放弃减税按照 3%计税，同时可以开具 3%的增值税专用发票。业务（5）应缴纳的增值税＝1.03÷（1+3%）×3%＝0.03（万元）。

（4）**【答案】** D

【解析】 本题考查增值税的税率与征收率。

纳税人受托对垃圾、污泥、污水、废气等废弃物进行专业化处理：①采取填埋、焚烧等方式进行专业化处理后未产生货物的，受托方属于提供"现代服务"中的"专业技术服务"，其收取的处理费用适用 6%的增值税税率。②专业化处理后产生货物且货物归属委托方的，受托方属于提供"加工劳务"，其收取的处理费用适用 13%的增值税税率。③专业化处理后产生货物且货物归属受托方的，受托方属于提供"专业技术服务"，其收取的处理费用适用 6%的增值税税率。受托方将产生的货物用于销售时，适用货物的增值税税率。业务（6）应缴纳的增值税销项税额＝5×13%+280×13%+15×13%＝39（万元）。

（5）**【答案】** A

【解析】 本题考查增值税应纳税额的计算。

①业务（1）可以抵扣的进项税额＝67 万元。②非正常损失的购进货物及相关的应税劳务的进项税额不得从销项税额中抵扣，业务（2）可以抵扣的进项税额＝(15.6+0.09)×(1−5%)＝14.91（万元）。③采取赊销和分期收款方式销售货物，为书面合同约定的收款日期的当天，无书面合同的或者书面合同没有约定收款日期的，为货物发出的当天；采取预收货款方式销售货物，为货物发出的当天，先开具发票的，为开具发票当天。业务（3）销项税额＝1 500×80%×13%+300×13%＝195（万元）。④已抵扣过进项税的固定资产、无形资产或不动产改变用途、发生非正常损失等，在改变用途或发生损失的当月作进项税额转出。不得抵扣的进项税额＝已抵扣进项税额×不动产净值率。业务（4）进项税额转出＝100×70%＝70（万元）。⑤业务（5）应缴纳的增

值税为 0.03 万元。⑥业务（6）销项税额为 39 万元，进项税额为 6.5 万元。甲公司 3 月应缴纳的增值税=195+39+0.03-(67+14.91-70+6.5)=215.62（万元）。

（6）【答案】C

【解析】本题考查环境保护税的计算。

①二类水污染物的污染当量数：SS 污染当量数=200÷4=50；CODcr 污染当量数=200÷1=200；氨氮污染当量数=200÷0.8=250；总磷污染当量数=200÷0.25=800；二类水污染物应纳环境保护税=(800+250+200)×3.6=4 500（元）。②大气污染物的污染当量数：SO_2=100÷0.95=105.26；CO=100÷16.7=5.99；甲醛=50÷0.09=555.56；苯=80÷0.05=1 600；硫化氢=120÷0.29=413.79；大气污染物应纳环境保护税=(1 600+555.56+413.79)×1.2=3 083.22（元）。3 月应纳环境保护税=(4 500+3 083.22)÷10 000=0.76（万元），选项 C 正确。

121.（1）【答案】A

【解析】本题考查增值税进项税额的确认。

①兼用于一般计税和简易计税项目的固定资产，可以抵扣全部进项税额；②驾驶员培训业务属于提供非学历教育服务可选择简易计税，因此驾驶员培训部购进办公用品的进项税额不得抵扣。业务（2）准予从销项税额中抵扣的进项税额=18+6.5=24.5（万元）。

（2）【答案】C

【解析】本题考查一般纳税人的简易计税方法。

装卸搬运服务选择简易计税方法计算应纳税额。业务（4）应计算销项税额=400×9%=36（万元）。

（3）【答案】ACDE

【解析】本题考查增值税的征税范围。

乙公司以自己的名义通过网络平台承揽公路货物运输服务，并承担运输人责任，属于无运输工具承运业务，按照“交通运输服务”缴纳增值税，选项 B 错误，选项 C 正确。选项 A 正确，乙公司计算的增值税销项税额=100×9%=9（万元）。甲公司计算的增值税销项税额=90×9%=8.1（万元），乙公司可以从销项税额中抵扣的进项税额=8.1（万元），选项 D、E 正确。

（4）【答案】AE

【解析】本题考查增值税的征税范围。

选项 A 正确，驾驶员培训业务收入属于非学历教育，可以选择简易计税，征收率为 3%，应缴纳的增值税=60×3%=1.8（万元）。选项 B、C、D 错误，单位或者个体工商户向其他单位或者个人无偿提供服务用于公益事业或者以社会公众为对象的，无需视同销售服务，不用缴纳增值税。甲公司为当地疫情防控工作无偿提供运输服务属于无偿提供服务用于公益事业或者以社会公众为对象，无需视同销售，不缴纳增值税。选项 E 正确，驾驶员培训业务选择简易计税，其进项不得从销项税额中抵扣。

（5）【答案】C

【解析】本题考查增值税进项税额的确认与计算。

购进用于简易计税项目的油料及其他物料进项税额不得抵扣。业务（1）本月不得抵扣的进项税额＝1.56×(60+60)÷(400+60+90+60)＝0.31（万元）；业务（2）驾驶员培训部购进办公用品的进项税额0.78万元不得抵扣；不得抵扣的进项税额＝0.31＋0.78＝1.09（万元），选项C正确。

（6）【答案】B

【解析】本题考查增值税应纳税额的计算。

①业务（4）销项税额＝400×9%＝36（万元）；业务（5）销项税额＝90×9%＝8.1（万元）。②本月可以抵扣的进项税额合计＝1.56×（400+90）÷(400+60+90+60)（业务1）+(18+6.5)（业务2）+80×13%(业务3)＝36.15（万元）。③简易计税方法应缴纳的增值税＝60×3%(业务4)+60×3%(业务6)＝3.6（万元）。④甲公司本月应缴纳增值税＝（36+8.1−36.15）+3.6＝11.55（万元）。

122.（1）【答案】ADE

【解析】本题考查车辆购置税征税范围、车辆购置税纳税义务人、增值税不得抵扣进项税的情形、消费税征税范围。

购进贷款服务不得抵扣进项税额，且除另有规定外，增值税普通发票不属于扣税凭证，选项B错误。奖励给优秀员工的车辆，应由员工自行申报缴纳车辆购置税，选项C错误。

（2）【答案】A

【解析】本题考查进口环节消费税的计算。

进口环节从价计征消费税的应税消费品，应纳消费税＝（关税完税价格+关税）÷(1−消费税比例税率)×消费税比例税率＝150×(1+10%)÷(1−40%)×40%＝110（万元），选项A正确。

（3）【答案】C

【解析】本题考查进项税额的抵扣。

购进（含进口）货物、应税服务取得增值税专用发票或海关进口增值税专用缴款书，其进项税额可以抵扣。该企业当月准予从销项税额中抵扣的进项税额＝3 000×13%+(200+1.89)×6%+150×(1+10%)÷(1−40%)×13%＝437.86（万元），选项C正确。

（4）【答案】C

【解析】本题考查增值税应纳税额的计算。

采取预收货款方式销售货物，增值税纳税义务发生时间一般为货物发出的当天。业务（3）中A型乘用车本月发货480辆，应按照480辆的售价计算销项税额，销项税额＝480×12×13%＝748.80（万元）。

将自产货物（B型乘用车）奖励职工，增值税应视同销售，当月无同类产品售价，应按照组成计税价格计算销项税额，组成计税价格=成本×(1+成本利润率)÷(1-消费税比例税率)。业务（4）销项税额=15×8×(1+8%)÷(1-9%)×13%=18.51（万元）。

该企业当月应纳增值税=748.80+18.51-437.86=329.45（万元），选项C正确。

(5)【答案】C

【解析】本题考查消费税应纳税额的计算。

纳税人采取预收货款结算方式销售应税消费品的，消费税纳税义务发生时间为发出应税消费品的当天。业务（3）乘用车本月发货480辆，应按照480辆的售价计算消费税，应纳消费税=480×12×5%=288（万元）。

将自产应税消费品（B型乘用车）奖励职工或用于管理部门，消费税应视同销售，当月无同类产品售价，应按照组成计税价格计算消费税，组成计税价格=成本×(1+成本利润率)÷(1-消费税比例税率)。业务（4）应纳消费税=(15+5)×8×(1+8%)÷(1-9%)×9%=17.09（万元）。

该企业当月应纳消费税=288+17.09=305.09（万元），选项C正确。

(6)【答案】D

【解析】本题考查车辆购置税应纳税额的计算。

纳税人自产自用应税车辆，属于车辆购置税征税范围，当月无同类产品售价，应按照组成计税价格计算车辆购置税，组成计税价格=成本×(1+成本利润率)÷(1-消费税比例税率)。业务（4）应纳车辆购置税=5×8×(1+8%)÷(1-9%)×10%=4.75（万元）。

纳税人进口自用应税车辆，属于车辆购置税征税范围，计税价格按照组成计税价格确定，组成计税价格=关税完税价格×(1+关税税率)÷(1-消费税比例税率)。业务（5）应纳车辆购置税=150×(1+10%)÷(1-40%) ×10%=27.50（万元）。

该企业当月应纳车辆购置税=4.75+27.50=32.25（万元），选项D正确。

123. (1)【答案】A

【解析】本题考查加工、零售金银首饰消费税计算。

业务（1）应缴纳消费税=(189+15)÷(1+13%)×5%+(2+6)÷(1-5%)×5%=9.45（万元）。委托加工（除另有规定外）、委托代销金银首饰的，受托方是代收代缴义务人。珍珠、玉石首饰纳税环节是生产销售环节，零售环节不纳税。

因此，选项A正确。

(2)【答案】B

【解析】本题考查一般计税方法应纳税额的计算。

业务（2）销项税额=(85+181.60-46)÷(1+13%)×13%+46÷(1+9%)×9%=29.18（万元）

因此，选项B正确。

(3)【答案】C

【解析】本题考查一般计税方法应纳税额的计算。

业务（1）销项税额＝(189+245+15)÷(1+13%)×13%+2×13%＝51.91（万元）

业务（2）销项税额＝29.18（万元）

业务（3）销项税额＝1 695÷(1+13%)×13%＝195（万元）

业务（4）销项税额＝5.30÷(1+6%)×6%＝0.30（万元）

业务（5）冲减销项税额＝200×20%×13%＝5.20（万元）

本月销项税额合计＝51.91+29.18+195+0.30−5.20＝271.19（万元）

因此，选项C正确。

（4）**【答案】**B

【解析】本题考查一般计税方法应纳税额的计算。

业务（6）准予从销项税额中抵扣的进项税额＝0.80+0.50×6%+12.56＝13.39（万元）

自2019年1月1日至2025年12月31日，对单位或者个体工商户将自产、委托加工或购买的货物通过公益性社会组织、县级及以上人民政府及其组成部门和直属机构，或直接无偿捐赠给目标脱贫地区的单位和个人，免征增值税。本题中购进货物捐赠给目标脱贫地区的扶贫对象，免征增值税，免税项目对应的进项税额不得抵扣。从小规模纳税人农贸市场购进农产品，取得增值税普通发票，不能计算抵扣进项税额。

因此，选项B正确。

（5）**【答案】**A

【解析】本题考查一般计税方法应纳税额的计算。

业务（7）冲减进项税额＝3÷(1+13%)×13%＝0.35（万元）

业务（8）进项税额转出＝(13−1)×13%+1×9%＝1.65（万元）

本月应缴纳增值税＝271.19−(13.39−0.35−1.65)＝259.80（万元）

因此，选项A正确。

（6）**【答案】**BD

【解析】本题考查一般计税方法应纳税额的计算。

自2018年1月1日至2023年12月31日，对科普单位的门票收入，以及县级及以上党政部门和科协开展科普活动的门票收入，免征增值税。科普单位是指科技馆、自然博物馆、对公众开放的天文馆（站、台）、气象台（站）、地震台（站），以及高等院校、科研机构对公众开放的科普基地。商城开展科普活动取得的科普讲座门票收入，应按规定计算缴纳增值税。因此，选项A错误。

为建设休闲区购进各类物品，属于用于经营管理，其进项税额可以抵扣，选项C错误。

商业企业向供货方收取的与商品销售量、销售额挂钩的各种返还收入，均应按照平销返利行为的有关规定冲减当期增值税进项税额，选项E错误。

124.（1）**【答案】**C

【解析】本题考查增值税销项税额的计算。

本题解题步骤如下：

第一步：确定征税范围与适用税率。

提供住宿服务，适用税率 6%；提供餐饮服务（含外卖食品），适用税率 6%；提供会议展览服务，适用税率 6%。

第二步：确定销售额。

销售额合计＝3 000+420+300＝3 720（万元）

第三步：计算销项税额。

销项税额＝3 720×6%＝223.20（万元）

因此，选项 C 正确。

（2）**【答案】** D

【解析】 本题考查增值税加计抵减政策。

自 2023 年起，生活服务业与生产性服务业取消加计抵减的税收优惠。H 宾馆加计抵减的进项税额为零，选项 D 正确。

（3）**【答案】** C

【解析】 本题考查特定企业（交易行为）税收政策——转让不动产。

本题解题步骤如下：

第一步：确定征税范围、适用税率（征收率）与预征率。

纳税人转让不动产，采用简易计税方法，适用征收率为 5%，预征率为 5%。

第二步：计算预缴税款。

应预缴税款＝(9 980−1 260)×5%＝436（万元）

因此，选项 C 正确。

（4）**【答案】** D

【解析】 本题考查特定企业（交易行为）税收政策——转让不动产。

本题解题步骤如下：

第一步：确定征税范围、适用税率（征收率）与预征率。

纳税人转让不动产，采用一般计税方法，按 5%预征率预缴税款。

第二步：计算预缴税款。

应预缴税款＝(1 500−1 200−132)÷(1+5%)×5%＝8（万元）

因此，选项 D 正确。

（5）**【答案】** ACE

【解析】 本题考查增值税征收范围。

纳税人转让旧房及建筑物，凡不能取得评估价格，但能提供购房发票的，可按发票所载金额并从购买年度起至转让年度止每年加计 5%计算扣除。计算扣除项目时"每年"按购房发票所载日期起至售房发票开具之日止，每满 12 个月计 1 年；超过 1 年，未满 12 个月但超过 6 个月的，可以视同 1 年。在本题中，酒店房产于 2015 年 4 月购入，2020 年 12 月出售，按照 6 年计算加计扣除金额，选项 B 错误。纳税人以长（短）租形式出租酒店式公寓并提供配套服务的，按照“住宿服务”缴纳增值税，选项 D 错误。

（6）**【答案】** D

【解析】 本题考查增值税应纳税额的计算。

本题解题步骤如下：

第一步：确定销项税额。

销项税额 = 223.20+1 500÷(1+9%)×9% = 347.05（万元）

第二步：确定进项税额。

进项税额 = 180-2 = 178（万元）

第三步：计算当期应缴纳的增值税。

应纳税额 = 347.05-178+(9 980-1 260)×5%-436-8 = 161.05（万元）

因此，选项 D 正确。

第三章　消费税

本章考情 Q&A

Q：本章的重要性如何？

A：本章属于重点章节，与增值税、关税等税种的关联性强，考生应注意综合性质的考题。本章分值较为稳定，在近 5 年考试中的平均分值约为 15 分。

Q：本章的学习难度如何？

A：本章的学习难度较高。考生在学习过程中应着重掌握消费税税目、征税环节、计税依据、应纳税额的计算等考点。

Q：本章在考试中通常以什么形式考查？

A：本章可以以任何题型考查，考生应全面掌握。

Q：2024 年本章内容有变动吗？

A：本章内容变化较小，主要变化如下：

1. 新增

（1）成品油相关新政策；

（2）跨境电子商务出口退运税收政策；

（3）对外购润滑油大包装改小包装，或者外购润滑油不经加工只贴标的行为的征税政策。

2. 调整

（1）调整废矿物油再生油品免征消费税的政策；

（2）调整“白酒”计税价格的核定权限，由国家税务总局核定改为由省、自治区、直辖市税务局核定。

Q：本章主要考点近年分布如何？

A：以下用星标方式展示本章主要考点的学习难度、考题难度、考查频率。

考点	学习难度	考题难度	考查频率
纳税人	★	★	★
税目与纳税环节	★★	★★	★★★

（续表）

考点	学习难度	考题难度	考查频率
计税依据	★★	★★	★★★
对外销售应税消费品应纳税额的计算	★★★	★★★	★★★
自产自用应税消费品应纳税额的计算	★★	★★	★★
已纳消费税的扣除	★★	★★	★
委托加工应税消费品应纳税额的计算	★★	★★	★★★
进出口环节应纳消费税的计算	★	★	★
征收管理	★	★	★

经 典 例 题

考点一　纳税人

【例题 1 · 2022 年 · 单项选择题】关于消费税扣缴义务人，下列说法正确的是（　　）。

A. 委托个人加工应税消费品由受托方代收代缴消费税

B. 个人购买跨境电子商务零售进口商品的生产商可作为代收代缴义务人

C. 个人购买跨境电子商务零售进口商品的电子商务企业可作为代收代缴义务人

D. 委托加工应税消费品，由委托方代收代缴消费税

【答案】C

【解析】本题考查消费税的纳税人。

委托个人加工应税消费品由委托方缴纳消费税，选项 A 错误。跨境电子商务零售进口商品的个人作为纳税义务人，电子商务企业、电子商务交易平台企业或物流企业可作为代收代缴义务人，选项 B 错误，选项 C 正确。委托加工应税消费品，由受托方（受托方为个人除外）代收代缴消费税，选项 D 错误。

【例题 2 · 2017 年 · 单项选择题】下列单位不属于消费税纳税人的是（　　）。

A. 委托加工应税消费品的单位

B. 受托加工应税消费品的单位

C. 进口应税消费品的单位

D. 生产销售应税消费品（金银首饰除外）的单位

【答案】 B

【解析】 本题考查消费税纳税人。

消费税的委托加工业务，委托方是消费税的纳税人，受托方（个人除外）只是提供加工劳务并履行代收代缴消费税的义务。

私教点拨

在我国境内生产、委托加工和进口《消费税暂行条例》规定的消费品的单位和个人，以及国务院确定的销售《消费税暂行条例》中规定的消费品的其他单位和个人，为消费税的纳税人。对于委托加工应税消费品的，除受托方为个人外，由**受托方**在委托方提货时代收代缴消费税；受托方为**个人**的，于**委托方**收回后在委托方所在地缴纳消费税。跨境电子商务零售进口商品按照货物征收关税和进口环节增值税、消费税，购买跨境电子商务零售进口商品的个人作为纳税义务人；电子商务企业、电子商务交易平台企业或物流企业可作为代收代缴义务人。委托加工业务消费税的代收代缴，见表3-1。

表3-1 委托加工业务消费税的代收代缴

项目	受托方类型	纳税人	是否需要代收代缴消费税
委托加工业务	非个人	委托方	需要，由**受托方**代收代缴
	个人（含个体经营者）	委托方	不需要，由**委托方**自行缴纳

考点二 税目与纳税环节

【例题1·2019年·多项选择题】 下列消费品中，属于消费税征收范围的有（ ）。

A. 酒精　　B. 护发液

C. 合成宝石　　D. 果木酒

E. 卡丁车

【答案】 CD

【解析】 本题考查消费税税目。

酒精不属于消费税税目下的“酒”，不征收消费税，选项A错误。护发液不属于消费税税目下的“高档化妆品”，不征收消费税，选项B错误。合成宝石属于消费税税目下的“贵重首饰及珠宝玉石”，属于消费税征收范围，选项C正确。果木酒属于消费税税目下的“酒”，属于消费税征收范围，选项D正确。卡丁车不属于消费税税目下的“小汽车”，不征收消费税，选项E错误。

私教点拨

税目反映具体的征税范围，消费税共有15个税目，每个税目下可分为若干子目，一定要熟悉掌握，具体包括：① 烟，包括卷烟、雪茄烟、烟丝、电子烟；② 酒，不包括酒精；③ 高档化妆品，不包括舞台、戏剧、影视演员化妆用的上妆油、卸妆油、油彩、发胶和头发漂白剂；④ 贵重首饰及珠宝玉石，包括金银珠宝首饰、珠宝玉石；⑤ 鞭炮、焰火，不包括体育上用的发令纸、鞭炮药引线；⑥ 成品油；⑦ 摩托车；⑧ 小汽车，不包括电动汽车、卡丁车、沙滩车、雪地车、高尔夫车；⑨ 高尔夫球及球具；⑩ 高档手表，指不含税售价在10 000元以上的各类手表；⑪ 游艇；⑫ 木制一次性筷子；⑬ 实木地板，包括白坯板、素板；⑭ 电池；⑮ 涂料。

【例题2·2017年·单项选择题】下列消费品中，应缴纳消费税的是（　　）。

A. 零售的高档化妆品

B. 零售的白酒

C. 进口的服装

D. 进口的卷烟

【答案】D

【解析】本题考查消费税税目与纳税环节。

高档化妆品与白酒在生产、委托加工或进口环节缴纳消费税，零售环节不再缴纳，选项A、B错误。服装不属于消费税的征税范围，不缴纳消费税，选项C错误。卷烟属于消费税征税范围，在进口环节应当缴纳消费税，选项D正确。

私教点拨

是否需要缴纳消费税，除了考虑是否属于征税范围外，还应当考虑纳税环节。消费税具有单一环节征税的特点，在生产销售环节征税后，流通环节一般不需要再缴纳消费税，但对于其他情况也应当掌握。消费税的纳税环节见表3-2。

表 3－2 消费税的纳税环节

纳税环节	具体内容
生产环节	生产应税消费品销售是消费税征收的主要环节，由生产者于**销售时**纳税。在生产销售环节征税以后，流通环节一般不需要再缴纳消费税
委托加工环节	委托加工应税消费品，由受托方在向委托方交货时代收代缴税款。 (1) 委托加工的应税消费品以不高于受托方计税价格**直接出售**的，不再征收消费税。 (2) 委托加工应税消费品收回后用于**连续生产应税消费品**的，可以抵扣委托加工应税消费品的已纳消费税税款
进口环节	进口的应税消费品，由进口报关者于报关进口时纳税，并由海关代征
零售环节	(1) **金银首饰**消费税在零售环节征收。 **【提示】**在零售环节征收消费税的金银首饰范围仅限于**金银首饰及镶嵌首饰、金基银基合金首饰及镶嵌首饰、钻石及钻石饰品、铂金首饰**。 (2) 对**超豪华小汽车**在生产（进口）环节按现行税率征收消费税的基础上，在零售环节加征消费税
批发环节	除生产环节外，对**卷烟**、**电子烟**批发环节加征一道消费税
移送使用环节	纳税人自产自用的应税消费品： (1) 用于**连续生产**应税消费品的，不纳税。 (2) 用于**其他方面**的（包括用于生产非应税消费品、在建工程、管理部门、非生产机构、提供劳务、馈赠、赞助、集资、广告、样品、职工福利、奖励等方面），于移送使用时纳税

【例题 3·2020 年·多项选择题】下列业务既征增值税又征消费税的有（　　）。

A. 商场珠宝部销售金银首饰

B. 卷烟批发商向零售商销售卷烟

C. 商场服装部销售高档服装

D. 商场珠宝部销售珠宝首饰

E. 4S 店销售超豪华小汽车

【答案】ABE

【解析】本题考查消费税税目与纳税环节。

以上五个选项中的销售行为，都属于增值税销售货物的范围，应当征收增值税。而对于消费税的税目与纳税环节来说，在零售环节销售金银首饰，应当征收消费税，选项 A 正确。在卷烟批发环节销售卷烟，应当征收消费税，选项 B 正确。高档服装不属于消费税征税范围，选项 C 错误。在零售环节销售珠宝首饰，不征收消费税，选项 D 错误。在零售环节销售超豪华小汽车，应当征收消费税，选项 E 正确。

私教点拨

消费税的征税范围，常常会结合增值税的征税范围一同考查。增值税的征税范围较广，包括销售或者进口货物、销售劳务、销售服务、销售无形资产、销售不动产等；而消费税仅针对列举的15个税目征收。因此，对于上述类型的题目，判断的**重点**应放在**消费税的征税范围**上，多数情况下，缴纳消费税的同时也是需要缴纳增值税的。但将应税消费品用于连续加工非应税消费品，属于需要缴纳消费税但不需要缴纳增值税的情况。

考点三 计税依据

【例题1·2018年·单项选择题】关于消费税从价定率计税销售额，下列说法正确的是（　　）。

A. 消费税计税销售额包括增值税

B. 金银首饰包装费不计入计税销售额

C. 白酒包装物押金收取时不计入计税销售额

D. 高档化妆品品牌使用费应计入计税销售额

【答案】D

【解析】本题考查消费税计税依据。

消费税计税依据中的销售额，不包括应向购买方收取的增值税税额，选项A错误。包装费属于价外费用，应当并入销售额中缴纳消费税，选项B错误。除啤酒、黄酒以外的其他酒类产品，收取的包装物押金，无论押金是否返还及会计上如何核算，均应并入酒类产品销售额征收消费税，选项C错误。品牌使用费作为价外费用，应当并入销售额缴纳消费税，选项D正确。

私教点拨

消费税计税依据的确定属于常考点，对此需要掌握以下内容。

消费税实行从价定率、从量定额或者复合计税三种计征方法。实行**从价定率**办法征税的应税消费品，以含消费税而不含增值税的销售额作为计税依据。销售额为纳税人销售应税消费品从购买方收取的**全部价款和价外费用**。其中，**价外费用**是指，价外向购买方收取的手续费、补贴、基金、集资费、返还利润、奖励费、违约金、滞纳金、延期付款利息、赔偿金、代收款项、代垫款项、包装费、包装物租金、储备费、优质费、运输装卸费、品牌使用费以及其他各种性质的价外收费。

对于**包装物**，应当注意区分其销售收入、租金收入和押金收入，见表3-3。

表3-3 包装物销售收入、租金收入和押金收入

项目	具体规定
包装物**销售**收入	应税消费品连同包装物销售的，无论包装物是否单独计价，也无论会计上如何核算，均应并入应税消费品的销售额中征收消费税
包装物**租金**收入	属于价外费用，应并入应税消费品的销售额中征收消费税
包装物**押金**收入	收取的包装物押金，一般不需要并入应税消费品的销售额中征税。但对逾期未收回的包装物不再退还的或者已收取的时间超过12个月的押金，应并入应税消费品的销售额，按应税消费品的税率征收消费税。 **【提示】特殊情况**：对于除了销售啤酒、黄酒以外的其他酒类产品收取的包装物押金，无论押金是否返还以及会计上如何核算，均应并入酒类产品销售额征收消费税

【例题2·2019年·多项选择题】关于金银首饰零售环节征收消费税，下列说法正确的有（　　）。

A. 纳税人采用以旧换新方式销售的金银首饰，应按实际收取的不含税的全部价款确定计税依据

B. 金银首饰连同包装物销售，能够分别核算的，包装物不并入销售额计征消费税

C. 金银首饰与其他产品组成成套消费品销售的，应区别应税和非应税消费品分别征税

D. 单位用于馈赠的金银首饰，没有同类金银首饰销售价格的，按照组成计税价格计算纳税

E. 金银首饰经营单位出口金银首饰不退消费税

【答案】ADE

【解析】本题考查消费税计税依据。

纳税人采用以旧换新（含翻新改造）方式销售的金银首饰，应按实际收取的不含增值税的全部价款确定计税依据征收消费税，选项A正确。金银首饰连同包装物销售的，无论包装物是否单独计价，也无论会计上如何核算，均应并入金银首饰的销售额，计征消费税，选项B错误。金银首饰与其他产品组成成套消费品销售的，应按销售额全额征收消费税，选项C错误。单位用于馈赠的金银首饰，应按纳税人销售同类金银饰品的销售价格确定计税依据征收消费税，没有同类金银首饰销售价格的，按照组成计税价格计算纳税，选项D正确。由于金银首饰消费税在零售环节缴纳，出口时尚未缴纳，因此在出口环节不退消费税，选项E正确。

【例题3·2018年·多项选择题】 关于白酒消费税最低计税价格的核定，下列说法正确的有（　　）。

A. 生产企业实际销售价格高于核定最低计税价格的，按实际销售价格申报纳税

B. 白酒消费税最低计税价格核定范围包括白酒批发企业销售给商场的白酒

C. 白酒消费税最低计税价格由行业协会核定

D. 税务机关选择核定消费税计税价格的白酒，核定比例统一确定为20%

E. 白酒生产企业消费税计税价格高于销售单位对外销售价格70%以上（含70%）的，税务机关暂不核定最低计税价格

【答案】 AE

【解析】 本题考查消费税计税依据等。

白酒消费税最低计税价格核定范围包括：白酒生产企业销售给销售单位的白酒，生产企业消费税计税价格低于销售单位对外销售价格（不含增值税）70%的；纳税人将委托加工收回的白酒销售给销售单位，消费税计税价格低于销售单位对外销售价格（不含增值税）70%的。因此，选项B错误。白酒消费税最低计税价格由白酒生产企业自行申报，税务机关核定，选项C错误。税务机关核定消费税计税价格的白酒，核定比例统一确定为60%，选项D错误。

私教点拨

计税价格的确定，是计算消费税应纳税额的核心环节。考试常涉及计税依据的特殊规定，见表3－4。

表3－4　计税依据的特殊规定

计税项目	具体内容
采用以旧换新方式销售的金银首饰	纳税人采用以旧换新方式销售的金银首饰，应按**实际收取**的不含增值税的全部价款确定计税依据征收消费税，与增值税的计税依据相同
卷烟最低计税价格的核定	（1）核定范围为卷烟生产企业在生产环节销售的所有牌号、规格的卷烟。 （2）最低计税价格的核定。 ① 未经国家税务总局核定计税价格的新牌号、新规格卷烟生产企业应按卷烟调拨价格申报纳税。 ② 已经国家税务总局核定计税价格的卷烟生产企业实际销售价格高于计税价格的，按实际销售价格确定适用税率，计算应纳税款并申报纳税；实际销售价格低于计税价格的，按计税价格确定适用税率，计算应纳税款并申报纳税

（续表）

计税项目	具体内容
白酒最低计税价格的核定	（1）核定范围。 ① 白酒生产企业销售给销售单位的白酒，生产企业消费税计税价格低于销售单位对外销售价格（不含增值税）70%的。 ② 纳税人将委托加工收回的白酒销售给销售单位，消费税计税价格低于销售单位对外销售价格（不含增值税）70%的。 （2）最低计税价格的核定标准。 ① 生产企业消费税计税价格高于销售单位对外销售价格70%的，税务机关暂不核定消费税最低计税价格。 ② 生产企业消费税计税价格低于销售单位对外销售价格70%的，税务机关根据销售单位对外销售价格的60%核定。 当月该品牌、规格白酒消费税计税价格 = 该品牌、规格白酒销售单位上月平均销售价格 × 核定比例
自设**非独立核算门市部**计税价格的规定	纳税人通过自设非独立核算门市部销售的自产应税消费品，应当按照门市部对外销售额或者销售数量计算征收消费税
应税消费品用于**其他方面**的计税规定	纳税人自产的应税消费品用于**换取**生产资料和消费资料、**投资**入股和**抵偿**债务等方面，应当按纳税人同类应税消费品的最高销售价格作为计税依据计算消费税
套装产品的计税依据	纳税人将自产的应税消费品与外购或自产的非应税消费品组成套装销售的，以套装产品的销售额为计税依据计算消费税
电子烟生产环节纳税人从事电子烟代加工业务的计税规定	电子烟生产环节纳税人从事电子烟代加工业务的，应当分开核算持有商标电子烟的销售额和代加工电子烟的销售额；未分开核算的，一并缴纳消费税

考点四 对外销售应税消费品应纳税额的计算

【例题1·2020年·单项选择题改编】2023年3月，某筷子生产企业生产销售木制一次性筷子取得不含税销售额30万元，其中含包装物销售额0.60万元；销售金属工艺筷子取得不含税销售额50万元；销售竹制一次性筷子取得不含税销售额10万元。该企业当月应缴纳消费税（　　）万元。（木制一次性筷子消费税税率为5%）

A. 1.47　　B. 4.50　　C. 2　　D. 1.50

【答案】D

【解析】本题考查消费税应纳税额的计算。

本题解题步骤如下：

第一步：判断征税范围与纳税环节。

本题中，筷子生产企业生产销售的金属工艺筷子与竹制一次性筷子均不属于消费税征税范围，不征收消费税。木制一次性筷子属于消费税征税范围，于生产销售环节征收消费税。

第二步：确定计税依据。

销售额为纳税人销售应税消费品从购买方收取的全部价款和价外费用，不包含增值税。

包装物连同应税商品销售的，无论包装物是否单独计价，也无论在会计上如何核算，均应并入应税消费品的销售额征收消费税，因此，包装物销售额0.6万元也应当包含在内。

本题中，消费税计税依据为30万元。

第三步：计算应纳税额。

从价定率计算方法下，应纳税额的计算取决于应税消费品的销售额和适用税率两个因素。木制一次性筷子消费税税率为5%。

应纳税额＝销售额×比例税率＝30×5%＝1.50（万元）

因此，选项D正确。

【例题2·2018年·单项选择题改编】甲啤酒厂为增值税一般纳税人，2023年3月销售鲜啤酒10吨给乙烟酒批发销售公司，开具的增值税专用发票上注明金额29 000元，另开收据收取包装物押金2 000元（含塑料周转箱押金500元）；销售无醇啤酒5吨给丙商贸公司，开具增值税普通发票注明金额13 800元，另开收据收取包装物押金750元。上述押金均单独核算。甲厂当月应缴纳消费税（　　）元。

A. 2 500　　B. 3 300　　C. 3 600　　D. 3 750

【答案】C

【解析】本题考查消费税应纳税额的计算。

本题解题步骤如下：

第一步：判断征税范围与纳税环节。

本题中，甲啤酒厂生产销售的各类啤酒均属于消费税的征税范围，应当征收消费税。

第二步：确定计税依据。

啤酒实行从量定额办法计征消费税，受销售数量和单位税额两个因素影响，而销售额、包装物押金、周转箱押金等金额，只是影响啤酒的分类，不会直接影响应纳税额的确定。

啤酒分为甲类啤酒和乙类啤酒，每吨不含增值税出厂价（含包装物及包装物押金）3 000元及以上的啤酒为甲类啤酒；每吨不含增值税出厂价（含包装物及包装物押金）3 000元以下的啤酒为乙类啤酒。其中包装物押金不包括重复使用的塑料周转箱的押金。

本题中，鲜啤酒每吨出厂价=[29 000+(2 000−500)÷(1+13%)]÷10=3 032.74（元），大于3 000元，属于甲类啤酒。

无醇啤酒每吨出厂价=(13 800+750)÷(1+13%)÷5=2 575.22（元），小于3 000元，属于乙类啤酒。

啤酒的计税依据为应税消费品的销售数量，即销售的甲类啤酒10吨、乙类啤酒5吨。

第三步：计算应纳税额。

甲类啤酒适用税率250元/吨（需要记忆），乙类啤酒适用税率220元/吨（需要记忆）。

应纳税额=销售数量×定额税率=10×250+5×220=3 600（元）

因此，选项C正确。

【例题3・2018年・单项选择题改编】2023年2月，某卷烟批发企业（持有烟草批发许可证）向商场批发甲类卷烟24万支，取得不含税销售额18.60万元；向其他批发单位批发甲类卷烟50万支，取得不含税销售额30万元。该企业当月应纳消费税（　　）万元。（卷烟批发环节消费税税率11%，0.005元/支）

A. 2.05　　B. 2.17　　C. 5.35　　D. 5.72

【答案】B

【解析】本题考查消费税应纳税额的计算。

本题解题步骤如下：

第一步：判断征税范围与纳税环节。

卷烟属于消费税的征税范围，但卷烟批发企业之间销售卷烟不需要缴纳消费税。本题中，需要缴纳消费税的是卷烟批发企业销往商场的卷烟。

第二步：确定计税依据。

卷烟采用复合计税方法，批发环节属于加征的一道消费税。计税依据是纳税人批发卷烟的销售额（不含增值税）和销售数量，即不含税销售额18.60万元和24万支卷烟。

第三步：计算应纳税额。

卷烟批发企业批发环节应纳消费税=销售额×比例税率+销售数量×定额税率

=18.6×11%+24×0.005

=2.17（万元）

因此，选项B正确。

私教点拨

计算应纳消费税的第一步，往往需要判断征税范围与纳税环节，只有处于纳税环节的应税消费品才需要缴纳消费税。

第二步，确定计税依据。实行从价定率办法征税的应税消费品，计税依据为应税消费品的销售额；实行从量定额办法征税的应税消费品，计税依据为应税消费品的销售数量；**卷烟、白酒采用复合计征方法计税**，从量定额部分的计税依据为实际销售数量，从价定率部分的计税依据为销售额。

第三步，根据计税依据与税率计算应纳税额，见表3-5。

表3-5　消费税应纳税额的计算

计征办法	计税依据	应纳税额
从价定率	销售额	应纳税额=销售额×比例税率
从量定额	销售数量	应纳税额=销售数量×定额税率
复合计税	销售额与销售数量	应纳税额=销售额×比例税率+销售数量×定额税率

白酒、啤酒、卷烟、电子烟、金银首饰、零售环节的超豪华小汽车的税率，有时考试题目不会给出，因此考生需要记忆。

考点五　自产自用应税消费品应纳税额的计算

【例题·2017年·单项选择题改编】某酒厂为增值税一般纳税人，2023年4月发放1吨自制白酒作为职工福利，同类白酒不含税售价为50 000元/吨，成本价为35 000元/吨。该酒厂上述业务当月应纳消费税（　　）元。

A. 7 700　　B. 8 700

C. 10 000　　D. 11 000

【答案】D

【解析】本题考查自产自用应税消费品应纳税额的计算。

本题解题步骤如下：

第一步：确定用途。

纳税人自产自用的应税消费品，用于其他方面的，于移送使用时纳税。本题中，将自制白酒作为职工福利，属于用于其他方面的情形，应当征收消费税。

第二步：确定计税依据。

应税消费品用于其他方面时，有同类消费品销售价格的，按照纳税人生产的同类消费品销售价格计算纳税。没有同类消费品销售价格的，按照组成计税价格计税。

本题中，同类消费品销售价格为 50 000 元/吨。

第三步：计算应纳税额。

白酒采用复合计税方法，从价部分消费税税率为 20%，从量部分消费税税率为 0.50 元/500 克或 1 元/千克或 1 000 元/吨。

本题中，自制白酒用作职工福利应纳消费税 = 50 000×20% + 1×1 000 = 11 000（元）。

因此，选项 D 正确。

私教点拨

除了一般的销售行为外，纳税人自产自用的应税消费品，**用于连续生产应税消费品的，不纳税**；而用于其他方面的，于移送时纳税。用于其他方面是指纳税人将自产自用应税消费品用于生产非应税消费品、在建工程、管理部门、非生产机构、提供劳务、馈赠、集资、赞助、广告、样品、职工福利、奖励等方面。例如：卷烟厂生产的烟丝，如果直接对外销售，应缴纳消费税；但如果烟丝用于本厂连续生产卷烟，用于连续生产卷烟的烟丝就不缴纳消费税，只对生产销售的卷烟征收消费税。其计税依据的确定和应纳税额的计算有两种情形，见表 3－6。

表 3－6 自产自用应税消费品用于其他方面的计税依据和应纳税额的计算

情形	计税依据和应纳税额的计算
纳税人**有同类**消费品销售价格的	按以下顺序确定。 （1）按纳税人**当月**销售的同类消费品的销售价格。 （2）按纳税人同类消费品**上月或最近月份**的销售价格
纳税人**没有同类**消费品销售价格的	按组成计税价格计税。 （1）实行**从价计征**办法的消费品组成计税价格： 组成计税价格 =（成本 + 利润）÷（1 − 比例税率） = 成本 ×（1 + 成本利润率）÷（1 − 比例税率） 应纳税额 = 组成计税价格 × 适用税率 （2）实行**复合计税**办法的消费品组成计税价格： 组成计税价格 =（成本 + 利润 + **自产自用数量 × 定额税率**）÷（1 − 比例税率） 应纳税额 = 组成计税价格 × 比例税率 + 自产自用数量 × 定额税率

考点六 已纳消费税的扣除

【例题1·2019年·单项选择题】生产企业以外购应税消费品连续生产应税消费品，下列准予扣除外购应税消费品已纳消费税税款的是（　　）。

A. 已税摩托车生产的摩托车

B. 已税白酒生产的白酒

C. 已税烟丝生产的卷烟

D. 已税珠宝玉石生产的金银镶嵌首饰

【答案】C

【解析】本题考查已纳消费税的扣除。

用外购已税烟丝生产的卷烟属于已纳税款的扣除范围，选项C正确。

私教点拨

由于部分应税消费品是用已缴纳消费税的应税消费品连续生产出来的，为了避免重复征税，对扣除范围内的**外购**应税消费品和**委托加工收回**的应税消费品**连续生产**应税消费品销售的，应按当期生产领用数量计算准予扣除的已纳消费税税款。具体扣除范围见表3-7。

表3-7 已纳消费税的扣除范围

类型	已税消费品	用于生产的消费品
外购或委托加工收回	烟丝	卷烟
	高档化妆品	高档化妆品
	珠宝玉石	贵重首饰及珠宝玉石
	鞭炮、焰火	鞭炮、焰火
	汽油、柴油、石脑油、燃料油、润滑油	成品油
	杆头、杆身和握把	高尔夫球杆
	木制一次性筷子	木制一次性筷子
	实木地板	实木地板
外购	葡萄酒	葡萄酒
	啤酒液	连续灌装生产的啤酒

关于上述扣除项目，需要关注以下几点。

（1）从税目看，允许抵扣的不包括酒（葡萄酒、啤酒除外）、小汽车、高档手表、游艇、电池、涂料、摩托车，考生可以反向记忆。

（2）已税珠宝玉石生产金银首饰，不能抵扣已纳消费税，因为金银首饰是在零售环节征税的，与珠宝玉石征税环节不同。

【例题 2 · 2018 年 · 单项选择题改编】 2023 年 3 月，某化工生产企业以委托加工收回的已税高档化妆品为原料继续加工高档化妆品。委托加工收回的已税高档化妆品已纳消费税分别是：期初库存的已纳消费税 30 万元，当期收回的已纳消费税 10 万元，期末库存的已纳消费税 20 万元。当月销售高档化妆品取得不含税收入 280 万元。该企业当月应纳消费税（　　）万元。（高档化妆品消费税税率 15%）

A. 12　　B. 22　　C. 39　　D. 42

【答案】 B

【解析】 本题考查已纳消费税的扣除。

本题解题步骤如下：

第一步：确定扣除范围及应纳税额。

高档化妆品为应税消费品，该化工生产企业当期销售高档化妆品取得的不含税收入为 280 万元，应当征收消费税。高档化妆品消费税税率为 15%，应纳消费税 = 280×15% = 42（万元）。

第二步：确定准予扣除的已纳税额。

以委托加工收回的高档化妆品为原料生产高档化妆品，在计征消费税时可以按当期生产领用数量计算准予扣除的已纳消费税税款。

当期准予扣除的委托加工应税消费品已纳税款 = 期初库存的委托加工应税消费品已纳税款 + 当期收回的委托加工应税消费品已纳税款 − 期末库存的委托加工应税消费品已纳税款 = 30 + 10 − 20 = 20（万元）

第三步：计算当期实际应纳消费税税额。

本题中，计算化工生产企业的消费税应纳税额时，可以扣除委托加工应税消费品已纳税款。因此，该企业当月应纳消费税 = 42 − 20 = 22（万元），选项 B 正确。

私教点拨

计算征收消费税时，应根据当期**生产领用数量**计算准予扣除的已纳消费税税款。当题目中未直接告知生产领用数量时，需要用期初库存数，加本期增加数，减期末库存数，求得本期生产领用数。委托加工收回的应税消费品已纳税款的扣除方法，与外购应税消费品已纳税款的扣除方法类似，只不过委托加工收回的已税消费品中，除受托方为个人外，消费税由受托方代收代缴，委托方可以根据受托方提供的收缴凭证获知已纳税款。而外购应税消费品的消费税由销售方缴纳，购买方在购买后连续生产应税消费品的，需要根据外购应税消费品的买价计算出其中已包含的消费税，具体公式见表 3－8。

表 3－8 已纳消费税的计算公式

情形	计算公式
外购应税消费品已纳税款的扣除	当期准予扣除的外购应税消费品**已纳税款**=当期准予扣除的外购应税消费品买价×外购应税消费品适用税率 其中，当期准予扣除的外购应税消费品**买价**=**期初库存**的外购应税消费品买价+**当期购进**的外购应税消费品买价－**期末库存**的外购应税消费品买价
委托加工收回的应税消费品已纳税款的扣除	当期准予扣除的委托加工应税消费品**已纳税款**=**期初库存**的委托加工应税消费品已纳税款+**当期收回**的委托加工应税消费品已纳税款－**期末库存**的委托加工应税消费品已纳税款

值得注意的是，**不同纳税环节的已纳税款不得扣除**。例如，纳税人用外购（或委托加工收回）的已税珠宝玉石生产的金银、钻石首饰等，由于纳税环节不同，在计税时，一律不得扣除外购（或委托加工收回）珠宝玉石的已纳税款。

考点七 委托加工应税消费品应纳税额的计算

【例题·2019 年·计算题改编】

甲木制品厂为增值税一般纳税人，主要从事实木地板生产销售业务，2023 年 2 月发生下列业务：	**【审题过程】**
业务一：外购一批实木素板［1］，取得增值税专用发票，注明金额 120 万元；另支付运费 2 万元，取得增值税普通发票。	［1］素板属于消费税税目下的“实木地板”。
业务二：将上述外购已税素板 30% 连续生产［2］A 型实木地板，当月对外销售取得不含税销售额 60 万元。	［2］以外购已税实木地板为原料连续生产的实木地板，准予扣除外购实木地板已缴纳的消费税。

业务三：委托乙厂加工B型实木地板［3］，委托方提供原材料成本36万元，当月加工完毕全部收回，乙厂收取不含税加工费5万元，开具增值税专用发票。乙厂同类实木地板不含税售价为65万元。 业务四：将外购的材料成本为48.80万元的原木移送丙厂，委托加工C型实木地板，丙厂收取不含税加工费8万元，开具增值税专用发票。丙厂无同类实木地板售价。当月加工完毕甲厂全部收回后，对外销售70%，取得不含税销售额70万元，其余30%留存仓库［4］。 业务五：主管税务机关3月初对甲厂进行税务检查时发现，乙厂已按规定计算代收代缴消费税，但丙厂未履行代收代缴消费税义务［4］。 已知：实木地板消费税税率为5%。	［3］由委托方提供原料和主要材料，受托方只收取加工费和代垫部分辅助材料加工应税消费品的，属于委托加工业务。 ［4］由于受托方未履行代收代缴消费税义务，因此，直接出售部分和留存部分的计税基础会不同。

根据上述资料，回答下列问题：

（1）上述业务二中，甲厂应缴纳消费税（　　）万元。

A. 2.97　　B. 1.17　　C. 1.20　　D. 3

【答案】C

【解析】本题考查已纳消费税的扣除。

本题解题步骤如下：

第一步：确定扣除范围及应纳税额。

实木地板为应税消费品，甲木制品厂需要在生产销售环节缴纳消费税。当月对外销售取得不含税销售额60万元，实木地板消费税税率为5%，应纳消费税=60×5%=3（万元）。

第二步：确定准予扣除的已纳税额。

以外购已税实木地板为原料生产的实木地板，准予扣除已缴纳的消费税。本题中，生产领用量为30%，因此，当期准予扣除的外购应税消费品买价=120×30%=36（万元），当期准予扣除的外购应税消费品已纳税款=当期准予扣除的外购应税消费品买价×外购应税消费品适用税率=36×5%=1.80（万元）。

第三步：计算当期实际应纳消费税税额。

甲木制品厂销售A型实木地板，可以扣除外购应税消费品的已纳税款。甲厂应缴纳消费税=3-1.80=1.20（万元），选项C正确。

（2）乙厂应代收代缴消费税（　　）万元。

A. 2.16　　B. 2.19　　C. 3.25　　D. 6.58

【答案】C

【解析】本题考查委托加工应税消费品应纳税额的计算。

委托加工应税消费品业务中，委托方为纳税人，除受托方为个人外，受托方为代收代缴义务人。受托方有同类消费品销售价格的，按照受托方的同类消费品的销售价格计算纳税。

在本题中，乙厂为受托方，其同类实木地板不含税售价为65万元，因此，乙厂应代收代缴消费税=65×5%=3.25（万元），选项C正确。

（3）甲厂销售C型实木地板应缴纳消费税（　　）万元。

A. 1.99　　B. 1.80　　C. 2.09　　D. 3.50

【答案】D

【解析】本题考查委托加工应税消费品应纳税额的计算。

根据业务五得知“丙厂未履行代收代缴消费税义务”，因此，甲木制品厂在收回应税消费品后需要自行缴纳消费税。如果税务机关在检查时，发现收回的应税消费品已经直接销售的，按销售额计税。本题中，甲木制品厂收回后有70%直接销售，销售额为70万元，因此，应缴纳消费税=70×5%=3.50（万元），选项D正确。

（4）甲厂留存仓库的C型实木地板应缴纳消费税（　　）万元。

A. 0　　B. 0.77　　C. 0.90　　D. 1.50

【答案】C

【解析】本题考查委托加工应税消费品应纳税额的计算。

由于丙厂未履行代收代缴消费税义务，因此，税务机关在检查时，发现收回的应税消费品尚未销售或不能直接销售的，应按组成计税价格计税。留存仓库的部分为30%，应缴纳消费税=(48.80+8)÷(1-5%)×30%×5%=0.90（万元），选项C正确。

私教点拨

委托加工的应税消费品，必须具备两个条件：其一是由委托方提供原料和主要材料，其二是受托方只收取加工费和代垫部分辅助材料。无论是委托方还是受托方，不符合规定条件的，都不能按委托加工应税消费品进行处理，只能按照销售自制应税消费品缴纳消费税。而考试时常涉及的委托加工业务，包括以下几点。

(1) 对于受托方在交货时已代收代缴的消费税，委托方收回后又出售的，可分为两种情况，见表3-9。

表3-9 委托方销售已税消费品

项目	销售方式	消费税
委托加工业务	**直接销售** (以不高于受托方计税价格销售)	不再征税
	高于受托方计税价格销售	按售价计税，准予扣除受托方已代收代缴的消费税

(2) 委托加工的应税消费品一般由受托方代收代缴消费税，因此，计税依据要根据受托方是否有同类消费品的销售价格予以区分，其计税依据和应纳税额的计算分为两种情况，见表3-10。

表3-10 委托加工应税消费品计税依据和应纳税额的计算

情形	计税依据和应纳税额的计算
受托方有同类消费品销售价格的	按以下顺序确定。 (1) 按受托方**当月**销售的同类消费品的销售价格； (2) 按受托方同类消费品**上月或最近月份**的销售价格
受托方没有同类消费品销售价格的	按组成计税价格计税。 (1) 实行**从价计征**办法的消费品组成计税价格： 组成计税价格=(材料成本+加工费)÷(1-比例税率) 应纳税额=组成计税价格×适用税率 (2) 实行**复合计税**办法的消费品组成计税价格： 组成计税价格=(材料成本+加工费+**委托加工数量×定额税率**)÷(1-比例税率) 应纳税额=组成计税价格×比例税率+委托加工数量×定额税率

考点八 进出口环节应纳消费税的计算

【例题·2020年·单项选择题改编】某化妆品生产企业从法国进口香水精，关税完税价格为30万元，关税税率为20%，海关已代征增值税、消费税。2023年4月生产领用上述进口香水精的90%用于连续生产本厂品牌的高档化妆品，本月在国内销售高档化妆品取得不含税销售额400

万元。该企业上述业务当月应缴纳消费税（　　）万元。（消费税税率为15%）

A. 55.95　　B. 54.28　　C. 60　　D. 53.65

【答案】B

【解析】本题考查进口环节应纳消费税的计算。

本题解题步骤如下：

第一步：确定扣除范围及应纳税额。

高档化妆品为应税消费品，该化妆品生产企业在国内销售时应当缴纳消费税，其不含税销售额400万元，根据高档化妆品消费税税率15%计算，应纳消费税＝400×15%＝60（万元）。

第二步：确定准予扣除的已纳税额。

以进口的高档化妆品为原料生产高档化妆品时，在计征消费税时可以按当期生产领用数量计算准予扣除的已纳消费税税款。

首先，计算进口高档化妆品时已缴纳的消费税。

进口高档化妆品已纳税额＝组成计税价格×消费税比例税率

＝(关税完税价格＋关税)÷(1－消费税比例税率)×消费税比例税率

＝30×(1＋20%)÷(1－15%)×15%

＝6.35（万元）

其次，根据生产领用数量计算准予扣除的已纳消费税税款，题中化妆品生产企业将进口香水精的90%用于连续生产，因此，可扣除的消费税＝6.35×90%＝5.72（万元）。

第三步：计算当期实际应纳消费税税额。

本题中，化妆品生产企业当月应纳消费税＝60－5.72＝54.28（万元），选项B正确。

私教点拨

进口应税消费品的计税依据不同于自产自用、委托加工的应税消费品，不需要先考虑同类消费品销售价格，而是直接以组成计税价格为计税依据，再根据规定的税率计算应纳税额。进口应税消费品组成计税价格及应纳税额的计算，见表3－11。

表3－11　进口应税消费品组成计税价格和应纳税额的计算

计税办法	组成计税价格和应纳税额的计算
从价定率	组成计税价格＝(关税完税价格＋关税)÷(1－消费税比例税率) 应纳税额＝组成计税价格×消费税比例税率
从量定额	应纳税额＝应税消费品数量×消费税定额税率

（续表）

计税办法	组成计税价格和应纳税额的计算
复合计税	组成计税价格=（关税完税价格+关税+进口数量×消费税定额税率）÷（1-消费税比例税率） 应纳税额=组成计税价格×消费税比例税率+消费税定额税

除掌握进口环节应税消费品的计算外，关于出口环节，需要了解出口应税消费品退（免）消费税政策的三种情形。

（1）出口免税并退税。

出口企业出口或视同出口适用增值税退（免）税的货物，免征消费税，如果属于购进出口的货物，退还前一环节对其已征的消费税。

（2）出口免税但不退税。

出口企业出口或视同出口适用增值税免税政策的货物，免征消费税，但不退还其以前环节已征的消费税，且不允许在内销应税消费品应纳消费税税款中抵扣。

（3）出口不免税也不退税。

出口企业出口或视同出口适用增值税征税政策的货物，应按规定缴纳消费税，不退还其以前环节已征的消费税，且不允许在内销应税消费品应纳消费税税款中抵扣。

考点九 征收管理

【例题·2020年·多项选择题改编】2023年3月，甲企业采用分期收款方式销售应税消费品，当月发货。合同规定，不含税总价款300万元，自4月起分三个月等额收回货款。4月实际收到不含税货款80万元，5月实际收到不含税货款120万元。对于上述业务的税务处理，下列说法正确的有（ ）。

A. 甲企业4月消费税计税销售额为100万元

B. 若甲企业3月签订合同后即按全额开具了发票，则3月消费税计税销售额为300万元

C. 若甲企业3月签订合同后即按全额开具了发票，则3月发生增值税纳税义务

D. 甲企业5月消费税计税销售额为120万元

E. 甲企业3月发出应税消费品的当天为消费税纳税义务发生时间

【答案】ABC

【解析】本题考查消费税征收管理。

消费税计税依据应当根据合同约定来确定，合同约定自4月起分三个月等额收回货款，因

此，甲企业自4月起的三个月消费税计税销售额均为100万元，选项A正确，选项D错误。全额开具发票的，根据开票时间及金额计税，选项B、C正确。纳税人采取分期收款结算方式的，消费税纳税义务发生时间为书面合同约定的收款日期的当天，选项E错误。

私教点拨

对于消费税的征收管理，需要掌握以下两点。

（1）消费税纳税义务发生时间，见表3-12。

表3-12 消费税纳税义务发生时间

<table>
<tr><th colspan="2">项目</th><th>纳税义务发生时间</th></tr>
<tr><td>纳税人对外销售应税消费品</td><td>采取赊销和分期收款结算方式的</td><td>为书面合同约定的收款日期的当天；
书面合同没有约定或者无书面合同的，为发出应税消费品的当天</td></tr>
<tr><td rowspan="3">纳税人对外销售应税消费品</td><td>采取预收货款结算方式的</td><td>为发出应税消费品的当天</td></tr>
<tr><td>采取托收承付和委托银行收款方式的</td><td>为发出应税消费品并办妥托收手续的当天</td></tr>
<tr><td>采取其他结算方式的</td><td>为收讫销售款或者取得索取销售款凭据的当天</td></tr>
<tr><td colspan="2">纳税人自产自用应税消费品的</td><td>为移送使用的当天</td></tr>
<tr><td colspan="2">纳税人委托加工应税消费品的</td><td>为纳税人提货的当天</td></tr>
<tr><td colspan="2">纳税人进口应税消费品的</td><td>为报关进口的当天</td></tr>
</table>

所销售的货物既涉及增值税又涉及消费税的，其纳税义务发生时间基本一致，可结合增值税的内容一并学习。

（2）消费税纳税地点，见表3-13。

表3-13 消费税纳税地点

<table>
<tr><th colspan="2">情形</th><th>纳税地点</th></tr>
<tr><td colspan="2">纳税人销售应税消费品及自产自用应税消费品的</td><td>为纳税人机构所在地或者居住地；
纳税人的总机构与分支机构不在同一县（市）的，除经批准可由总机构汇总在总机构所在地缴纳外，应当分别在各自机构所在地缴纳</td></tr>
<tr><td rowspan="2">委托加工的应税消费品</td><td>受托方为非个人的</td><td>为受托方机构所在地或者居住地</td></tr>
<tr><td>受托方为个人的</td><td>为委托方机构所在地或者居住地</td></tr>
<tr><td colspan="2">进口的应税消费品</td><td>为报关地海关</td></tr>
</table>

真题演练

1. （2023 年 · 单项选择题）某葡萄酒企业为增值税一般纳税人，2023 年 2 月从国外进口高档葡萄酒作为原材料，货价为 100 万元，境外运费为 10 万元，保险费无法确定，海关已代征增值税、消费税。本月生产领用 80%用于生产 A 型葡萄酒，在国内销售自产 A 型葡萄酒取得不含税收入 600 万元，葡萄酒关税税率 14%。该企业本月应缴纳消费税（　　）万元。（进口环节葡萄酒消费税税率为 10%）

A. 48.85　　B. 60　　C. 48.82　　D. 46.07

2. （2022 年 · 单项选择题）某珠宝商店为增值税一般纳税人，2022 年 3 月销售金银首饰取得含税销售收入 40.68 万元，销售珍珠首饰取得含税销售收入 22.6 万元，采用以旧换新方式销售铂金首饰，旧铂金首饰收回作价 4 万元，实际收取价款为 29.38 万元。该商店上述业务应缴纳消费税（　　）万元。（其他贵重首饰及珠宝玉石消费税税率为 10%，金银首饰、铂金首饰和钻石及钻石饰品消费税税率为 5%）

A. 5.1　　B. 3.1　　C. 3.28　　D. 5.28

3. （2022 年 · 单项选择题）下列业务中，需要在移送环节缴纳消费税的是（　　）。

A. 地板厂将委托加工收回的应税实木素板用于连续生产高端实木地板

B. 汽车厂将新研制的应税小汽车用于碰撞试验

C. 日化厂将自产高档化妆品用于职工福利

D. 卷烟厂将自产的烟丝连续生产卷烟

4. （2022 年 · 单项选择题）下列关于消费税纳税申报的说法正确的是（　　）。

A. 卷烟批发企业的总机构与分支机构不在同一县市的，由其总机构向其所在地的主管税务机关申报缴纳消费税

B. 金银首饰经营单位进口金银首饰在报关地海关缴纳进口环节消费税

C. 生产企业总机构与分支机构不在同一县市的，由总机构向其所在地的主管税务机关申报缴纳消费税

D. 委托加工的应税消费品由委托方向其机构所在地或接受地主管税务机关申报缴纳消费税

5. （2022 年 · 单项选择题）甲企业为增值税一般纳税人，2022 年 1 月委托乙企业加工一批烟丝，甲企业提供的原材料成本为 50 万元，乙企业收取不含税加工费为 5 万元，辅助材料为 0.9 万元，本月甲企业收回委托加工的烟丝，乙企业同类烟丝不含税销售价格为 90 万元，乙企业代收代缴了消费税。甲企业将委托收回烟丝的 60%销售给丙卷烟厂，取得不含税销售额 60 万元，甲企业针对上述业务应申报缴纳消费税为（　　）万元。（烟丝消费税税率为 30%）

A. 3.63　　B. 1.80　　C. 18　　D. 0

6. （2022 年·单项选择题）关于酒类产品消费税政策，下列说法正确的是（　　）。

A. 每吨不含增值税出厂价 3 000 元（不含包装物押金）以上的啤酒为甲类啤酒

B. 配制酒按照黄酒税率征收消费税

C. 饮食业利用啤酒生产设备生产啤酒销售应当征收消费税

D. 外购已税葡萄酒连续生产葡萄酒在计算消费税时不得扣除已纳消费税税额

7. （2022 年·单项选择题）甲啤酒厂为增值税一般纳税人，2022 年 2 月从非关联方处购进啤酒液生产 M 型啤酒，M 型啤酒成本为 6 000 元/吨，当月将自产的 10 吨 M 型啤酒捐赠给当地政府举办的啤酒节，啤酒成本利润率为 10%。对甲啤酒厂上述业务税务处理正确的是（　　）。（M 型啤酒消费税税率为 250 元/吨）

A. 通过当地政府捐赠给啤酒节的啤酒，不征收增值税和消费税

B. 外购啤酒液已纳消费税可以从当期应纳消费税额中抵减

C. 应计算增值税销项税额为 8 905 元

D. 应按照组成计税价格计算缴纳消费税

8. （2021 年·单项选择题）关于委托加工应税消费品的税务处理，下列说法正确的是（　　）。

A. 受托方代收代缴消费税后，委托方收回已税消费品对外销售的，不再征收消费税

B. 纳税人委托个体工商户加工应税消费品，于委托方收回后在纳税人所在地缴纳消费税

C. 委托方提供原材料，但未提供材料成本的，由纳税人所在地主管税务机关核定其材料成本

D. 委托方提供原材料的成本是委托方购进材料时支付的全部价款和价外费用

9. （2021 年·单项选择题）甲卷烟厂为增值税一般纳税人，2021 年 1 月初库存外购烟丝不含税买价 5 万元；从小规模纳税人购进烟丝，取得增值税专用发票，注明金额为 20 万元；月末外购库存烟丝不含税买价 12 万元。本月将外购烟丝用于连续生产甲类卷烟，本月销售甲类卷烟 10 箱（标准箱），取得不含税销售额 22 万元。甲卷烟厂本月应缴纳消费税（　　）万元。（烟丝税率 30%，甲类卷烟税率 56%、150 元/箱）

A. 12.47　　B. 8.57　　C. 6.47　　D. 12.32

10. （2021 年·单项选择题改编）关于成品油生产企业的消费税政策，下列说法正确的是（　　）。

A. 在生产成品油过程中作为动力消耗的自产成品油征收消费税

B. 在生产成品油过程中作为燃料消耗的自产成品油，照章征收消费税

C. 在生产成品油过程中作为原料消耗的自产成品油免征消费税

D. 成品油消费税按从价定率的办法征税

11. （2021 年·单项选择题）A 国驻华使馆进口一辆中轻型商用客车自用，关税完税价格 30

万元，关税税率为 20%，关于进口商用客车的税务处理正确的是（　　）。（消费税税率为 5%）

A. 应缴纳车辆购置税 15. 16 万元　　B. 应缴纳进口环节消费税 4. 50 万元

C. 应缴纳进口环节消费税 5. 68 万元　　D. 应缴纳进口环节消费税 1. 89 万元

12. **（2021 年 · 单项选择题）** 下列关于已纳消费税扣除的说法正确的是（　　）。

A. 以外购高度白酒连续生产低度白酒，可以按照当期生产领用数量计算准予扣除外购白酒已纳消费税

B. 葡萄酒生产企业购进葡萄酒连续生产应税葡萄酒的，准予从应纳消费税税额中扣除所耗用的应税葡萄酒已纳消费税税款，本期消费税应纳税额不足抵扣的，余额留待下期抵扣

C. 葡萄酒生产企业购进葡萄酒连续生产应税葡萄酒的，准予从应纳消费税税额中扣除所耗用的应税葡萄酒已纳消费税税款，本期消费税应纳税额不足抵扣的，不得结转抵扣

D. 以外购高度白酒连续生产低度白酒，可以按照当期购进数量计算准予扣除外购白酒已纳消费税

13. **（2020 年 · 单项选择题）** 委托加工应税消费品，除受托方为个人外，由受托方履行的消费税扣缴义务是（　　）。

A. 代征代缴　　B. 代收代缴　　C. 代扣代缴　　D. 代售代缴

14. **（2020 年 · 单项选择题）** 下列业务不应当征收消费税的是（　　）。

A. 商业企业将外购的消费税低税率应税产品以高税率应税产品对外销售的

B. 商业企业将外购的非应税消费品以应税消费品对外销售的

C. 生产企业将自产的应税消费品用于连续生产应税消费品的

D. 生产企业将自产的应税消费品用于生产非应税消费品的

15. **（2020 年 · 单项选择题改编）** 某啤酒厂为增值税一般纳税人，2023 年 6 月销售啤酒 20 吨，取得不含税销售额 57 400 元，另收取包装物押金 3 500 元（含供重复使用的塑料周转箱押金 500 元）并单独核算。该厂当月应缴纳消费税（　　）元。

A. 4 800　　B. 5 000　　C. 4 400　　D. 4 000

16. **（2020 年 · 单项选择题改编）** 2023 年 4 月，某手表厂生产销售 A 款手表 300 只，取得不含税收入 360 万元；生产销售 B 款手表 500 只，取得不含税收入 80 万元；销售手表配件取得不含税收入 1. 20 万元。该厂本月应纳消费税（　　）万元。（高档手表消费税税率为 20%）

A. 88　　B. 72. 24　　C. 16. 24　　D. 72

17. **（2019 年 · 单项选择题）** 关于对超豪华小汽车征收消费税的规定，下列说法正确的是（　　）。

A. 征税对象是每辆零售价格 130 万元（含增值税）及以上的小汽车

B. 纳税环节是生产环节和零售环节

C. 纳税人是消费者

D. 计税价格是不含消费税的计税销售价格

18. （**2019 年 · 单项选择题改编**）2023 年 6 月，甲电池生产企业委托乙企业加工铅蓄电池，乙企业按照本企业同类铅蓄电池不含税价格 100 万元代收代缴消费税 4 万元。甲企业当月全部收回，将其中 30%对外出售，取得不含税销售额 33 万元；50%用于继续加工铅蓄电池后销售，取得不含税销售额 80 万元。甲企业当月应缴纳消费税（　　）万元。（电池消费税税率为 4%）

A. 0　　B. 2.52　　C. 1.20　　D. 3.32

19. （**2018 年 · 单项选择题**）下列商品中，属于消费税征收范围的是（　　）。

A. 空调机　　B. 电视机　　C. 锂原电池　　D. 汽车轮胎

20. （**2023 年 · 多项选择题**）甲白酒生产企业委托乙销售公司包销本企业生产的白酒（甲、乙均为一般纳税人），税务机关核定甲企业白酒的消费税最低计税价格为 20 万元/吨；2023 年 3 月甲企业向乙公司销售自产白酒，开具增值税专用发票注明数量 1 000 箱，不含税销售额为 66 万元，乙公司将其全部销售，不含税销售额为 100 万元。关于上述业务的税务处理，下列说法正确的有（　　）。（每箱白酒 6 瓶，每瓶白酒 500 克）

A. 甲企业消费税计税销售额为 60 万元

B. 乙企业增值税销项税额为 13 万元

C. 甲企业应纳消费税 12.3 万元

D. 甲企业应纳增值税 8.58 万元

E. 甲企业应纳消费税 13.5 万元

21. （**2022 年 · 多项选择题**）关于消费税纳税环节，下列说法正确的有（　　）。

A. 汽车 4S 店进口超豪华小汽车在进口环节缴纳消费税后，在零售环节加征消费税

B. 自产应税消费品用于管理部门，于移送使用环节缴纳消费税

C. 委托企业加工应税消费品，由委托方收回后销售时缴纳消费税

D. 卷烟批发企业之间批发销售的卷烟，于批发环节缴纳消费税

E. 进口高档化妆品，由报关进口者在报关进口环节缴纳消费税

22. （**2022 年 · 多项选择题**）关于珠宝首饰零售环节的纳税义务，下列说法正确的有（　　）。

A. 进口金银首饰应在进口环节缴纳消费税

B. 进口金银首饰应在进口环节缴纳增值税

C. 销售钻石首饰应缴纳增值税和消费税

D. 销售珍珠首饰应缴纳增值税和消费税

E. 销售铂金首饰应缴纳增值税和消费税

23. （2021 年 · 多项选择题）下列关于消费税的处理，说法正确的有（　　）。

A. 经营单位进口金银首饰无须缴纳进口环节消费税

B. 珠宝商销售金银首饰及珠宝首饰，不能分别核算的，一律按销售金银首饰计算缴纳零售环节消费税

C. 卷烟批发企业销售卷烟，不分销售对象，均应汇总按 11%的比例税率和 0.005 元/支的定额税率计算缴纳消费税

D. 生产企业将超豪华小汽车直接销售给消费者，仅缴纳生产环节的消费税

E. 五金批发企业购进大包装电池改成小包装电池销售，应计算缴纳消费税

24. （2018 年 · 多项选择题）关于委托加工应税消费品的消费税处理，下列说法正确的有（　　）。

A. 委托加工消费税纳税地点（除个人外）是委托方所在地

B. 受托方提供原材料生产应税消费品，不属于委托加工应税消费品

C. 委托加工应税消费品的消费税纳税人是受托方

D. 受托方没有代收代缴消费税款，委托方应补缴税款，受托方不再补税

E. 受托方已代收代缴消费税的应税消费品，委托方收回后以高于受托方计税价格出售的，应申报缴纳消费税

25. （2017 年 · 多项选择题）下列消费品的生产经营环节中，既征收增值税又征收消费税的有（　　）。

A. 高档手表的生产销售环节　　B. 超豪华小汽车的零售环节

C. 珍珠饰品的零售环节　　D. 鞭炮、焰火的批发环节

E. 卷烟的零售环节

26. （2017 年 · 多项选择题）下列消费品中，属于消费税征收范围的有（　　）。

A. 雪茄烟　　B. 汽车轮胎

C. 卫星通讯车　　D. 不含增值税价格在 1 万元及以上的手表

E. 不含增值税价格在 10 元/毫升（克）或 15 元/片及以上的化妆品

27. （2017 年 · 多项选择题改编）关于酒类消费税的计税依据，下列说法正确的有（　　）。

A. 白酒消费税实行最低计税价格核定征收办法

B. 白酒生产企业未按规定上报销售单位销售价格的，主管税务机关应按白酒生产企业最高计税价格征收消费税

C. 白酒生产企业收取品牌使用费应并入计税依据

D. 白酒的计税价格由省、自治区和直辖市税务局核定

E. 白酒包装物押金在收取时计入计税销售额

28. （2017 年 · 多项选择题）下列情形中，可以扣除外购应税消费品已纳消费税的有（　　）。

A. 以已税烟丝生产的卷烟

B. 以已税白酒为原料生产的白酒

C. 以已税杆头为原料生产的高尔夫球杆

D. 以已税珠宝玉石生产的贵重珠宝首饰

E. 以已税实木地板为原料生产的实木地板

29. （2018 年 · 计算题改编）某金店（增值税一般纳税人）2023 年 3 月发生如下业务：

业务一：1—24 日，零售纯金首饰取得含税销售额 1 200 000 元，零售玉石首饰取得含税销售额 1 170 000 元。

业务二：25 日，采取以旧换新方式零售 A 款纯金首饰，实际收取价款 560 000 元，同款新纯金首饰零售价为 780 000 元。

业务三：27 日，接受消费者委托加工 B 款金项链 20 条，收取含税加工费 5 850 元，无同类金项链销售价格。委托方提供的黄金原材料成本 30 000 元，当月加工完成并交付委托人。

业务四：30 日，将新设计的 C 款金项链发放给优秀员工作为奖励。该批金项链耗用黄金 500 克，不含税购进价格 270 元/克，无同类首饰售价。

已知：贵重首饰及珠宝玉石成本利润率 6%，金银首饰消费税税率 5%，其他贵重首饰和珠宝玉石消费税税率 10%。

根据上述资料，回答下列问题：

（1）业务一应纳消费税（　　）元。

A. 53 097.35　　B. 100 000　　C. 101 282.05　　D. 202 564.10

（2）业务二应纳消费税（　　）元。

A. 9 401.71　　B. 24 778.76　　C. 28 000　　D. 33 333.33

（3）业务三应纳消费税（　　）元。

A. 250　　B. 1 750　　C. 1 851.42　　D. 1 886.84

（4）业务四应纳消费税（　　）元。

A. 0　　B. 6 750　　C. 7 150　　D. 7 531.58

30. （2023 年 · 综合分析题）位于市区的甲汽车制造厂经营汽车生产销售业务，乙公司为其全资销售子公司，2023 年 3 月甲厂和乙公司的经营业务如下：

（1）甲厂向乙公司销售 A 型小轿车 200 辆，每辆不含税售价为 120 万元。

（2）甲厂向本地汽车 4S 店销售 A 型小轿车 2 000 辆，每辆不含税售价为 132 万元；销售 B 型小轿车 3 000 辆，每辆不含税售价为 26 万元；甲厂向消费者直接销售 A 型小轿车 300 辆，每辆含税售价为 158. 2 万元。

（3）甲厂以 10 辆 A 型小轿车作价 1 200 万元（不含税）向丙汽车 4S 店出资，丙汽车 4S 店取得投资后当月全部出售。甲厂 A 型小轿车的每辆平均不含税售价为 132 万元，最高不含税售价为 140 万元。

（4）乙公司当月向汽车 4S 店销售 A 型小轿车 160 辆，每辆不含税售价为 140 万元；直接向消费者销售 A 型小轿车 400 辆，每辆含税售价为 158. 2 万元。

（5）乙公司以从甲厂购入的 6 辆 B 型小轿车抵偿拖欠某企业的场地租金，B 型小轿车平均含税售价为 33. 9 万元/辆，最高含税售价为 37. 29 万元/辆。

（6）甲厂转让一幢综合楼，取得不含税转让收入 3 200 万元，已按规定缴纳转让环节的有关税金。该综合楼于 2017 年 7 月 1 日购置，取得的购房发票上注明价款为 2 000 万元、增值税为 220 万元，进项税额已按规定申报扣除；契税完税凭证上注明已纳契税 60 万元。计算土地增值税时，该综合楼无评估价格。

已知：甲、乙均为增值税一般纳税人；A、B 型轿车消费税率分别为 25%和 5%；转让综合楼计算缴纳土地增值税时不考虑印花税和地方教育附加。

根据上述资料，回答下列问题：

（1）关于消费税和土地增值税的表述中，下列说法正确的有（　　）。

A. 甲厂生产销售超豪华小轿车，应按照生产销售环节和零售环节的消费税税率加总计算消费税

B. 根据业务（1）甲厂不缴纳消费税，乙公司应缴纳消费税

C. 零售环节加征消费税包括不含增值税价款在 130 万元及以上的乘用车和中轻型商用车

D. 甲厂转让综合楼，增值额不超过各项扣除项目金额之和 20%（含 20%），免征土地增值税

E. 甲厂转让综合楼，自购买年度起至转让年度至每年加计 5%扣除

（2）根据业务（3），甲厂应缴纳的消费税为（　　）万元。

A. 490　　B. 350　　C. 300　　D. 330

（3）甲厂销售超豪华小轿车，在零售环节应该加征的消费税为（　　）万元。

A. 4 200　　B. 4 340　　C. 14 700　　D. 15 190

（4）甲厂当月应缴纳的消费税为（　　）万元。

A. 90 950　　B. 84 930　　C. 91 090　　D. 14 450

（5）乙公司当月应缴纳的消费税为（　　）万元。

A. 1 849. 90　　B. 1 849　　C. 5 609. 90　　D. 5 600

（6）甲厂当月应缴纳土地增值税（　　）万元。

A. 182. 16　　B. 66. 36　　C. 159. 96　　D. 146. 16

31.（2020年·综合分析题改编）甲卷烟厂为增值税一般纳税人，主要生产销售A牌卷烟，2023年1月发生如下经营业务：

业务一：向农业生产者收购烟叶，支付收购价款360万元，另支付10%价外补贴，按规定缴纳了烟叶税，开具合法的农产品收购凭证。另支付运费，取得运输公司（小规模纳税人）开具的增值税专用发票，注明运费5万元。

业务二：将收购的烟叶全部运往位于县城的乙企业加工烟丝，取得增值税专用发票，注明加工费40万元、代垫辅料10万元，本月收回全部委托加工的烟丝，乙企业无同类烟丝的售价并已代收代缴相关税费。

业务三：以委托加工收回的烟丝80%生产A牌卷烟1 400箱。本月销售A牌卷烟给丙卷烟批发企业500箱，取得不含税收入1 200万元，由于货款收回及时给予丙企业2%的折扣。

业务四：将委托加工收回的烟丝剩余的20%对外出售，取得不含税收入150万元。

业务五：购入客车1辆，用于接送职工上下班，取得机动车销售统一发票注明税额2.60万元；购进经营用的运输卡车1辆，取得机动车销售统一发票注明税额3.90万元。

已知：A牌卷烟消费税比例税率为56%、定额税率为150元/箱，烟丝消费税比例税率为30%，相关票据已在当月勾选抵扣或计算扣除进项税额。

根据上述资料，回答下列问题：

（1）业务一甲厂应缴纳烟叶税（　　）万元。

A. 36　　B. 72　　C. 79.20　　D. 43.20

（2）业务二乙企业应代收代缴消费税（　　）万元。

A. 227.23　　B. 177.86　　C. 206.86　　D. 162.43

（3）业务三甲厂应纳消费税（　　）万元。

A. 666.06　　B. 679.50　　C. 500.57　　D. 514.01

（4）业务四甲厂应纳消费税（　　）万元。

A. 3.63　　B. 9.43　　C. 0　　D. 45

（5）业务二和业务五可以抵扣进项税额合计（　　）万元。

A. 10.40　　B. 11.50　　C. 8.90　　D. 13

（6）甲厂本月应缴纳增值税（　　）万元。

A. 117.43　　B. 111.73　　C. 122.33　　D. 114.83

参考答案及解析

1.【答案】C

【解析】本题考查已纳消费税的扣除。

①进口货物保险费无法确定，海关应按照“货价加运费”总额的3‰计算保险费；葡萄酒属于其他酒类，消费税税率为10%。进口葡萄酒征收的消费税=(100+10)×(1+3‰)×(1+14%)÷(1−10%)×10%=13.98（万元）。②外购、进口应税消费品和委托加工收回的应税消费品连续生产应税消费品销售的，应按当期生产领用数量计算准予扣除的已纳消费税税款。该企业本月应缴纳的消费税=600×10%−13.98×80%=48.82（万元），选项C正确。

2.【答案】B

【解析】本题考查批发、零售环节应纳消费税的计算。

其他贵重首饰和珠宝玉石在生产、委托加工、进口环节缴纳消费税。因此，销售珍珠首饰取得的销售收入22.6万元，在零售环节无需缴纳消费税。该商店应缴纳的消费税=40.68÷(1+13%)×5%+29.38÷(1+13%)×5%=3.1（万元）。

3.【答案】C

【解析】本题考查自产自用应税消费品应纳税额的计算。

选项A，将委托加工收回的应税消费品用于连续生产应税消费品，不缴纳消费税。选项B，将新研制的小汽车用于碰撞试验属于将应税消费品用于生产环节，在移送时不缴纳消费税。选项D，卷烟厂将烟丝用于连续生产卷烟，不缴纳消费税。

4.【答案】A

【解析】本题考查消费税的征收管理。

选项B错误，金银首饰在零售环节纳税，进口金银首饰不缴纳消费税。选项C错误，纳税人的总机构与分支机构不在同一县（市）的，应当分别向各自机构所在地的主管税务机关申报纳税；经批准，可以由总机构汇总向总机构所在地的主管税务机关申报纳税（卷烟批发企业除外）。选项D错误，委托加工的应税消费品，除受托方为个人外，由受托方向机构所在地或者居住地的主管税务机关申报纳税。

5.【答案】B

【解析】本题考查已纳消费税的扣除。

委托方以高于受托方的计税价格出售，在销售计税时准予扣除受托方已代收代缴的消费税，烟丝消费税税率为30%。甲企业应缴纳的消费税=60×30%−90×60%×30%=1.8（万元），选项B正确。

6.【答案】C

【解析】本题考查消费税税目与税率。

选项 A 错误，每吨不含增值税出厂价为 3 000 元（含包装物及包装物押金）以上的啤酒为甲类啤酒。选项 B 错误，以蒸馏酒或食用酒精为酒基，具有国食健字或卫食健字文号且酒精度低于 38 度（含），按“其他酒”10%税率征收消费税。以发酵酒为酒基，酒精度低于 20 度（含）的配制酒，按“其他酒”10%税率征收消费税。其他配制酒，按白酒税率征收消费税。选项 D 错误，纳税人从葡萄酒生产企业购进、进口葡萄酒连续生产应税葡萄酒的，准予从葡萄酒消费税应纳税额中扣除所耗用应税葡萄酒已纳消费税税款。

7.【答案】C

【解析】本题考查已纳消费税的扣除。

选项 A 错误，企业将购进的啤酒生产 M 型啤酒用于捐赠，应视同销售缴纳增值税、消费税。选项 B 错误，啤酒生产集团内部企业间用啤酒液连续灌装生产的啤酒，其外购啤酒液已纳的消费税额，可以从其当期应纳消费税额中抵减。选项 C 正确，通过当地政府捐赠给啤酒节的啤酒应计算的增值税销项税额＝[6 000×(1+10%)×10+10×250]×13%＝8 905（元）。选项 D 错误，啤酒从量计征消费税，计税依据与组成计税价格无关。

8.【答案】B

【解析】本题考查委托加工应税消费品应纳税额的计算。

受托方代收代缴消费税后，委托方收回已税消费品以不高于受托方的计税价格出售的，不再征收消费税，但以高于受托方的计税价格出售的，则应按规定申报缴纳消费税，在计税时准予扣除受托方已代收代缴的消费税，选项 A 错误。

委托加工应税消费品的纳税人，必须在委托加工合同上如实注明（或以其他方式提供）材料成本，凡未提供材料成本的，受托方主管税务机关有权核定其材料成本，选项 C 错误。

根据《消费税暂行条例实施细则》的规定，材料成本是指委托方所提供加工材料的实际成本，选项 D 错误。

9.【答案】B

【解析】本题考查已纳消费税扣除的计算。

将外购的烟丝用于连续生产卷烟，允许按生产领用数量计算准予扣除的外购应税消费品已纳消费税。准予抵扣的消费税＝(5+20−12)×30%＝3.90（万元），甲卷烟厂应缴纳消费税＝22×56%+10×150÷10 000−3.90＝8.57（万元）。

因此，选项 B 正确。

10.【答案】C

【解析】本题考查成品油的消费税政策。

对成品油生产企业在生产成品油过程中，作为燃料、动力及原料消耗的自产成品油，免征消费税，选项 A、B 错误。根据《消费税暂行条例实施细则》的规定，成品油实行从量定额办法计算应纳税额，选项 D 错误。

11. **【答案】**D

【解析】本题考查进口环节消费税和车辆购置税的计算。

依照法律规定应当予以免税的外国驻华使馆、领事馆和国际组织驻华机构及其有关人员自用车辆免征车辆购置税，选项 A 错误。

用组成计税价格计算本题中的消费税。

应缴纳的进口环节消费税=30×(1+20%)÷(1-5%)×5%=1.89（万元）

因此，选项 B、C 错误，选项 D 正确。

12. **【答案】**B

【解析】本题考查已纳消费税扣除的范围。

对外购、进口应税消费品和委托加工收回的应税消费品连续生产应税消费品销售的，计算征收消费税时，应按当期生产领用数量计算准予扣除的应税消费品已纳的消费税税款。

在“外购应税消费品已纳税款扣除范围”中不包括外购已税白酒生产白酒的情形，选项 A、D 错误。

纳税人从葡萄酒生产企业购进、进口葡萄酒连续生产应税葡萄酒的，准予从葡萄酒消费税应纳税额中扣除所耗用应税葡萄酒已纳消费税税款，如本期消费税应纳税额不足抵扣的，余额留待下期抵扣，选项 C 错误。

13. **【答案】**B

【解析】本题考查消费税纳税人。

委托加工应税消费品，委托方为消费税纳税人，受托方（除个人外）是代收代缴义务人，由受托方在向委托方交货时代收代缴消费税，选项 B 正确。

14. **【答案】**C

【解析】本题考查消费税征税范围。

工业企业以外的单位和个人，将外购的消费税低税率应税产品以高税率应税产品对外销售的，视为应税消费品的生产行为，按规定征收消费税，选项 A 错误。工业企业以外的单位和个人，将外购的非应税消费品以应税消费品对外销售的，视为应税消费品的生产行为，按规定征收消费税，选项 B 错误。纳税人自产自用的应税消费品，用于连续生产应税消费品的，不纳税，选项 C 正确。纳税人将自产的应税消费品用于生产非应税消费品的，于移送使用时纳税，选项 D 错误。

15. **【答案】**B

【解析】本题考查消费税应纳税额的计算。

本题解题步骤如下：

第一步：判断征税范围与纳税环节。

啤酒属于消费税征税范围，本题中，啤酒厂销售啤酒，应当征收消费税。

第二步：确定计税依据。

啤酒实行从量定额办法计征消费税，受销售数量和单位税额两个因素影响。每吨不含增值税出厂价（含包装物及包装物押金）3 000 元及以上的啤酒为甲类啤酒，每吨不含增值税出厂价（含包装物及包装物押金）3 000 元以下的啤酒为乙类啤酒。其中包装物押金不包括重复使用的塑料周转箱的押金。

在本题中，啤酒不含税出厂价=[57 400+(3 500−500)÷(1+13%)]÷20=3 002.74（元），大于3 000 元，属于甲类啤酒。

计税依据为应税消费品的销售数量，即销售的甲类啤酒 20 吨。

第三步：计算应纳税额。

甲类啤酒适用税率为 250 元/吨。

应纳税额=销售数量×定额税率=20×250=5 000（元）

因此，选项 B 正确。

16. **【答案】** D

【解析】 本题考查消费税应纳税额的计算。

本题解题步骤如下：

第一步：判断征税范围与纳税环节。

属于消费税征收范围的高档手表，是指不含税销售价格每只在 10 000 元（含）以上的各类手表。A 款手表单价=360÷300=1.20（万元），属于高档手表，征收消费税；B 款手表单价=80÷500=0.16（万元），不属于高档手表，不征收消费税；销售手表配件不属于消费税征税范围，不征收消费税。

第二步：确定计税依据。

高档手表实行从价定率办法计征消费税，计税依据为不含税销售额，即 360 万元。

第三步：计算应纳税额。

应纳税额=销售额×比例税率=360×20%=72（万元）

因此，选项 D 正确。

17. **【答案】** B

【解析】 本题考查消费税税目与纳税环节。

属于消费税税目的超豪华小汽车，为每辆零售价格 130 万元（不含增值税）及以上的乘用车和中轻型商用客车，选项 A 错误。对超豪华小汽车在生产（进口）环节按现行税率征收消费税的基础上，在零售环节加征消费税，选项 B 正确。超豪华小汽车的纳税人为销售方，消费者不是消费税的纳税人，选项 C 错误。超豪华小汽车是以含消费税而不含增值税的销售额作为计税依据，选项 D 错误。

18. 【答案】D

【解析】本题考查已纳消费税的扣除。

本题解题步骤如下：

第一步：确定扣除范围及应纳税额。

铅蓄电池为应税消费品，甲电池生产企业需要在生产销售环节缴纳消费税。而委托方收回后以不高于受托方的计税价格出售的，不再征收消费税；以高于受托方的计税价格出售的，需要按照规定申报缴纳消费税，在计税时准予扣除受托方已代收代缴的消费税。

在本题中，甲电池生产企业出售 30%部分的销售额 33 万元与出售 50%部分的销售额 80 万元，均高于受托方对应部分的计税价格 30 万元（100×30%）与 50 万元（100×50%），需要按规定计算缴纳消费税。应纳消费税＝(33+80)×4%＝4.52（万元）。

第二步：确定准予扣除的已纳税额。

根据甲电池生产企业的销售比例，确定受托方代收代缴的消费税中准予扣除的部分，即 4×30%＝1.20（万元）。

第三步：计算当期实际应纳消费税税额。

本题中，甲电池生产企业当月应缴纳消费税＝4.52－1.20＝3.32（万元）。

因此，选项 D 正确。

19. 【答案】C

【解析】本题考查消费税税目。

空调机、电视机、汽车轮胎均不属于消费税的征税范围，选项 A、B、D 错误。锂原电池属于消费税中的“电池”税目，选项 C 正确。

20. 【答案】BDE

【解析】本题考查消费税的计税依据。

选项 A 错误，甲企业销售白酒的不含税价格为 22 万元/吨，消费税计税价格高于税务机关核定的最低计税价格 20 万元/吨，按生产企业的销售价格 66 万元为消费税计税依据。选项 B 正确，乙公司销项税额＝100×13%＝13（万元）。甲企业应纳消费税＝66×20%＋1 000×6×0.5÷10 000＝13.5（万元），选项 C 错误，选项 E 正确。甲企业应纳增值税＝66×13%＝8.58（万元），选项 D 正确。

21. 【答案】ABE

【解析】本题考查消费税的纳税环节。

选项 C 错误，委托加工应税消费品，除受托方为个人外，由受托方在向委托方交货时代收代缴税款。选项 D 错误，卷烟批发企业之间销售卷烟不征收消费税。

22.【答案】BCE

【解析】本题考查贵重首饰及珠宝玉石的征税环节。

选项 A 错误，金银首饰在零售环节征收消费税，进口环节只缴纳增值税。选项 D 错误，零售环节征收消费税的金银首饰范围仅限于：金、银和金基、银基合金首饰以及金、银和金基、银基合金的镶嵌首饰，不包含珍珠首饰。

23.【答案】ABE

【解析】本题考查消费税税目与纳税环节。

卷烟批发企业之间销售的卷烟不缴纳消费税，选项 C 错误。

生产者将超豪华小汽车直接销售给消费者，应该征收生产环节和零售环节的消费税，选项 D 错误。

24.【答案】BDE

【解析】本题考查消费税征收管理等。

委托加工的应税消费品，受托方为非个人的，纳税地点为受托方机构所在地或者居住地，选项 A 错误。委托加工应税消费品业务中，委托方为纳税人，选项 C 错误。

25.【答案】AB

【解析】本题考查消费税税目与纳税环节等。

五个选项中的销售行为，都属于增值税销售货物的范围，应当征收增值税。五个选项中的商品均属于应税消费品，但是否要缴纳消费税，还要根据纳税环节来判断。高档手表的生产销售环节，应当征收消费税，选项 A 正确。超豪华小汽车的零售环节，应当征收消费税，选项 B 正确。珍珠饰品的零售环节，不征收消费税，选项 C 错误。鞭炮、焰火的批发环节不征收消费税，选项 D 错误。卷烟的零售环节不征收消费税，选项 E 错误。

26.【答案】ADE

【解析】本题考查消费税税目。

汽车轮胎和卫星通讯车不属于消费税的征税范围，选项 B、C 错误。

27.【答案】ACDE

【解析】本题考查消费税计税依据。

白酒生产企业未按规定上报销售单位销售价格的，主管税务局应按销售单位销售价格征收消费税，选项 B 错误。

28.【答案】ACDE

【解析】本题考查已纳消费税的扣除。

外购应税消费品已纳税款的扣除范围，不包括用已税白酒为原料生产的白酒，选项 B 错误。

29. (1)【答案】A

【解析】本题考查消费税应纳税额的计算。

本题解题步骤如下：

第一步：判断征税范围与纳税环节。

纯金首饰、玉石首饰均属于消费税征税范围，纯金首饰应当在零售环节征税，而玉石首饰在零售环节不征收消费税。

第二步：确定计税依据。

应税消费品以含消费税而不含增值税的销售额作为计税依据。

计税依据 = 1 200 000÷(1+13%) = 1 061 946.90（元）

第三步：计算应纳税额。

该业务应纳税额 = 销售额×比例税率 = 1 061 946.90×5% = 53 097.35（元）

因此，选项 A 正确。

(2)【答案】B

【解析】本题考查消费税应纳税额的计算。

本题解题步骤如下：

第一步：判断征税范围与纳税环节。

本题中，以旧换新的纯金首饰应当在零售环节征收消费税。

第二步：确定计税依据。

纳税人采取以旧换新方式销售的金银首饰，应按实际收取的不含增值税的全部价款确定计税依据征收消费税。

计税依据 = 560 000÷(1+13%) = 495 575.22（元）

第三步：计算应纳税额。

该业务应纳税额 = 销售额×比例税率 = 495 575.22×5% = 24 778.76（元）

因此，选项 B 正确。

(3)【答案】C

【解析】本题考查消费税应纳税额的计算。

本题解题步骤如下：

第一步：判断征税范围与纳税环节。

接受委托加工应税消费品，受托方应当代收代缴消费税。

第二步：确定计税依据。

委托加工应税消费品，受托方没有同类消费品销售价格的，按组成计税价格计税。

组成计税价格=(材料成本+加工费)÷(1-消费税税率)

=[30 000+5 850÷(1+13%)]÷(1-5%)

=37 028.41（元）

第三步：计算应纳税额。

该业务应纳税额=组成计税价格×比例税率=37 028.41×5%=1 851.42（元）

因此，选项C正确。

(4)【答案】D

【解析】本题考查消费税应纳税额的计算。

本题解题步骤如下：

第一步：判断征税范围与纳税环节。

纳税人自产应税消费品用于奖励员工，应当视同对外销售，缴纳消费税。

第二步：确定计税依据。

自产自用应税消费品，纳税人没有同类消费品销售价格的，按组成计税价格计税。

组成计税价格=成本×(1+成本利润率)÷(1-消费税比例税率)

=500×270×(1+6%)÷(1-5%)

=150 631.58（元）

第三步：计算应纳税额。

该业务应纳税额=组成计税价格×比例税率=150 631.58×5%=7 531.58（元）

因此，选项D正确。

30.(1)【答案】ACE

【解析】本题考查消费税的纳税环节和土地增值税的税收优惠。

选项B错误，甲厂作为生产企业，在生产销售环节应缴纳消费税。选项D错误，甲厂转让综合楼，不属于“纳税人转让普通标准住宅，转让旧房作为安置住房、公租房且增值额未超过扣除项目金额之和20%”的情形，不免征土地增值税。

(2)【答案】B

【解析】本题考查自产自用应税消费品应纳税额的计算。

自产应税消费品用于换取生产资料或消费资料、投资入股、抵偿债务，按同类最高价格计算缴纳消费税，甲厂应缴纳消费税=140×10×25%=350（万元）。

(3)【答案】A

【解析】本题考查超豪华小汽车零售环节征收消费税的规定。

甲厂向消费者直接销售A型小轿车300辆，每辆轿车不含税价为140万元［158.2÷（1+13%）］>130万元，需要在零售环节加征消费税。甲厂应加征纳消费税=158.2×300÷（1+13%）×

10%=4 200（万元）。

（4）【答案】A

【解析】本题考查消费税应纳税额的计算。

业务（1）应缴纳消费税=120×200×25%=6 000（万元）；业务（2）应缴纳消费税=132×2 000×25%+26×3 000×5%+158.2×300÷（1+13%）×（25%+10%）=84 600（万元）；业务（3）应缴纳消费税=140×10×25%=350（万元）；甲厂当月应缴纳消费税=6 000+84 600+350=90 950（万元），选项A正确。

（5）【答案】D

【解析】本题考查超豪华小汽车零售环节征收消费税的规定。

乙公司非生产企业，只需在零售环节缴纳超豪华小汽车的消费税。乙公司应缴纳消费税=158.2×400÷（1+13%）×10%=5 600（万元）。

（6）【答案】C

【解析】本题考查土地增值税应纳税额的计算。

转让旧房及建筑物不能取得评估价格，但能提供购房发票的，取得的土地使用权所支付的金额、旧房及建筑物的评估价格，可按发票所载金额并从购买年度起至转让年度止每年加计5%计算扣除；凡能提供契税完税凭证的，契税准予作为“与转让房地产有关的税金”予以扣除，但不能作为加计5%的基数。

扣除项目=2 000×（1+6×5%）+（3 200×9%−220）×（7%+3%）+60=2 666.8（万元）

增值额=3 200−2 666.8=533.2（万元）

增值率=533.2÷2 666.8=20%，适用税率30%，速算扣除系数0%。甲厂应缴纳的土地增值税=533.2×30%=159.96（万元）。

31.（1）【答案】C

【解析】本题考查烟叶税应纳税额的计算。

本题解题步骤如下：

第一步：确定计税依据。

烟叶税的计税依据是收购烟叶实际支付的价款总额，包括纳税人支付给烟叶生产销售单位和个人的烟叶收购价款和价外补贴，而价外补贴按烟叶收购价款的10%计算。

实际支付的价款总额=收购价款×(1+10%)=360×(1+10%)=396（万元）

第二步：计算应纳税额。

烟叶税的税率属于固定的比例税率，为20%。

烟叶税应纳税额=396×20%=79.20（万元）

因此，选项C正确。

（2）【答案】C

【解析】本题考查委托加工应税消费品应纳税额的计算。

烟叶属于农产品，从农业生产者手中购进农产品时，会根据农产品收购凭证上的买价计算抵扣增值税进项税额。将购入的农产品用于生产加工13%税率商品时，按照材料成本的10%计算进项税额，剩余的90%计入烟叶材料成本。而烟叶的成本除了应当考虑收购价款、实际支付的价外补贴、烟叶税税款外，还应当包括为取得烟叶所支付的运费。因此，烟叶的材料成本=[360×(1+10%)+79.20]×(1-10%)+5=432.68（万元）。

受托方没有同类消费品销售价格的，按组成计税价格计税，组成计税价格=(材料成本+加工费)÷(1-比例税率)=(432.68+40+10)÷(1-30%)=689.54（万元），应纳税额=组成计税价格×比例税率=689.54×30%=206.86（万元）。

因此，选项C正确。

（3）【答案】D

【解析】本题考查委托加工应税消费品应纳税额的计算。

本题解题步骤如下：

第一步：确定扣除范围及应纳税额。

卷烟为应税消费品，在出厂销售环节需要纳税，其计税依据为1 200万元、500箱。

应纳消费税=1 200×56%+500×150÷10 000=679.50（万元）

第二步：确定准予扣除的已纳税额。

以委托加工收回的烟丝为原料生产卷烟的，可以按当期生产领用数量计算准予扣除的消费税税款。当期准予扣除的委托加工应税消费品已纳税款=206.86×80%=165.49（万元）。

第三步：计算当期实际应纳消费税税额。

本题中，甲厂应纳消费税=679.50-165.49=514.01（万元）。

因此，选项D正确。

（4）【答案】A

【解析】本题考查委托加工应税消费品应纳税额的计算。

委托方以高于受托方的计税价格出售的，需按照规定申报缴纳消费税，在计税时准予扣除受托方已代收代缴的消费税。

受托方代收代缴消费税时，计税依据为689.54万元，对应20%部分价值为137.91万元，而委托方以150万元出售，属于以高于受托方的计税价格销售，应当征收消费税。应纳消费税=150×30%-137.91×30%=3.63（万元）。

因此，选项A正确。

(5)【答案】A

【解析】本题考查准予从销项税额中抵扣的进项税额。

在业务二中，甲厂支付加工费 40 万元、代垫辅料 10 万元，取得增值税专用发票，可以作为进项税额抵扣，可以抵扣的进项税额=(40+10)×13%=6.50（万元）。

在业务五中，购入客车用于接送职工上下班，属于将购进固定资产专用于集体福利，其进项税额不得抵扣。购入经营用运输卡车，取得机动车销售统一发票注明税额 3.90 万元，可作为进项税额抵扣。

两项业务合计可以抵扣的进项税额=6.50+3.90=10.40（万元）

因此，选项 A 正确。

(6)【答案】A

【解析】本题考查增值税应纳税额的计算。

取得运输公司（小规模纳税人）开具的增值税专用发票，可根据注明的运费金额按 3%征收率抵扣进项税额。提前收回货款给予的 2%折扣，并不影响应纳税额的计算。

甲厂本月销项税额=(1 200+150)×13%=175.50（万元）

甲厂本月进项税额=(396+79.20)×10%+5×3%+10.40=58.07（万元）

甲厂本月应缴纳增值税=175.50−58.07=117.43（万元）

因此，选项 A 正确。

第四章　城市维护建设税

本章考情 Q&A

Q：本章的重要性如何？

A：本章属于非重点章节，在近 5 年考试中的平均分值约 4 分。城市维护建设税是增值税与消费税（以下简称“两税”）的附加税费，学习时应注意其与“两税”的联系。

Q：本章的学习难度如何？

A：本章的学习难度不大，复习起来较为简单，但在计算城市维护建设税及之后的教育费附加、地方教育附加时，要结合“两税”的知识。考生在学习本章时，应同时掌握城市维护建设税、教育费附加及地方教育附加的计税依据、应纳税额的计算及征收管理。

Q：本章在考试中通常以什么形式考查？

A：本章通常以单项选择题和多项选择题的形式考查，但在综合分析题中也可能作为其中一问考查。

Q：2024 年本章内容有变动吗？

A：本章内容变化较大，主要变化如下：

1. 新增

经营性文化事业单位转制的优惠政策。

2. 调整

（1）将“教育费附加、地方教育附加”移至“第十一章　非税收入”；

（2）调整增值税小规模纳税人、小型微利企业和个体工商户减半征收城市维护建设税政策；

（3）调整退役士兵创业就业、重点群体创业就业的税收优惠政策。

3. 删除

“税款专款专用”的特点。

Q：本章主要考点近年分布如何？

A：以下用星标方式展示本章主要考点的学习难度、考题难度、考查频率。

考点	学习难度	考题难度	考查频率
城市维护建设税的特点	★	★	★
城市维护建设税的计税依据	★	★	★
城市维护建设税应纳税额的计算	★	★	★

经 典 例 题

考点一　城市维护建设税的特点

【例题·2019 年·单项选择题】关于城市维护建设税的特点，下列说法错误的是（　　）。

A. 征收范围较广

B. 属于一种附加税

C. 根据城镇规模设计税率

D. 税款专款专用

【答案】D

【解析】本题考查城市维护建设税的特点。

城市维护建设税与其他税种相比较，具有以下特点：① 征收范围较广（选项 A 说法正确）；② 属于附加税（选项 B 说法正确）；③ 根据城镇规模设计税率（选项 C 说法正确）。

私教点拨

对城市维护建设税的**特点**，可以理解记忆，具体如下。

（1）属于附加税。没有独立的征税对象，随“两税”征收而征收。

（2）根据城镇规模设计税率。城镇规模越大，所需要的建设和维护资金越多，与之相适应的城市维护建设税税率就越高；反之，越低。

（3）征收范围较广。因为“两税”的征收范围较广，所以相应的城市维护建设税征收范围也较广。

对于城市维护建设税的基本规定，可以比照其特点进行记忆，具体如下。

（1）纳税人：在境内缴纳“两税”的单位和个人。

（2）征税范围：征税范围较广，具体包括城市市区、县城、建制镇，以及税法规定征收“两税”的其他地区。

（3）税率：纳税人所在地为市区的，税率为 7%；纳税人所在地为县城、镇的，税率为 5%；纳税人所在地不在市区、县城或者镇的，税率为 1%。

考点二　城市维护建设税的计税依据

【例题·2020 年·单项选择题】下列各项中，应计入城市维护建设税计税依据的是（　　）。

A. 纳税人被税务机关查补的消费税税款

B. 纳税人因欠缴税款被加收的滞纳金

C. 退还的增值税期末留抵税额

D. 纳税人因欠缴税款被处以的罚款

【答案】A

【解析】本题考查城市维护建设税的计税依据。

城市维护建设税的计税依据是纳税人实际缴纳的“两税”税额，包括被税务机关查补的增值税、消费税（选项A正确），不包括加收的滞纳金和罚款（选项B、D错误）。对实行增值税期末留抵退税的纳税人，其退还的增值税期末留抵税额应在计税依据中扣除，选项C错误。

私教点拨

考生应当准确辨析城市维护建设税的计税依据，区分应计入计税依据的项目与不得计入计税依据的项目，见表4－1。

表4－1　城市维护建设税计税依据的辨析

计入计税依据	不计入计税依据
实际缴纳的“两税”税额	对“两税”加收的滞纳金和罚款
被税务机关查补的“两税”税额	（1）直接减免的“两税”税额； （2）期末留底退税退还的增值税
当期免抵的增值税	（1）海关对进口产品代征的“两税”税额； （2）境外单位和个人向境内销售劳务、服务、无形资产缴纳的“两税”税额

需要注意的是，城市维护建设税属于附加税，是“两税”的附加。因此，纳税人实缴、补缴“两税”时，需要缴纳城市维护建设税；受托方代收、代扣“两税”时，城市维护建设税也要就地代缴；“两税”减免时，相应也会减免城市维护建设税，因此原则上不再对其单独规定减免；对“两税”实行先征后返、先征后退、即征即退办法的，除另有规定外，附征的城市维护建设税，不予退（返）还。还需要注意的是，因出口货物造成“两税”退还时，城市维护建设税不予退还。

【提示】城市维护建设税相关计税依据记忆口诀：

进口不征、出口不退、免抵要缴。

考点三　城市维护建设税应纳税额的计算

【例题·2020年·单项选择题】某市区甲企业为增值税一般纳税人，当期销售货物应纳增值税20万元、消费税15万元，进口货物缴纳进口环节增值税2万元，该企业当期应缴纳城市维护建设税（　　）万元。

A. 2.45　　　　B. 2.59　　　　C. 1.75　　　　D. 2.31

【答案】A

【解析】本题考查城市维护建设税应纳税额的计算。

本题解题步骤如下：

第一步：确定城市维护建设税的计税依据。

城市维护建设税的计税依据是纳税人实际缴纳的“两税”税额。本题中，实际缴纳的“两税”为当期销售货物应纳的增值税20万元、消费税15万元。海关对进口产品代征增值税、消费税的，不征收城市维护建设税，因此“进口货物缴纳进口环节增值税2万元”不作为计税依据。

城市维护建设税计税依据=20+15=35（万元）

第二步：确定城市维护建设税的税率。

城市维护建设税实行地区差别比例税率：纳税人所在地在市区的，税率为7%；纳税人所在地在县城、镇的，税率为5%；纳税人不在市区、县城或者镇的，税率为1%。

本题中，甲企业位于市区，税率为7%。

第三步：计算应缴纳的城市维护建设税。

应纳税额=(实际缴纳的增值税+实际缴纳的消费税)×适用税率=35×7%=2.45（万元）

因此，选项A正确。

私教点拨

城市维护建设税应纳税额的计算比较简单，需要把握的是应计入计税依据的项目与不计入计税项目的项目，做到准确区分。

同时注意：纳税人跨地区提供建筑服务、销售和出租不动产的，应在建筑服务发生地、不动产所在地预缴增值税时，以**预缴增值税税额为计税依据**，并按**预缴地**的城市维护建设税适用税率就地计算缴纳城市维护建设税；城市维护建设税纳税义务发生时间、纳税地点、纳税期限均比照“两税”的相应规定，与“两税”同时缴纳。

真 题 演 练

1. （**2021年·单项选择题**）关于城市维护建设税适用税率，下列说法错误的是（　　）。

A. 撤县建市后，纳税人所在地为市区的，适用税率为7%

B. 纳税人所在地在县城、镇的，税率为5%

C. 委托某企业加工应税消费品，按受托方所在地适用税率征税

D. 纳税人跨地区出租不动产，按机构所在地适用税率征税

2. （2019 年 · 单项选择题）城市维护建设税采用的税率形式是（　　）。

A. 产品比例税率　　B. 行业比例税率

C. 地区差别比例税率　　D. 有幅度的比率税率

3. （2017 年 · 单项选择题）下列关于城市维护建设税的说法中，正确的是（　　）。

A. 增值税实行即征即退办法的，随增值税附征的城市维护建设税予以退还

B. 城市维护建设税的适用税率，一般按纳税人所在地适用税率确定

C. 城市维护建设税的计税依据是纳税人应缴纳的增值税和消费税

D. 海关对进口产品代征消费税和增值税的，征收城市维护建设税

4. （2022 年 · 多项选择题）关于城市维护建设税征收管理，下列说法正确的有（　　）。

A. 计税依据包括增值税免抵税额

B. 境外单位向境内销售服务，代扣代缴增值税的同时代扣代缴城市维护建设税

C. 纳税期限比照增值税、消费税的相关规定执行

D. 纳税义务发生时间比照增值税、消费税等相关规定执行

E. 跨地区提供建筑服务在建筑服务发生地无需缴纳城市维护建设税

5. （2022 年 · 多项选择题）下列税额作为城市维护建设税计税依据的有（　　）。

A. 增值税免抵税额　　B. 进口环节缴纳的增值税

C. 实际缴纳的增值税、消费税　　D. 直接减免的增值税、消费税

E. 进口应税消费品缴纳的消费税

参考答案及解析

1. **【答案】**D

【解析】本题考查城市维护建设税税率。

纳税人跨地区出租不动产，在不动产所在地预缴增值税，以预缴增值税税额为计税依据，按照预缴增值税所在地的城市维护建设税适用税率就地计税。预缴增值税纳税人在其机构所在地申报缴纳增值税时，以其实际缴纳的增值税税额为计税依据，按机构所在地的城市维护建设税适用税率计税。因此，选项 D 说法错误，符合题意。

2. **【答案】**C

【解析】本题考查城市维护建设税的税率。

城市维护建设税实行地区差别比例税率，纳税人所在地区不同，适用不同档次的税率，选项 C 正确。

3.【答案】B

【解析】本题考查城市维护建设税的计税依据等。

对“两税”实行先征后返、先征后退、即征即退办法的，除另有规定外，对随“两税”附征的城市维护建设税，一律不予退（返）还，选项 A 错误。城市维护建设税，按纳税人所在地区不同，适用不同档次的税率，选项 B 正确。城市维护建设税的计税依据是纳税人实际缴纳的“两税”税额，而非应纳税额，选项 C 错误。海关对进口产品代征“两税”的，不征收城市维护建设税，选项 D 错误。

4.【答案】ACD

【解析】本题考查城市维护建设税征收管理。

选项 B 错误，境外单位和个人向境内销售劳务、服务、无形资产代扣代缴增值税的，不征收城市维护建设税。选项 E 错误，跨地区提供建筑服务，应在建筑服务发生地以预缴增值税税额为计税依据计算缴纳城市维护建设税。

5.【答案】AC

【解析】本题考查城市维护建设税的计税依据。

城市维护建设税的计税依据是纳税人实际缴纳的“两税”税额（选项 C 正确），包括增值税免抵税额（选项 A 正确），不包括进口环节缴纳的“两税”税额及直接减免的“两税”税额（选项 B、D、E 错误）。

第五章　土地增值税

本章考情 Q&A

Q：本章的重要性如何？

A：本章与增值税、契税、印花税等其他税种联系密切，属于重点章节，分值较为稳定，在近5年考试中的平均分值约为18分。

Q：本章的学习难度如何？

A：本章的学习难度较大。其中，收入额与扣除项目的确定、应纳税额的计算、清算的相关要求等考点考查得较为频繁，需要考生多加练习，掌握做题方法。

Q：本章在考试中通常以什么形式考查？

A：本章可以以任何题型考查，考生应全面掌握。

Q：2024年本章内容有变动吗？

A：本章内容变化较小，主要变化如下：

1. 新增

（1）转让旧房作为保障性住房土地增值税的优惠政策；

（2）北京2022年冬奥会和冬残奥会组织委员的优惠政策。

2. 调整

企业改制重组的税收优惠。

3. 删除

（1）“采用扣除法和评估法计算增值额”的特点；

（2）“征税范围的特殊规定”中“房地产交换”的相关表述；

（3）土地使用者转让、抵押或置换土地缴纳土地增值税的规定；

（4）三项国际综合运动会的优惠政策。

Q：本章主要考点近年分布如何？

A：以下用星标方式展示本章主要考点的学习难度、考题难度、考查频率。

考点	学习难度	考题难度	考查频率
征税范围	★★	★★	★★★
收入额的确定	★★	★★	★★
扣除项目及金额	★★★	★★★	★★★
房地产开发企业的清算	★★★	★★★	★★★
税收优惠	★★	★★	★
应纳税额的计算	★★★	★★★	★★★

经 典 例 题

考点一　征税范围

【例题 1 · 2019 年 · 单项选择题改编】下列经济活动中，需要缴纳土地增值税的是（　　）。

A. 甲、乙公司相互交换房产产权用于办公

B. 丙转让其个人拥有的非唯一且不满五年的住房

C. 丁房地产开发公司代客户建造的房屋

D. 戊公司通过中国青少年发展基金会向某市文化宫捐赠房产一套用于青少年美术作品展览室

【答案】A

【解析】本题考查土地增值税的征税范围。

用于办公的房屋交换行为发生了房产产权转移，而且交换双方取得了实物形态的收入，属于土地增值税征收范围，选项 A 正确。对个人销售住房暂免征收土地增值税，选项 B 错误。房地产开发公司代客户进行房地产开发，虽然取得了收入，但没有发生房地产权属的转移，不属于土地增值税的征税范围，选项 C 错误。房产所有人、土地使用权所有人通过中国境内非营利的社会团体、国家机关将房屋产权、土地使用权赠与教育、民政和其他社会福利、公益事业的行为，不属于土地增值税的征收范围，选项 D 错误。

【例题 2 · 2020 年 · 多项选择题】下列行为属于土地增值税征税范围的有（　　）。

A. 房产评估增值

B. 抵押期间房地产抵押

C. 房产继承

D. 合作建房，建成后转让

E. 将房产捐赠给关联企业

【答案】DE

【解析】本题考查土地增值税的征税范围。

房产经评估后增值，并没有发生房地产权属的转让，不属于土地增值税的征收范围，选项A错误。房地产在抵押期间并没有发生权属变更，不征收土地增值税，选项B错误。房产继承虽然发生了房地产的权属变更，但被继承人并没有因为权属变更而取得任何收入，因此，不属于土地增值税的征税范围，选项C错误。合作建房，建成后分房自用的，暂免征收土地增值税，建成后转让的，属于土地增值税的征税范围，选项D正确。将房产捐赠给关联企业，属于土地增值税的征税范围，选项E正确。

私教点拨

土地增值税只对企业、单位和个人等经济主体转让国有土地使用权的行为课税，纳税人为转让国有土地使用权、房地产并取得收入的单位和个人。由此可见，**国有土地出让**以及**转让集体所有土地使用权**，均**不属于**征税范围，不缴纳土地增值税。而土地增值税征税范围的特殊规定涉及情形较多，考频也高，每年考题都会涉及，更应当重点把握，具体内容见表5-1。

表5-1 土地增值税征税范围的特殊规定

行为	是否属于征税范围	注意事项
合作建房	√	建成后自用的，属于免税行为，无须纳税。但建成后转让的，照章纳税
国家收回国有土地使用权、征收地上建筑物及附着物	√	属于免税行为，无须纳税
房地产抵押	×	抵押期间，不属于征税范围，无须纳税。抵押期满，产权转移的，照章纳税
房地产出租	×	不属于征税范围，无须纳税
房地产评估增值	×	不属于征税范围，无须纳税
房地产代建行为	×	不属于征税范围，无须纳税
房地产的继承	×	不属于征税范围，无须纳税
房地产的赠与	×	房地产赠与行为不属于征税范围的仅指以下两种情形，其他赠与行为均属于应税范围： （1）房地产所有人将产权赠与直系亲属或承担直接赡养义务人的行为； （2）房地产所有人通过中国境内非营利的社会团体、国家机关将产权赠与教育、民政和其他社会福利、公益事业的行为

考点二　收入额的确定

【例题1·2020年·单项选择题改编】2023年5月，某房地产开发公司销售自行开发的房地产30 000平方米，取得不含税销售额60 000万元；将5 000平方米用于抵顶供应商等值的建筑材料；将1 000平方米对外出租，取得不含税租金56万元。该房地产开发公司在计算土地增值税时的应税收入为（　　）万元。

A. 70 056　　B. 70 000　　C. 60 000　　D. 60 056

【答案】B

【解析】本题考查土地增值税收入额的确定。

房地产开发企业销售自行开发的房地产，照章纳税，应税收入为不含税销售额60 000万元；用于抵顶供应商等值的房地产，应当视同销售，以本企业房地产平均价格为基础确定应税收入，即(60 000÷30 000)×5 000＝10 000（万元）；对外出租房地产取得的租金收入，不属于土地增值税的应税范围。因此，土地增值税的应税收入合计＝60 000+10 000＝70 000（万元），选项B正确。

私教点拨

除一般的销售情形外，房地产开发企业将开发产品用于**职工福利**、**奖励**、**对外投资**、**分配给股东或投资人**、**抵偿债务**、**换取其他单位和个人的非货币性资产**、**安置回迁户**等发生**所有权转移**的行为，应当**视同销售**，其**收入**按下列方法和顺序确认：

（1）按**本企业**在同一地区、同一年度销售的同类房地产的平均价格确定；

（2）由主管税务机关参照当地**当年**、**同类房地产**的市场价格或评估价值确定。

【例题2·2018年·单项选择题】某房地产开发公司为增值税一般纳税人，2016年4月30日前转让A项目部分房产，取得转让收入30 000万元；2016年5月1日后转让A项目部分房产，取得含税收入50 000万元。该项目已达土地增值税清算条件，该房地产公司对A项目选择按简易征收方式缴纳增值税。该公司在土地增值税清算时应确认收入（　　）万元。

A. 80 000　　B. 76 190. 48　　C. 77 619. 05　　D. 75 045. 05

【答案】C

【解析】本题考查土地增值税收入额的确定。

房地产开发企业在营改增期间进行房地产开发项目土地增值税清算的，应按营改增前、后取得的收入分别计算应税收入。土地增值税应税收入＝营改增前转让房地产取得的收入+营改增后转让房地产取得的不含增值税收入＝30 000+50 000÷(1+5%)＝77 619. 05（万元）。因此，选项C正确。

私教点拨

土地增值税中，纳税人转让房地产所取得的应税收入，包括货币收入、实物收入和其他收入。由于营改增后应税收入均为不含增值税的收入，所以复习时应结合增值税的内容一并学习。对于包含增值税的收入，应当予以剔除增值税。房地产开发企业因开发销售新、老项目的不同，适用不同的计税方法时，所确定的增值税也会不同，应当注意区分。而对同一个房地产开发项目，营改增前、后均有收入的，应当分别计算应税收入。具体可以结合第二章“特定企业（交易行为）税收政策”中的内容学习。

考点三　扣除项目及金额

【例题 1 · 2017 年 · 单项选择题改编】 2023 年 4 月，某房地产开发公司转让在建项目，取得转让收入 20 000 万元。该公司取得土地使用权时支付土地出让金 7 000 万元、契税 210 万元、印花税 3.50 万元及登记费 0.10 万元。该公司缴纳土地增值税时可以扣除的取得土地使用权所支付的金额为（　　）万元。

A. 7 213.50　　B. 7 210.10　　C. 7 231.60　　D. 7 210

【答案】 B

【解析】 本题考查土地增值税扣除项目及金额——取得土地使用权所支付的金额。

房地产开发企业取得土地使用权所支付的金额，是指纳税人为取得土地使用权所支付的地价款和有关费用，其中房地产开发企业购买土地使用权缴纳的印花税，作为房地产开发费用扣除，不计入取得土地使用权所支付的金额。因此，该公司可以扣除的取得土地使用权所支付的金额=7 000+210+0.10=7 210.10（万元），选项 B 正确。

私教点拨

取得土地使用权所支付的金额，其准予扣除的项目，包括两部分：

（1）纳税人为取得土地使用权支付的**地价款**；

（2）纳税人为取得土地使用权时按国家统一规定交纳的**有关费用**，包括**契税**和有关的登记、过户手续费。

【例题 2 · 2019 年 · 单项选择题】 甲房地产开发公司对一项开发项目进行土地增值税清算，相关资料包括：取得土地使用权支付的金额 40 000 万元；房地产开发成本 101 000 万元；销售费用 4 500 万元；管理费用 2 150 万元；财务费用 3 680 万元，其中包括支付给非关联企业的利息

500万元，已取得发票；支付给银行的贷款利息3 000万元，已取得银行开具的相关证明，且未超过商业银行同类同期贷款利率。项目所在省规定房地产开发费用扣除比例为5%。不考虑其他情况，该房地产开发公司在本次清算中可以扣除的房地产开发费用为（　　）万元。

A. 10 050　　B. 10 375　　C. 10 550　　D. 10 730

【答案】A

【解析】本题考查土地增值税扣除项目及金额——房地产开发费用。

纳税人能够按转让房地产项目计算分摊利息支出并能提供金融机构贷款证明的，其允许扣除的房地产开发费用=利息+(取得土地使用权所支付的金额+房地产开发成本)×5%=3 000+(40 000+101 000)×5%=10 050（万元），选项A正确。

私教点拨

房地产开发费用是指与房地产开发项目有关的销售费用、管理费用、财务费用。但该三类费用应当根据**《土地增值税暂行条例实施细则》**中的规定扣除，并不是按财务制度的规定扣除，其计算方法有两种，见表5－2。

表5－2　土地增值税扣除项目——开发费用

情形	扣除方法
能够按转让房地产项目计算分摊利息并**提供金融机构贷款证明的**	**利息+(取得土地使用权所支付的金额+房地产开发成本)×5%以内** 其中，利息最高不能超过按商业银行同类同期贷款利率计算的金额
不能按转让房地产项目计算分摊利息支出或**不能提供金融机构贷款证明的**	**(取得土地使用权所支付的金额+房地产开发成本)×10%以内**

房地产开发企业既向金融机构借款，又有其他借款的，房地产开发费用计算扣除时不能同时适用表5－2所述的办法。

【例题3·2018年·单项选择题】转让新建房计算土地增值税时，可以作为转让房地产有关的税金扣除的是（　　）。

A. 契税　　B. 增值税　　C. 城镇土地使用税　　D. 城市维护建设税

【答案】D

【解析】本题考查土地增值税扣除项目及金额——与转让房地产有关的税金。

与转让房地产有关的税金，是指在转让房地产时缴纳的印花税、城市维护建设税、教育费附加，选项D正确。

私教点拨

与转让房地产有关的税金，是指在转让房地产时缴纳的**印花税**、**城市维护建设税**、**教育费附加**。印花税是指在转让房地产时缴纳的印花税。按照相关规定，房地产开发企业缴纳的印花税列入管理费用，已相应予以扣除，因此，不允许作为与转让环节有关的税金再重复扣除。

注意，当题目中说明可扣除地方教育附加时，应当予以扣除。

对于转让新建房的扣除项目，除了上述3道例题介绍过的3类扣除项目外，还有房地产开发成本和其他扣除项目2类，共计5类扣除项目。每年的考题都会涉及这5类扣除项目，考生务必掌握。转让新建房的扣除项目见表5－3，这一内容非常重要，需要记忆。

表5－3　转让新建房的扣除项目

扣除项目	具体内容
取得土地使用权所支付的金额	包括为取得土地使用权支付的地价款及有关费用
房地产开发成本	包括土地征用及拆迁补偿费、前期工程费、建筑安装工程费、基础设施费、公共配套设施费、开发间接费用
房地产开发费用	计算方法一：利息+（取得土地使用权所支付的金额+房地产开发成本）×5%以内。 计算方法二：（取得土地使用权所支付的金额+房地产开发成本）×10%以内。 **【提示】**“5%以内或10%以内”是指范围，并不是固定的比例。考试时，应根据题干中的信息来确定具体扣除比例
与转让房地产有关的税金	包括印花税（不含房地产开发企业缴纳的）、城市维护建设税、教育费附加
其他扣除项目	对**房地产开发企业**，允许按“取得土地使用权所支付的金额”与“房地产开发成本”之和**加计20%扣除**

【例题4·2020年·单项选择题改编】某企业为增值税一般纳税人，2023年3月转让7年前自行建造的厂房，厂房对应的地价款为600万元，评估机构评定的重置成本价为1 450万元，厂房六成新。该企业转让厂房计算土地增值税时准予扣除的项目金额为（　　）万元。（不考虑其他相关税费）

A. 600　　B. 870　　C. 2 050　　D. 1 470

【答案】D

【解析】本题考查土地增值税扣除项目及金额——旧房及建筑物。

转让旧房及建筑物能够取得评估价格的，应按房屋及建筑物的评估价格、取得土地使用权所支付的地价款或出让金、按国家统一规定交纳的有关费用和转让环节缴纳的税金作为扣除项目金额计征土地增值税。评估价格=重置成本价×成新度折扣率=1 450×60%=870（万元），地价款为600万元，本题不考虑其他相关税费。因此，该企业转让厂房计算土地增值税时准予扣除的项目金额=600+870=1 470（万元），选项D正确。

【例题5·2018年·单项选择题改编】2023年3月，某公司销售自用办公楼，不能取得评估价格，该公司提供的购房发票所载购房款为1 200万元，购买日期为2013年1月1日。购入及转让环节相关税费为80万元。该公司在计算土地增值税时允许扣除项目金额（　　）万元。

A. 1 280　　B. 1 880　　C. 1 895　　D. 1 940

【答案】B

【解析】本题考查土地增值税扣除项目及金额——旧房及建筑物。

转让旧房及建筑物不能取得评估价格，但能够提供购房发票的，可按发票所载金额并从购买年度起至转让年度止每年加计5%计算扣除。其中："每年"是指购房发票所载日期起至售房发票开具之日止，每满12个月计一年；超过一年，未满12个月但超过6个月的，可以视同一年。本题中，该公司2013年1月1日购入，至2023年3月销售，视为10年。转让环节缴纳的税费能够可靠计量的，可以据实扣除。允许扣除项目金额=1 200×(1+5%×10)+80=1 880（万元），选项B正确。

私教点拨

纳税人转让旧房及建筑物的扣除项目金额的确定，分三种情形：第一种，转让旧房及建筑物能够取得评估价格的；第二种，转让旧房及建筑物不能取得评估价格，但能提供购房发票的；第三种，转让旧房及建筑物不能取得评估价格，也不能提供购房发票的。

下面对这三种情况予以梳理总结，见表5-4。

表5-4　转让旧房的扣除项目

情形	可扣除的项目
转让旧房及建筑物**能够取得评估价格**的	（1）房屋及建筑物的评估价格： 评估价格=重置成本价×成新度折扣率 （2）取得土地使用权所支付的地价款或出让金； （3）按国家统一规定交纳的有关费用和转让环节缴纳的税金。 **【提示】**对房地产进行评估，其支付的评估费用允许扣除

（续表）

情形	可扣除的项目
转让旧房及建筑物**不能取得评估价格，但能提供购房发票**的	（1）根据发票所载金额并从购买年度起至转让年度止每年加计5%计算扣除，即**发票所载金额×(1+5%×n)**。 其中，发票所载金额根据以下情况确定： ① 购房凭据为营改增前取得的营业税发票，按照发票所载金额（不扣减营业税）确定； ② 购房凭据为营改增后取得的增值税普通发票，按照发票所载价税合计金额确定； ③ 购房凭据为营改增后取得的增值税专用发票，按照发票所载不含增值税金额加上不允许抵扣的增值税进项税额之和确定。 n 的取值要根据上述例题解析中的规则确定。 （2）按国家统一规定交纳的有关费用和转让环节缴纳的税金：对纳税人购房时缴纳的契税，凡能够提供契税完税凭证的，准予在此项中扣除，但不得作为加计5%的基数
转让旧房及建筑物**不能取得评估价格，也不能提供购房发票**的	税务机关**核定征收**

考点四 房地产开发企业的清算

【例题1·2020年·单项选择题】关于房地产开发企业土地增值税的清算，下列说法正确的是（　　）。

A. 对于分期开发的项目，以分期项目为单位进行清算

B. 清算审核方法包括实地审核和通讯审核

C. 主管税务机关已受理的清算申请，纳税人可无理由撤销

D. 配套建造的停车库有偿转让的，其成本、费用不得扣除

【答案】A

【解析】本题考查房地产开发企业的土地增值税清算。

土地增值税以国家有关部门审批的房地产开发项目为单位进行清算，对于分期开发的项目，以分期项目为单位进行清算，清算方式也应当保持一致，选项A正确。清算审核包括案头审核、实地审核，选项B错误。主管税务机关已受理的清算申请，纳税人无正当理由不得撤销，选项C错误。配套建造的停车库有偿转让的，应计算收入，并准予扣除成本、费用，选项D错误。

私教点拨

土地增值税清算是指纳税人在符合土地增值税清算条件后，依照政策规定，计算房地产开发项目应缴纳的土地增值税税额，并填写《土地增值税清算申报表》，向主管税务机关提供有关资料，办理土地增值税清算手续，结清该房地产项目应缴纳的土地增值税税款的行为。以下对考试涉及的知识点进行梳理总结，见表5-5。

表5-5 土地增值税清算的相关内容

项目	具体内容
清算单位	土地增值税以**开发项目**为单位进行清算，分期开发的，分期清算。开发项目中同时包含普通住宅和非普通住宅的，应分别计算增值额。 （1）主管税务机关收到纳税人清算资料后，对**符合清算条件的项目**，且报送的清算资料完备的，予以受理。 （2）对纳税人符合清算条件，但**报送的清算资料不全的**，应要求纳税人在规定期限内补报，纳税人在规定期限内补齐清算资料后，予以受理；对不符合清算条件的项目，不予受理。 （3）主管税务机关已受理的清算申请，纳税人无正当理由不得撤销
清算审核方法	（1）案头审核，是指对纳税人报送的清算资料进行数据、逻辑审核。 （2）实地审核，是指在案头审核的基础上，通过对房地产开发项目实地检验等方式，对纳税人申报情况的客观性、真实性、合理性进行审核

【例题2·2020年·多项选择题】下列情形中，主管税务机关可要求纳税人进行土地增值税清算的有（　　）。

A. 纳税人申请注销税务登记但未办理土地增值税清算手续的

B. 房地产开发项目全部竣工、完成销售的

C. 已竣工验收的房地产开发项目，已转让的房地产建筑面积占整个项目可售建筑面积的比例未超过85%，但剩余可售建筑面积已经出租或自用的

D. 取得销售（预售）许可证满2年仍未销售完毕的

E. 已竣工验收的房地产开发项目，已转让的房地产建筑面积占整个项目可售建筑面积的比例在85%以上的

【答案】ACE

【解析】本题考查房地产开发企业的土地增值税清算——清算条件。

房地产开发项目全部竣工、完成销售的，属于应当进行土地增值税清算的情形，选项B错误。取得销售（预售）许可证满2年仍未销售完毕的，不属于可要求清算的范围，选项D错误。

私教点拨

土地增值税的清算条件见表5-6，该内容需要记忆。

表5-6 土地增值税的清算条件

项目	具体内容
纳税人符合右边条件之一的，**应**进行土地增值税的清算	（1）开发项目**全部**竣工、完成销售的； （2）**整体转让**未竣工决算房地产开发项目的； （3）直接转让**土地使用权**的
符合右边条件之一的，主管税务机关**可以**要求纳税人进行土地增值税清算	（1）已竣工验收的房地产开发项目，已转让的房地产建筑面积占整个项目可售建筑面积的比例在**85%**以上，或该比例虽未超过85%，但剩余的可售建筑面积已经**出租**或自用的； （2）取得销售（预售）许可证满**3年**仍未销售完毕的； （3）纳税人申请**注销**税务登记但未办理土地增值税清算手续的； （4）省税务机关规定的其他情况

【例题3·2019年·单项选择题改编】关于土地增值税的清算，下列说法错误的是（　　）。

A. 已全额开具商品房销售发票的，按照发票所载金额确认收入

B. 未全额开具商品房销售发票的，按照销售合同所载金额及其他收益确认收入

C. 未开具商品房销售发票的，按照实际收取金额确认收入

D. 销售合同所载商品房面积与实际测量面积不一致并在清算前已补或退房款的，在计算土地增值税时应予以调整

【答案】C

【解析】本题考查房地产开发企业的土地增值税清算——收入确认。

土地增值税清算时，未开具发票或未全额开具发票的，以交易双方签订的销售合同所载的售房金额及其他收益确认收入，并不是按照收取金额确认收入，选项C说法错误，符合题意。

私教点拨

土地增值税清算时，对已销售的房地产项目应根据以下情形进行收入的确认：

（1）**已全额开具商品房销售发票**的，按照发票所载金额确认收入；

（2）**未开具发票或未全额开具发票**的，以交易双方签订的销售合同所载的售房金额及其他收益确认收入。

【例题4·2018年·多项选择题】关于房地产开发企业土地增值税清算，下列说法正确的有（　　）。

A. 应将利息支出从房地产开发成本中调整至房地产开发费用

B. 发生的未实际支付款项的成本费用一律不得扣除

C. 销售费用和管理费用按实际发生额扣除

D. 销售已装修的房屋，其装修费用可以计入房地产开发成本

E. 逾期开发缴纳的土地闲置费不得扣除

【答案】ADE

【解析】本题考查房地产开发企业的土地增值税清算——扣除项目。

土地增值税清算时，已经计入房地产开发成本的利息支出，应调整至财务费用中计算扣除，而财务费用属于房地产开发费用的一部分，选项A正确。房地产开发企业的预提费用，除另有规定外，不得扣除，并非一律不得扣除，选项B错误。销售费用和管理费用应按照土地增值税相关规定扣除，如按取得土地使用权所支付的金额和房地产开发成本的一定比例计算扣除，不是按照实际发生额扣除，选项C错误。房地产开发企业销售已装修的房屋，其装修费用可以计入房地产开发成本，选项D正确。房地产开发企业逾期开发缴纳的土地闲置费不得扣除，选项E正确。

私教点拨

清算时，扣除项目的规定较多，考生需要结合例题解析一起学习。土地增值税清算时的扣除项目，见表5-7。

表5-7 土地增值税清算时的扣除项目

扣除项目	相关内容
前期工程费、 建筑安装工程费、 基础设施费、 开发间接费用	扣除项目均应当提供合法有效的凭证，不能提供合法有效凭证的，不予扣除。但**开发费用中的前期工程费、建筑安装工程费、基础设施费、开发间接费用**凭证或资料不符合清算要求或不实的，税务机关可以根据规定**核定**其单位面积金额标准，并据以计算扣除
配套设施	房地产开发企业开发建造的与清算项目配套的居委会和派出所用房、会所、停车场（库）、物业管理场所、变电站、热力站、水厂、文体场馆、学校、幼儿园、托儿所、医院、邮电通讯等公共设施，按以下原则处理： （1）**建成后产权属于全体业主所有的**，其成本、费用可以扣除； （2）**建成后无偿移交给政府、公用事业单位用于非营利性社会公共事业的**，其成本、费用可以扣除； （3）建成后有偿转让的，应计算收入，并准予扣除成本、费用
质量保证金	房地产开发企业在工程竣工验收后，根据合同约定，扣留建筑安装施工企业一定比例的工程款，作为开发项目的质量保证金的，其处理方法是： （1）建筑安装施工企业就质量保证金对房地产开发企业**开具发票的**，房地产开发企业按**发票所载金额予以扣除**； （2）建筑安装施工企业**未对质量保证金开具发票的**，房地产开发企业扣留的质量保证金**不得**计算扣除

考点五 税收优惠

【例题 1 · 2019 年 · 多项选择题改编】关于土地增值税的优惠政策，下列说法错误的有（　　）。

A. 将空置的职工宿舍作为改造安置住房房源，应就其全部增值额按规定计税

B. 对因国家建设需要而被政府收回的房产免税

C. 对个人销售商铺暂免征收土地增值税

D. 以房地产作价入股房地产开发公司，对其将房地产变更至被投资的企业，暂不征收土地增值税

E. 建造普通标准住宅出售，其增值额未超过扣除项目金额之和 20%的，予以免税；超过 20%的，应就其全部增值额按规定计税

【答案】ACD

【解析】本题考查土地增值税的税收优惠。

企事业单位、社会团体以及其他组织转让旧房作为改造安置住房房源且增值额未超过扣除项目金额 20%的，免征土地增值税。此处有免税规定，并非就全部增值额按规定计税，选项 A 说法错误，符合题意。个人销售住房暂免征收土地增值税，而个人销售商铺不免，选项 C 说法错误，符合题意。改制重组有关的土地增值税优惠政策不适用于房地产开发企业，选项 D 说法错误，符合题意。

【例题 2 · 2017 年 · 多项选择题改编】下列行为中，免征土地增值税的有（　　）。

A. 企业转让职工宿舍作为公共租赁住房房源，且增值额未超过扣除项目金额 20%

B. 企业以分期收款方式转让房产

C. 企业转让一套购入满 2 年的房产

D. 王某转让一套居住 6 年的别墅

E. 北京 2022 年冬奥会再销售所获捐赠物品

【答案】ADE

【解析】本题考查土地增值税的税收优惠。

企业以分期收款方式转让房产或转让购入满 2 年的房产，没有相应的税收优惠政策，应当照章缴纳土地增值税，选项 B、C 错误，选项 A、D、E 正确。

私教点拨

在考试中，常见的土地增值税税收优惠政策见表5-8。

表5-8 土地增值税的税收优惠

优惠项目	具体内容
转让普通标准住宅，转让旧房作为改造安置住房、公租房、保障性住房的	(1) 纳税人建造普通标准住宅出售，增值额未超过扣除项目金额之和20%的，免征土地增值税；超过20%的，就其全部增值额按法规计税。 (2) 企事业单位、社会团体以及其他组织转让旧房作为改造安置住房、公租房、保障性住房房源且增值额未超过扣除项目金额20%的，免征土地增值税
国家征收、收回的房地产	(1) 因国家建设需要依法征收、收回的房地产，免征土地增值税。 (2) 因城市实施规划、国家建设需要而搬迁，由纳税人自行转让原房地产的，免征土地增值税
个人销售住房	对个人销售住房暂免征收土地增值税
企业改制重组	(1) 非公司制企业整体改制为有限责任公司或者股份有限公司，对改制前的企业将房地产转移、变更到改制后的企业，暂不征收土地增值税。 (2) 两个或两个以上企业合并为一个企业，且原企业投资主体存续的，对原企业将房地产转移、变更到合并后的企业，暂不征收土地增值税。 (3) 企业分设为两个或两个以上与原企业投资主体相同的企业，对原企业将房地产转移、变更到分立后的企业，暂不征收土地增值税。 (4) 单位、个人在改制重组时以房地产作价入股进行投资，对其将房地产转移、变更到被投资的企业，暂不征收土地增值税。 注意：上述改制重组有关土地增值税政策不适用于房地产转移、变更的任意一方为房地产开发企业的情形

考点六 应纳税额的计算

【例题1·2020年·计算题改编】

A市某机械厂为增值税一般纳税人，2023年3月因企业搬迁将原厂房出售［1］，相关资料如下： (1) 该厂房于2007年3月购进，会计账簿记载的该厂房入账的固定资产原价为1 600万元，账面净值320万元［2］。搬迁过程中该厂房购进发票丢失，该厂提供的当年缴纳契税的完税凭证记载契税的计税金额为1 560万元［2］，缴纳契税46.80万元。	【审题过程】 ［1］非房地产开发企业，转让房地产的行为分为转让新建房与转让旧房。本题属于转让旧房的情形。 ［2］转让外购不动产，购进发票丢失的，可根据契税计税金额确定购进金额。会计账簿记载的金额属于干扰项。

（2）转让厂房取得含税收入［3］3 100万元。该机械厂选择简易计税方法计税。 （3）转让厂房时评估机构评定［4］的重置成本价为3 800万元，该厂房四成新。	［3］转让房地产的收入应为不含增值税收入，需要作价税分离。 ［4］能够取得评估价格的，应以评估价格为基础计算扣除项目，不再单独扣除上述契税。

根据上述资料，回答下列问题：

（1）该机械厂转让厂房应缴纳增值税为（　　）万元。

A. 147.62　　B. 77　　C. 13.90　　D. 73.33

【答案】D

【解析】本题考查增值税特定企业（交易行为）税收政策——转让不动产。

一般纳税人转让取得的不动产，适用简易计税方法计税的，以取得的全部价款和价外费用扣除不动产购置原价后的余额为销售额，按照5%的征收率计算应纳税额。但因丢失等原因无法提供取得不动产时的发票的，可向税务机关提供契税计税金额的完税凭证等资料，进行差额扣除。

增值税应纳税额＝［全部交易价格（含增值税）－契税计税金额（含营业税）］÷(1+5%)×5%

＝(3 100－1 560)÷(1+5%)×5%

＝73.33（万元）

因此，选项D正确。

（2）该机械厂转让厂房计算土地增值税时准予扣除的转让环节的税金为（　　）万元。（不考虑印花税、地方教育附加）

A. 7.33　　B. 1.39　　C. 7.70　　D. 54.13

【答案】A

【解析】本题考查土地增值税准予扣除的项目及金额。

计算土地增值税时准予扣除的转让环节的税金，包括印花税、城市维护建设税、教育费附加。根据题目要求，不考虑印花税、地方教育附加。而城市维护建设税、教育费附加均作为增值税的附加税费，以实际缴纳的增值税、消费税（本题不涉及）为基础计算。题中机械厂位于A市，适用7%的城市维护建设税税率，教育费附加按全国统一的3%计征。

准予扣除的转让环节的税金＝增值税税额×(7%+3%)＝73.33×(7%+3%)＝7.33（万元）

因此，选项A正确。

（3）该机械厂转让厂房计算土地增值税时准予扣除的项目金额为（　　）万元。

A. 1 574.13　　B. 327.33　　C. 1 527.33　　D. 647.33

【答案】C

【解析】本题考查土地增值税准予扣除的项目及金额。

转让旧房及建筑物能够取得评估价格的，扣除项目包括房屋及建筑物的评估价格、取得土地使用权所支付的地价款或出让金、按国家统一规定交纳的有关费用和转让环节缴纳的税金三项。若取得土地使用权时未支付地价款或不能提供已支付的地价款凭据的，则不允许扣除取得土地使用权时所支付的金额。因此，本题中可扣除的项目只有两项，即房屋及建筑物的评估价格以及有关费用和税金。

评估价格=重置成本价×成新度折扣率=3 800×40%=1 520（万元）

准予扣除项目金额=1 520+7.33=1 527.33（万元）

因此，选项C正确。

（4）该机械厂转让厂房应缴纳土地增值税（　　）万元。

A. 1 460.46　　B. 1 156.46　　C. 523.37　　D. 493.65

【答案】C

【解析】本题考查土地增值税应纳税额的计算。

土地增值税以纳税人转让房地产取得的增值额为计税依据，按照规定的超率累进税率计算征收。

增值额=收入额-扣除项目金额=3 100-73.33-1 527.33=1 499.34（万元）

增值率=增值额÷扣除项目金额×100%=1 499.34÷1 527.33×100%=98.17%

确定适用税率为40%，速算扣除系数为5%。

应纳税额=增值额×适用税率-扣除项目金额×速算扣除系数

=1 499.34×40%-1 527.33×5%

=523.37（万元）

因此，选项C正确。

【例题2·2018年·综合分析题】

	【审题过程】
2018年1月15日，某房地产开发公司（增值税一般纳税人）收到主管税务机关的《土地增值税清算通知书》，要求对其建设的W项目进行清算［1］。该项目总建筑面积为18 000平方米，其中可售建筑面积为17 000平方米，不可售建筑面积为1 000平方米（产权属于全体业主所有的公共配套设施）。该项目2016年4月通过全部工程质量验收。2016年5月，该公司开始销售W项目，截至清算前，可售建筑面积中已出售15 000.80平方米，取得含税销售收入［2］50 000万元。该公司对	［1］一般题干中会直接给出企业类型和房产性质。本题就属于房地产开发企业销售自行开发的房地产项目。 ［2］营改增后取得的含税销售额，为包含增值税的销售额。在计算土地增值税应税收入时，需作价税分离。

W项目选择简易计税方法［3］。经审核，W项目取得土地使用权所支付的金额合计8 240万元，房地产开发成本15 000万元，管理费用4 000万元，销售费用4 500万元，财务费用3 500万元（其中利息支出3 300万元，无法提供金融机构证明［4］）。 已知：W项目所在省政府规定，房地产开发费用扣除比例为10%［5］。W项目清算前已预缴土地增值税［6］1 000万元。其他各项税费均已及时足额缴纳。城市维护建设税税率为7%，教育费附加征收率为3%，地方教育附加征收率为2%，不考虑印花税。	［3］一般纳税人销售自行开发的房地产老项目适用简易计税方法的，以取得全部价款和价外费用为增值税销售额，不得扣除对应的地价款。 ［4］无法提供金融机构证明的，不允许直接扣除该利息支出，应根据取得土地使用权支付的金额和房地产开发成本合计的一定比例扣除。 ［5］无法提供金融机构证明的，扣除比例为10%以内。由于此处政策规定的是一个范围取值，因此，具体的扣除比例题目中一般都会给出。 ［6］计算应补缴的土地增值税时，不要忘记扣除已预缴的土地增值税。

根据上述资料，回答下列问题：

（1）W项目的清算比例是（　　）。

A. 83.33%　　B. 88.24%　　C. 94.44%　　D. 100%

【答案】B

【解析】本题考查土地增值税的清算。

已转让的房地产建筑面积占整个项目可售建筑面积的比例在85%以上时，主管税务机关可要求纳税人进行土地增值税清算。

由此可知，清算比例＝已转让的房地产建筑面积÷整个项目可售建筑面积×100%＝15 000.80÷17 000×100%＝88.24%。

因此，选项B正确。

（2）W项目清算时允许扣除的与转让房地产有关的税金为（　　）万元。

A. 285.71　　B. 310.71　　C. 2 666.67　　D. 2 691.67

【答案】A

【解析】本题考查土地增值税扣除项目及金额。

土地增值税扣除项目中与转让房地产有关的税金，是指转让房地产时缴纳的印花税（本题不考虑）、城市维护建设税、教育费附加。当题干中允许扣除地方教育附加或给出相应的扣除率时，应当予以考虑。城市维护建设税、教育费附加、地方教育附加作为附加税费，以实际缴纳的增值税、消费税（本题不涉及）为基础计算。

增值税应纳税额＝含税全价÷(1+5%)×5%＝50 000÷(1+5%)×5%＝2 380.95（万元）

城市维护建设税税率为7%，教育费附加征收率为3%，地方教育附加征收率为2%。

与转让房地产有关的税金=2 380.95×(7%+3%+2%)=285.71（万元）

因此，选项A正确。

（3）W项目清算时允许扣除的房地产开发费用金额为（　　）万元。

A. 2 050.70　　B. 2 324　　C. 3 937.27　　D. 4 462

【答案】A

【解析】本题考查土地增值税扣除项目及金额。

纳税人转让房地产的，其扣除项目金额的确定，可按已转让房地产建筑面积占整个项目可售建筑面积的比例计算分摊。而道路、绿化等公共设施用地是不能转让的，在确定分摊比例时不应考虑在内。根据规定，不能有偿转让的公共配套设施的费用是计算增值额的扣除项目。

允许扣除的取得土地使用权所支付的金额=8 240×88.24%=7 270.98（万元）

允许扣除的房地产开发成本=15 000×88.24%=13 236（万元）

允许扣除的房地产开发费用=(取得土地使用权所支付的金额+房地产开发成本)×10%

=(7 270.98+13 236)×10%

=2 050.70（万元）

因此，选项A正确。

（4）W项目清算时允许扣除项目金额合计（　　）万元。

A. 22 843.39　　B. 22 868.39　　C. 26 944.79　　D. 26 969.79

【答案】C

【解析】本题考查土地增值税扣除项目及金额。

允许扣除的项目有：取得土地使用权所支付的金额、房地产开发成本、房地产开发费用、与转让房地产有关的税金、其他扣除项目。

扣除项目金额合计=7 270.98+13 236+2 050.70+285.71+(7 270.98+13 236)×20%

=26 944.79（万元）

因此，选项C正确。

（5）W项目清算后应补缴土地增值税（　　）万元。

A. 5 911.22　　B. 5 922.46　　C. 7 945.07　　D. 7 961.32

【答案】B

【解析】本题考查土地增值税应纳税额的计算。

不含增值税收入=50 000−2 380.95=47 619.05（万元）

增值额=收入额−扣除项目金额=47 619.05−26 944.79=20 674.26（万元）

增值率＝增值额÷扣除项目金额×100%＝20 674.26÷26 944.79×100%＝76.73%

确定适用税率为40%，速算扣除系数为5%。

应纳税额＝增值额×适用税率－扣除项目金额×速算扣除系数

＝20 674.26×40%－26 944.79×5%

＝6 922.46（万元）

W项目清算后应补缴土地增值税＝6 922.46－1 000＝5 922.46（万元）

因此，选项B正确。

（6）关于W项目清算，下列说法正确的有（　　）。

A. 该公司清算补缴的土地增值税，在主管税务机关规定的期限内补缴的，不加收滞纳金

B. 税务中介机构受托对清算项目进行审核鉴证时，应按纳税人要求出具鉴证报告

C. 该公司应在收到清算通知之日起90日内办理清算手续

D. 该公司可以委托税务中介机构对清算项目进行审核鉴证，并出具《土地增值税清算税款鉴证报告》

E. 对于该公司委托税务中介机构对清算项目进行审核鉴证，并出具《土地增值税清算税款鉴证报告》的，主管税务机关必须采信鉴证报告的全部内容

【答案】 ACD

【解析】 本题考查土地增值税的清算。

纳税人按规定预缴土地增值税后，清算补缴的土地增值税，在主管税务机关规定的期限内补缴的，不加收滞纳金，选项A正确。税务中介机构受托对清算项目进行审核鉴证时，应按税务机关规定的格式对审核鉴证情况出具鉴证报告，并非按纳税人要求，选项B错误。对于确定需要进行清算的项目，由主管税务机关下达清算通知，纳税人应当在收到清算通知之日起90日内办理清算手续，选项C正确。纳税人委托税务中介机构审核鉴证的清算项目，还应报送中介机构出具的《土地增值税清算税款鉴证报告》，选项D正确。税务中介机构受托对清算项目进行鉴证时，应按税务机关规定的格式对审核签证情况出具鉴证报告。对符合要求的鉴证报告，税务机关可以采信，并非必须采信，选项E错误。

私教点拨

计算土地增值税时，应确认的项目有收入额、扣除项目、税率，下面逐一进行归纳总结。

（1）收入额。土地增值税的纳税人根据行业的不同，可以分为房地产开发企业与非房地产开发企业，其收入额的确认方法也不同，但都为不含增值税的金额，以**一般计税方法**为例简要说明，见表 5－9。

表 5－9　收入额的确定

计税方法	确定办法
房地产开发企业	按取得的全部价款和价外费用扣除对应的土地价款后的余额
非房地产开发企业	按转让不动产取得的全部价款和价外费用

（2）扣除项目。确认扣除项目时，可按转让新建房或转让旧房予以区分，见表 5－10。

表 5－10　扣除项目的确定

房产类型	扣除项目
转让新建房	房地产开发企业：取得土地使用权所支付的金额、房地产开发成本、房地产开发费用、与转让房地产有关的税金、其他扣除项目（5 项）
	非房地产开发企业：取得土地使用权所支付的金额、房地产开发成本、房地产开发费用、与转让房地产有关的税金（4 项）
转让旧房	不区分企业类型，转让旧房时可扣除的项目是一致的，但应区分不同情形。 （1）能够取得评估价格的。扣除项目为取得土地使用权所支付的金额、房屋及建筑物的评估价格、转让环节缴纳的税金。 （2）不能取得评估价格，但能提供购房发票的。扣除项目为以购房发票金额为基础计算的金额、转让环节缴纳的税金。 （3）不能取得评估价格，也不能提供购房发票的，核定征收

（3）税率。土地增值税税率采用四级超率累进税率，需要记忆，见表 5－11。

表 5－11　土地增值税四级超率累进税率

级数	增值率	税率/%	速算扣除系数/%
1	未超过 50%的部分	30	0
2	超过 50%未超过 100%的部分	40	5
3	超过 100%未超过 200%的部分	50	15
4	超过 200%的部分	60	35

（4）土地增值税应纳税额的计算。

以出售房地产的总收入减除扣除项目金额，求得增值额。再将增值额与扣除项目金额相比，得出增值率。然后，根据增值率的高低确定适用税率与速算扣除系数，求得应纳税额。即：

增值额＝收入额－扣除项目金额

增值率＝增值额÷扣除项目金额×100%

根据增值率，确定适用税率与速算扣除系数：

应纳税额＝增值额×适用税率－扣除项目金额×速算扣除系数

真题演练

1.（2023年·单项选择题）下列关于房地产开发企业土地增值税清算的扣除的说法，正确的是（　　）。

A. 拆迁补偿费不允许扣除

B. 逾期开发土地闲置费允许分期扣除

C. 预提费用可以扣除

D. 扣留建筑安装施工企业的质保金，有发票可以扣除

2.（2022年·单项选择题）甲企业2023年1月销售购置的写字楼，可扣除与销售写字楼有关的税金为10万元，支付给房地产评估机构的评估费为5万元。评估机构评定写字楼的重置成本为800万元，成新度折扣率为70%。甲企业计算土地增值税时允许扣除项目金额为（　　）万元。

A. 815　　B. 565　　C. 575　　D. 570

3.（2022年·单项选择题）关于房地产企业拆迁安置土地增值税的处理，下列说法正确的是（　　）。

A. 因建造的本项目房地产安置回迁户的，回迁户支付给房地产企业的补差价款，应抵减本项目拆迁补偿费

B. 购入房屋异地安置回迁户的，以回迁户原房产的价格计入拆迁补偿费用

C. 用建造的本项目房地产安置回迁户不属于视同销售

D. 用建造的本项目房地产安置回迁户的，安置回迁用房的开发成本不得作为项目扣除成本

4.（2022年·单项选择题）关于计算土地增值税的收入额，下列说法正确的是（　　）。

A. 对于以分期收款方式取得的外币收入，应按照实际收款日或收款当月1日国家公布的市场汇价折合成人民币确定收入

B. 房地产开发企业在售房时代收的各项费用，应作为转让房地产收入

C. 对取得的实物收入按照取得收入时的成本价折算成货币收入

D. 取得的收入为外国货币的，应按照取得收入的当天或当月月末最后一天国家公布的市场汇价折合成人民币确定收入

5. **（2022 年 · 单项选择题）** 下列业务中，暂免征收土地增值税的是（　　）。

A. 高新技术企业将房产赠予科研机构用于建立科研实验室

B. 将房产赠予关联企业

C. 房地产开发公司将开发产品用于抵债的

D. 合作建房建成后分房自用

6. **（2021 年 · 单项选择题）** 某房地产开发公司为增值税一般纳税人。自 2018 年至 2020 年开发 M 地块的房地产项目，可售建筑面积为 80 000 平方米，2020 年 6 月竣工验收并开始销售，截至 2021 年 4 月已销售 72 000 平方米，剩余可售建筑面积用于出租。该项目土地成本为 20 000 万元，开发成本为 15 000 万元，开发费用为 10 000 万元（其中利息支出不能提供金融机构贷款证明），与转让房地产有关的税金为 782 万元。开发费用扣除比例为 10%。该公司对 M 地块的房地产项目进行土地增值税清算时，允许扣除项目金额为（　　）万元。

A. 35 432　　B. 41 732　　C. 39 282　　D. 40 157

7. **（2021 年 · 单项选择题）** 房地产开发企业在进行土地增值税清算时，下列税务处理正确的是（　　）。

A. 属于多个房地产项目共同的成本费用，应按照清算项目的建筑面积占多个项目总建筑面积的比例计算确定清算项目的扣除金额

B. 纳税人提交土地增值税清算申请后，主管税务机关已受理的清算申请，纳税人可以撤销

C. 办理土地增值税清算所附送的开发成本、开发费用等支出资料不真实的，税务机关可参照当地建设工程造价管理部门公示的建安造价定额确定

D. 销售商品房未全额开具发票的，以交易双方签订的销售合同所载的售房金额及其他收益确认应税收入

8. **（2021 年 · 单项选择题）** 关于土地增值税扣除项目，下列说法正确的是（　　）。

A. 房地产开发过程中实际发生的合理的销售费用可以扣除

B. 超过贷款期限的利息，不超过银行同类同期贷款利率水平计算的部分允许扣除

C. 为取得土地使用权所支付的价款和已纳契税，应计入取得土地使用权所支付的金额，按照已销售部分分摊确定可以扣除土地成本的金额

D. 土地增值税清算时，已经计入房地产开发成本的耕地占用税应调整至土地成本中计算扣除

9.（2019 年·单项选择题）关于房地产开发企业的土地增值税处理，下列说法正确的是（　　）。

A. 销售已装修的房屋，其装修费不允许在计算土地增值税时扣除

B. 建造非普通标准住宅出售的，不允许按取得土地使用权时支付的金额和房地产开发成本之和加计扣除 20%

C. 开发建造的与清算项目配套的学校，建成后无偿移交政府的，其成本、费用可以在计算土地增值税时扣除

D. 将未竣工决算的房地产开发项目整体转让的，不允许按取得土地使用权时支付的金额和房地产开发成本之和加计扣除 20%

10.（2018 年·单项选择题）关于转让旧房及建筑物土地增值税扣除项目的税务处理，下列说法正确的是（　　）。

A. 凡不能取得评估价格的，按购房发票所载金额作为扣除项目金额

B. 凡不能取得评估价格的，由税务机关核定的金额作为扣除项目金额

C. 因计算纳税需要对房地产进行评估的，其支付的评估费用不得扣除

D. 出售旧房或建筑物的，首选按评估价格计算扣除项目的金额

11.（2018 年·单项选择题）下列情形中，需要缴纳土地增值税的是（　　）。

A. 个人销售商铺

B. 企业吸收合并过程中涉及房地产过户

C. 因国家建设需要而被政府收回房地产

D. 因城市实施规划而搬迁，企业自行转让房地产

12.（2017 年·单项选择题改编）2023 年 4 月，张某将 2022 年 6 月购入的商铺转让，取得收入 600 万元。张某持有购房增值税普通发票，注明金额 350 万元、税额 17.50 万元，无法取得商铺评估价格。张某计算缴纳土地增值税时，可以扣除旧房金额以及加计扣除共计（　　）万元。

A. 350　　　　B. 367.50

C. 385.88　　　　D. 404.25

13.（2023 年·多项选择题）根据土地增值税相关规定，下列支出项目应计入房地产开发成本作为扣除项目的有（　　）。

A. 耕地占用税　　　　B. 基础设施费

C. 建筑安装工程费　　　　D. 开发间接费用

E. 契税

14.（2023 年·多项选择题）土地增值税清算时，允许从转让收入总额中据实扣除的有（　　）。

A. 开发间接费用　　B. 房地产开发费用

C. 前期工程费　　D. 售房时代收费用

E. 支付给回迁户补差价款

15. (**2023 年 · 多项选择题**) 下列业务中，可以享受土地增值税优惠政策的有（　　）。

A. 戊企业转让闲置仓库

B. 甲生产企业根据法律规定分设 A 公司和 B 公司，将房产转移至 A 公司

C. 乙房地产公司以自行开发的房产对 C 公司投资

D. 丁企业转让闲置职工宿舍作为改造安置住房房源，增值额除以扣除项目金额比例为 18%的

E. 丙房地产公司受托对 D 企业闲置厂房进行改造

16. (**2022 年 · 多项选择题**) 计算土地增值税时对房地产开发企业代县级政府部门收取的各项费用中，下列说法正确的有（　　）。

A. 代收费用不得从收入中扣除

B. 计入房价向购买方一并收取，并作为转让收入的，代收费用可以扣除，并作为加计 20%扣除的基数

C. 计入房价向购买方一并收取的，则不作为转让房地产的收入征税

D. 计入房价向购买方一并收取的，则应作为转让房地产所取得的收入计税，代收费用可以扣除，但不得作为加计 20%扣除的基数

E. 未计入房价中，而是在房价之外单独收取，则不作为转让房地产的收入征税

17. (**2022 年 · 多项选择题**) 关于房地产开发企业开发建造与清算项目配套的公共配套设施计算土地增值税扣除成本费用的处理中，下列说法正确的有（　　）。

A. 建成后无偿移交给政府、公用事业单位用于非营利性社会公共事业的，其成本、费用可以扣除

B. 建成后产权属于房地产开发企业所有的，其成本、费用可以扣除

C. 建成后产权属于全体业主所有的，其成本、费用可以扣除

D. 建成后无偿转让给另一企业的，其成本、费用可以扣除

E. 建成后有偿转让的，其成本、费用可以扣除

18. (**2021 年 · 多项选择题**) 下列情形中，免征土地增值税的有（　　）。

A. 因旧城改造，由政府有关主管部门根据已审批通过的城市规划确定进行搬迁，由纳税人自行转让原房地产的

B. 因企业污染，由政府有关主管部门根据已审批通过的城市规划确定进行搬迁，由纳税人自行转让原房地产的

C. 因实施省级人民政府批准的建设项目而进行搬迁，由纳税人自行转让原房地产的

D. 因实施地、市级人民政府批准的建设项目而进行搬迁，由纳税人自行转让原房地产的

E. 企业转让旧房作为改造安置住房房源且增值额未超过扣除项目金额 20% 的

19.（**2019 年 · 多项选择题**）下列情形中，纳税人应进行土地增值税清算的有（　　）。

A. 丙公司开发的住宅已销售建筑面积占整个项目可售建筑面积的 65%，自用的面积占可售面积的 5%

B. 乙公司将未竣工决算的开发项目整体转让

C. 甲公司开发的住宅项目已销售完毕

D. 丁公司于 2019 年 3 月取得住宅项目销售（预售）许可证，截至 2021 年 3 月底仍未销售完毕

E. 戊公司开发的别墅项目销售面积已达整个项目可售建筑面积的 75%

20.（**2018 年 · 多项选择题**）房地产公司将开发产品用于下列用途，其中属于土地增值税视同销售的有（　　）。

A. 安置回迁　　B. 对外出租　　C. 对外投资　　D. 奖励职工

E. 利润分配

21.（**2017 年 · 多项选择题**）下列事项中，属于土地增值税征税范围的有（　　）。

A. 美国人凯文将中国境内一处房产赠送给好友

B. 企业为办理银行贷款将厂房进行抵押

C. 房地产开发公司受托对某企业闲置厂房进行改造

D. 居民个人之间交换非居住用房产

E. 企业持有房产期间发生评估增值

22.（**2017 年 · 多项选择题**）关于房地产开发企业土地增值税税务处理，下列说法正确的有（　　）。

A. 房地产开发企业逾期开发缴纳的土地闲置费不得计入扣除项目进行扣除

B. 土地增值税清算时已经计入房地产开发成本的利息支出，应调整至财务费用中计算扣除

C. 土地增值税清算时未开具销售发票或未全额开具销售发票的，未开具部分可以不计入房地产转让收入

D. 房地产开发企业销售新建房时为取得土地使用权所支付的契税，应计入“土地使用权所支付的金额”予以扣除

E. 房地产开发企业同一项目在营改增前后都有收入，进行土地增值税清算时以全部含增值税金额作为转让房地产收入

23.（**2022 年 · 计算题**）某市甲房地产开发公司为增值税一般纳税人，2022 年 2 月对新开发的非普通住宅项目进行土地增值税清算，有关情况如下：

（1）甲公司于 2015 年 1 月以“招拍挂”方式取得土地使用权，根据合同规定缴纳土地出让

金 8 000 万元（不考虑支付的其他费用），并取得合规票据，已缴纳契税 240 万元。

（2）甲公司使用上述土地的 70%开发建造该项目，开发过程中发生开发成本 4 000 万元，包括拆迁补偿费用 500 万元，能提供有效票据。管理费用为 400 万元，销售费用为 300 万元，财务费用中利息支出为 350 万元，包括罚息 50 万元，不能提供金融机构贷款证明。

（3）截至 2022 年 1 月底已销售该项目的 85%，取得含税销售收入 20 000 万元。

已知：甲公司选择简易计税方法计算增值税。省政府规定纳税人的利息支出不能提供金融机构证明的，允许扣除的房地产开发费用的比例为 10%。不考虑印花税、地方教育附加。

根据上述资料，回答下列问题：

（1）该项目本次清算时准予扣除取得土地支付的金额为（　　）万元。

A. 7 004　　B. 5 768　　C. 8 240　　D. 4 902. 80

（2）该项目本次清算时准予扣除的与销售该项目相关的税金为（　　）万元。

A. 95. 24　　B. 80. 95　　C. 57. 14　　D. 48. 57

（3）该项目本次清算时准予扣除项目金额合计为（　　）万元。

A. 16 007. 24　　B. 9 228. 32　　C. 10 723. 74　　D. 10 888. 88

（4）该项目本次清算时应缴纳土地增值税（　　）万元。

A. 3 525. 40　　B. 2 793. 37　　C. 2 719. 05　　D. 912. 11

24. （**2022 年 · 计算题**）某市甲房地产开发公司 2022 年 1 月出售一幢已竣工验收的写字楼，该写字楼开发支出和销售情况如下：

（1）2015 年 1 月受让一宗土地使用权，支付土地价款 6 000 万元，缴纳契税 180 万元，已取得合规财政票据及契税完税凭证，支付登记过户手续费等 3 万元，当月取得土地使用证。

（2）开发过程中发生前期工程费 125 万元、建筑安装工程费 3 500 万元、基础设施建造费 500 万元、公共配套设施费 800 万元、开发期间间接费用 73 万元。一期开发缴纳土地闲置费 2 万元，发生管理费用 500 万元、销售费用 400 万元、利息支出 450 万元（包括罚息 50 万元，能提供金融机构贷款证明）。

（3）截至 2022 年 1 月底已销售可售面积的 80%，取得含税销售收入 20 000 万元。剩余面积全部用于对外投资。

已知：主管税务机关要求甲公司对该写字楼进行土地增值税清算，甲公司对该写字楼选择简易计税办法计算增值税，除利息支出外的房地产开发费用扣除比例为 5%，不考虑印花税、地方教育附加。

要求：根据上述资料，回答下列问题。

（1）允许扣除取得土地使用权所支付的金额为（　　）万元。

A. 4 802. 40　　B. 6 183　　C. 4 946. 40　　D. 6 003

（2）允许扣除的转让环节的税金为（　　）万元。

A. 83.33　　B. 76.19　　C. 119.05　　D. 66.67

（3）甲公司准予扣除项目金额合计（　　）万元。

A. 14 495.30　　B. 14 452.44　　C. 43 255.32　　D. 12 259.10

（4）甲公司应缴纳土地增值税（　　）万元。

A. 4 253.91　　B. 3 000.92　　C. 2 323　　D. 407.21

25.（**2017 年 · 计算题改编**）甲公司（非房地产开发企业）为增值税一般纳税人。2023 年 3 月转让一栋 2006 年自建的办公楼，取得含税收入 9 000 万元，已按规定缴纳转让环节的有关税金，并取得完税凭证。该办公楼造价为 800 万元，其中包含为取得土地使用权支付的地价款 300 万元、契税 9 万元以及按国家统一规定交纳的其他有关费用 1 万元。经房地产评估机构评定，该办公楼重新购建价格为 5 000 万元，成新度折扣率为五成，支付房地产评估费用 10 万元，该公司的评估价格已经税务机关认定。

甲公司对于转让营改增之前自建的办公楼选择简易征收方式；转让该办公楼缴纳的印花税税额为 4.5 万元。甲公司适用的城市维护建设税税率为 7%，教育费附加征收率为 3%，地方教育附加征收率为 2%。

根据上述资料，回答下列问题：

（1）该公司转让办公楼应纳增值税为（　　）万元。

A. 413.38　　B. 413.33　　C. 428.57　　D. 390.48

（2）在计算土地增值税时，可扣除转让环节税金为（　　）万元。

A. 54.11　　B. 51.43　　C. 55.93　　D. 51.36

（3）在计算土地增值税时，可扣除项目合计金额为（　　）万元。

A. 2 874.93　　B. 2 866.93　　C. 2 875.93　　D. 2 864.93

（4）甲公司应纳土地增值税为（　　）万元。

A. 2 419.27　　B. 2 417.01　　C. 2 678.31　　D. 2 416.36

26.（**2021 年 · 综合分析题**）位于市区的甲房地产开发企业为增值税一般纳税人，2020 年 10 月发生业务如下：

销售自行开发商品房占全部可售面积的 80%，取得不含税销售额 24 000 万元。

出租自行开发商品房占全部可售面积的 20%，约定租期为 2020 年 10 月 1 日至 2023 年 9 月 30 日，收取三年不含税租金收入 1 080 万元。

支付乙公司施工劳务费，取得增值税专用发票注明金额 4 200 万元，税额 378 万元［发票备注栏注明建筑服务发生地县（市、区）名称及项目名称］。施工劳务费销售商品房分担 80%。

已知：2019 年 3 月，甲受让商品房用地一宗，支付政府土地价款 6 000 万元，取得省级以上

(含省级) 财政部门监 (印) 制的财政票据，缴纳相关税费 210 万元；将该土地使用权的 60%土地用于建造商品房，施工证开工日期为 2019 年 5 月，利息支出为 500 万元 (其中含银行加罚的利息 20 万元)，能提供金融机构贷款证明且可以按转让房地产项目合理分摊。当地政府规定开发费用扣除比例 5%，取得增值税专用发票已抵扣，转让房地产税金考虑地方教育附加，但不考虑印花税。

根据上述资料，回答下列问题：

(1) 甲企业销售开发的商品房和出租商品房应缴纳的增值税为 (　　) 万元。

A. 1 620　　B. 1 466. 10　　C. 1 339. 20　　D. 1 644. 40

(2) 计算土地增值税可以扣除的与转让房地产有关税金为 (　　) 万元。

A. 191. 81　　B. 194. 40　　C. 175. 93　　D. 194. 38

(3) 计算土地增值税可扣除的开发成本和土地成本合计金额为 (　　) 万元。

A. 8 328　　B. 6 340. 80　　C. 7 180. 80　　D. 6 240

(4) 计算土地增值税可扣除的房地产开发费用为 (　　) 万元。

A. 800. 40　　B. 696. 31　　C. 425　　D. 701. 04

(5) 计算甲房地产开发企业销售商品房应缴纳的土地增值税为 (　　) 万元。

A. 647. 21　　B. 561. 17　　C. 856. 60　　D. 6 473. 82

(6) 关于甲公司土地增值税处理，下列表述正确的有 (　　)。

A. “与转让房地产有关的税金”不包括允许从销项税额中抵扣的进项税额

B. 房地产出租不属于征收土地增值税征收范围

C. 为取得土地使用权支付的契税，允许计入“与转让房地产有关的税金”中扣除

D. 实际缴纳的城市维护建设税、教育费附加，不能按清算项目准确计算的不得扣除

E. 甲公司应向房地产所在地主管税务机关办理纳税申报

27. **(2019 年 · 综合分析题改编)** 甲市某公司为增值税一般纳税人，主要从事旅居业务。2023 年 3 月主要经营业务如下：

业务一：整体出售一幢位于乙市的酒店式公寓，总价款为 16 500 万元。该公寓楼总建筑面积为 5 000 平方米，本月无其他经营收入。

业务二：该公司转让时无法取得该酒店式公寓评估价格，扣除项目金额按照发票所载金额 11 000 万元确定 (暂不考虑印花税)。

业务三：该公寓楼于 2020 年 6 月购进用于经营，取得增值税专用发票上注明金额 11 000 万元、税额为 1 100 万元，价税合计 12 100 万元；在办理产权过户时，缴纳契税 330 万元，取得契税完税凭证；转让前累计发生贷款利息支出 1 058. 75 万元、装修支出 1 000 万元。

业务四：本月租入甲市一幢楼房，按合同约定支付本月含税租金合计 10 万元，取得增值税

专用发票，出租方按一般计税方法计算增值税。该租入楼房 50%用于企业经营，50%用于职工宿舍。

已知：本月月初增值税留抵税额为 1 100 万元，地方教育附加允许计算扣除。

根据上述资料，回答下列问题：

（1）该公司转让酒店式公寓应在乙市预缴增值税（　　）万元。

A. 188.57　　B. 195　　C. 209.52　　D. 180

（2）2023 年 3 月该公司在甲市实际缴纳增值税（　　）万元。

A. 195.26　　B. 210.52　　C. 219.55　　D. 52.04

（3）该公司在计算土地增值税时，可扣除的评估价格为（　　）万元。

A. 14 041.50　　B. 12 650　　C. 13 029.50　　D. 12 100

（4）该公司在计算土地增值税时，准予扣除的“与转让房地产有关的税金”为（　　）万元。

A. 24.51　　B. 354.51　　C. 361.49　　D. 23.49

（5）该公司转让酒店式公寓应缴纳土地增值税（　　）万元。

A. 277.94　　B. 295.56　　C. 637.84　　D. 0

（6）关于该公司转让酒店式公寓，下列说法正确的有（　　）。

A. 如果税务部门发现该公司申报的计税价格明显低于同类房地产市场评估价格且无正当理由，该公司应按同类房地产的市场评估价格作为房地产的转让收入计算土地增值税

B. 增值率未超过 20%，可以免征土地增值税

C. 购买公寓楼时支付的契税准予作为“与转让房地产有关的税金”项目予以扣除

D. 购买公寓楼的贷款利息支出准予作为扣除项目予以扣除

E. 该公司在公寓楼转让前发生的装修支出可以作为扣除项目予以扣除

参考答案及解析

1. **【答案】** D

【解析】 本题考查房地产开发企业土地增值税清算的扣除项目。

选项 A 错误，拆迁补偿费允许作为房地产开发成本扣除。选项 B 错误，逾期开发的土地闲置费，不得扣除。选项 C 错误，房地产开发企业的预提费用，除另有规定外，不得扣除。

2. **【答案】** C

【解析】 本题考查土地增值税的扣除项目及金额。

转让旧房及建筑物能够取得评估价格的，计算土地增值税时允许扣除的项目：①房屋及建筑

物的评估价格；②取得土地使用权所支付的地价款或出让金；③按国家统一规定交纳的有关费用和转让环节缴纳的税金。对房地产进行评估，其支付的评估费用允许扣除。甲企业计算土地增值税时允许扣除项目金额=800×70%+10+5=575（万元）。

3.【答案】A

【解析】本题考查土地增值税清算时的扣除项目。

选项B错误，异地安置的房屋属于购入的，以实际支付的购房支出计入拆迁补偿费。选项C错误，房地产企业用建造的本项目房地产安置回迁户的，安置用房视同销售处理。选项D错误，用建造的本项目房地产安置回迁户的，安置回迁用房的开发成本可以作为项目扣除成本。

4.【答案】A

【解析】本题考查土地增值税收入额的确定。

选项B错误，对于县级及县级以上人民政府要求房地产开发企业在售房时代收的各项费用，如果代收费用是计入房价中向购买方一并收取的，可作为转让房地产所取得的收入计税；如果代收费用未计入房价中，而是在房价之外单独收取的，可以不作为转让房地产的收入。选项C错误，对取得的实物收入，按取得收入时的市场价格折算成货币收入。选项D错误，取得的收入为外国货币的，以取得收入当天或当月1日国家公布的市场汇价折合成人民币。

5.【答案】D

【解析】本题考查土地增值税的征税范围。

选项A、B，需要缴纳土地增值税。选项C，房地产开发公司将开发产品用于抵债，应视同销售房地产缴纳土地增值税。

6.【答案】B

【解析】本题考查土地增值税扣除项目及金额。

本题解题步骤如下：

第一步：计算出售比例。

出售比例=72 000÷80 000×100%=90%

第二步：计算可以扣除的土地成本和开发成本。

可以扣除的土地成本=20 000×90%=18 000（万元）

可以扣除的开发成本=15 000×90%=13 500（万元）

第三步：计算可以扣除的开发费用和其他扣除项目金额。

可以扣除的开发费用=(18 000+13 500)×10%=3 150（万元）

可以扣除的与转让房地产有关的税金为782万元。

财政部规定的其他扣除项目金额=(18 000+13 500)×20%=6 300（万元）

第四步：计算扣除项目金额合计。

允许扣除项目金额合计=18 000+13 500+3 150+782+6 300=41 732（万元）

因此，选项 B 正确。

7.【答案】D

【解析】本题考查房地产开发企业土地增值税清算。

属于多个房地产项目共同的成本费用，应按清算项目可售建筑面积占多个项目可售总建筑面积的比例或其他合理的方法，计算确定清算项目的扣除金额，选项 A 错误。

主管税务机关已受理的清算申请，纳税人无正当理由不得撤销，选项 B 错误。

房地产开发企业办理土地增值税清算所附送的前期工程费、建筑安装工程费、基础设施费、开发间接费用的凭证或资料不符合清算要求或不实的，税务机关可参照当地建设工程造价管理部门公布的建安造价定额资料，结合房屋结构、用途、区位等因素，核定上述四项开发成本的单位面积金额标准，并据以计算扣除。具体核定方法由省税务机关确定。因此，选项 C 错误。

8.【答案】C

【解析】本题考查土地增值税扣除项目。

房地产开发过程中实际发生的销售费用不据实扣除，而是根据公式计算扣除，选项 A 错误。对于超过贷款期限的利息部分不允许扣除，选项 B 错误。房地产开发成本包含耕地占用税，不需要调整，选项 D 错误。

9.【答案】C

【解析】本题考查土地增值税清算。

房地产开发企业销售已装修的房屋，其装修费用可以计入房地产开发成本扣除，选项 A 错误。对从事房地产开发的纳税人，允许按照取得土地使用权时所支付的金额和房地产开发成本之和，加计扣除 20%，选项 B、D 错误。

10.【答案】D

【解析】本题考查土地增值税扣除项目及金额。

转让旧房及建筑物时，凡不能取得评估价格，但能提供购房发票的，应以购房发票为基础计算扣除项目，并非直接以购房发票所载金额作为扣除项目金额，选项 A 错误。只有当不能取得评估价格，也不能提供购房发票时，税务机关才会实施核定征收，并非直接由税务机关核定，选项 B 错误。支付的评估费用可以据实扣除，选项 C 错误。转让旧房及建筑物能够取得评估价格的，应以评估价格为基础计算扣除项目，选项 D 正确。

11.【答案】A

【解析】本题考查土地增值税的征税范围。

个人销售住房暂免征收土地增值税，而个人销售商铺照章纳税，选项 A 正确。两个或两个以上企业合并为一个企业，且原企业投资主体存续的，对原企业将房地产转移、变更到合并后的企业（涉及房地产企业的除外），暂不征土地增值税，选项 B 错误。因国家建设需要依法征收、收回的房地产，免征土地增值税，无须缴纳，选项 C 错误。因城市实施规划、国家建设需要而搬迁，由纳税人自行转让原房地产的，免征土地增值税，无须缴纳，选项 D 错误。

12.【答案】B

【解析】本题考查土地增值税扣除项目及金额。

转让旧房及建筑物不能取得评估价格，但能够提供购房发票的，可按发票所载金额并从购买年度起至转让年度止每年加计 5%计算扣除。其中："每年"是指购房发票所载日期起至售房发票开具之日止，每满 12 个月计一年；超过一年，未满 12 个月但超过 6 个月的，可以视同一年。购房凭据为营改增后取得的增值税普通发票的，按照发票所载价税合计金额每年加计 5%计算。在本题中，张某 2022 年 6 月购入商铺，2023 年 4 月转让，不足 12 个月。因此，可以扣除旧房金额及加计扣除共计＝350+17.50＝367.50（万元），选项 B 正确。

13.【答案】ABCD

【解析】本题考查土地增值税的扣除项目。

房地产开发成本：土地征用及拆迁补偿费、前期工程费、建筑安装工程费（选项 C）、基础设施费（选项 B）、公共配套设施费、开发间接费用（选项 D）。其中，土地征用及拆迁补偿费，包括土地征用费、耕地占用税（选项 A）、劳动力安置费及有关地上、地下附着物拆迁补偿的净支出、安置动迁用房支出等。选项 E 错误，房地产开发企业为取得土地使用权所支付的契税，应视同"按国家统一规定交纳的有关费用"，记入"取得土地使用权所支付的金额"中扣除。

14.【答案】ACE

【解析】本题考查土地增值税的扣除项目。

选项 A、C 正确，开发间接费用、前期工程费属于房地产开发成本，允许据实扣除。选项 B 错误，房地产开发费用按取得土地使用权所支付的金额和房地产开发成本的一定比例扣除，而非据实扣除。选项 D 错误，对于县级及县级以上人民政府要求房地产开发企业在售房时代收的各项费用，如果代收费用是计入房价中向购买方一并收取的，可作为转让房地产所取得的收入计税；如果代收费用未计入房价中，而是在房价之外单独收取的，可以不作为转让房地产的收入。选项 E 正确，房地产开发企业支付给回迁户补差价款，计入拆迁费据实扣除。

15.【答案】BD

【解析】本题考查土地增值税的税收优惠。

选项 A 错误，戊企业转让闲置仓库，照章征收土地增值税。选项 B 正确，企业分设为两个或两个以上与原企业投资主体相同的企业，对原企业将房地产转移、变更到分立后的企业，暂不征土地增值税。选项 C 错误，乙房产公司以房产投资，视同销售房产，照章征收土地增值税。选项 D 正确，企事业单位、社会团体以及其他组织转让旧房作为改造安置住房房源且增值额未超过扣除项目金额 20%的，免征土地增值税。选项 E 错误，代建房行为不属于土地增值税征税范围。

16. **【答案】** DE

【解析】 本题考查财政部确定的其他扣除项目。

对于县级及县级以上人民政府要求房地产开发企业在售房时代收的各项费用，如果代收费用计入房价向购买方一并收取，则应作为转让房地产所取得的收入计税；相应地，在计算扣除项目金额时，代收费用可以扣除，但不得作为加计 20%扣除的基数。如果代收费用未计入房价中，而是在房价之外单独收取，则可以不作为转让房地产的收入征税；相应地，在计算增值额时，代收费用不得在收入中扣除。选项 A、B、C 错误。

17. **【答案】** ACDE

【解析】 本题考查土地增值税清算时扣除项目。

房地产开发企业开发建造的与清算项目配套的居委会和派出所用房、会所、停车场（库）、物业管理场所、变电站、热力站、水厂、文体场馆、学校、幼儿园、托儿所、医院、邮电通讯等公共设施，按以下原则处理：①建成后产权属于全体业主所有的，其成本、费用可以扣除（选项 C）；②建成后无偿移交给政府、公用事业单位用于非营利性社会公共事业的，其成本、费用可以扣除（选项 A）；③建成后有偿转让的，应计算收入，并准予扣除成本、费用（选项 E）。选项 D，建成后无偿转让给另一企业，属于视同销售情形，确认视同销售收入同时可以扣除与之相关的成本费用（选项 D）。

18. **【答案】** ABCE

【解析】 本题考查土地增值税的税收优惠。

因城市实施规划、国家建设的需要而搬迁，由纳税人自行转让原房地产的，免征土地增值税。其中因“国家建设的需要”而搬迁，是指因实施国务院、省级人民政府、国务院有关部委批准的建设项目而进行搬迁的情况，不包括地、市级人民政府批准的建设项目而进行搬迁的情况。因此，选项 D 错误。

19. **【答案】** BC

【解析】 本题考查土地增值税清算。

纳税人符合以下条件之一的，应进行土地增值税的清算：① 开发项目全部竣工、完成销售的（选项 C 正确）；② 整体转让未竣工决算房地产开发项目的（选项 B 正确）；③ 直接转让土地使用权的。

20. **【答案】** ACDE

【解析】 本题考查土地增值税收入额的确定。

房地产开发企业将开发产品用于职工福利、奖励、对外投资、分配给股东或投资人、抵偿债务、换取其他单位和个人的非货币性资产、安置回迁户等，发生所有权转移时应视同销售房地产，选项 A、C、D、E 正确。对外出租，不属于土地增值税的征税范围，选项 B 错误。

21.【答案】AD

【解析】本题考查土地增值税的征税范围。

将房产赠与非直系亲属或非承担直接赡养义务人的行为，属于土地增值税的征税范围，选项 A 正确。抵押期内的厂房，权属未发生转移，不属于土地增值税的征税范围，选项 B 错误。对闲置厂房进行改造，权属未发生转移，不属于土地增值税的征税范围，选项 C 错误。居民个人之间交换非居住用房产，属于土地增值税征税范围，选项 D 正确。房产评估增值，不属于土地增值税的征税范围，选项 E 错误。

22.【答案】ABD

【解析】本题考查土地增值税清算。

未开具发票或者未全额开具发票的，以交易双方签订的销售合同所载的售房金额及其他收益确认收入，选项 C 错误。房地产开发企业在营改增后进行房地产开发项目土地增值税清算时，应按营改增前转让房地产取得的收入与营改增后转让房地产取得的不含增值税收入之和来确定土地增值税应税收入，选项 E 错误。

23.（1）【答案】D

【解析】本题考查土地增值税的扣除项目。

甲公司使用土地 70%开发建造项目，已销售该项目的 85%，则该项目准予扣除取得土地支付的金额＝（8 000+240）×70%×85%＝4 902. 80（万元）。

（2）【答案】A

【解析】本题考查土地增值税的扣除项目。

房地产开发企业销售房产选择简易计税，增值税＝20 000÷(1+5%)×5%＝952. 38（万元）；准予扣除的与销售该项目相关的税金＝952. 38×(7%+3%)＝95. 24（万元）。

（3）【答案】D

【解析】本题考查土地增值税的扣除项目。

取得土地使用权所支付的金额＝(8 000+240)×70%×85%＝4 902. 80（万元）

房地产开发成本＝4 000×85%＝3 400（万元）

房地产开发费用＝(4 902. 80+3 400)×10%＝830. 28（万元）

准予扣除的项目金额合计＝4 902. 80+3 400+830. 28+95. 24+（4 902. 80+3 400）×20%＝10 888. 88（万元）

（4）【答案】C

【解析】本题考查土地增值税应纳税额的计算。

增值额＝20 000−20 000÷(1+5%)×5%−10 888. 88＝8 158. 74（万元）

增值率＝8 158.74÷10 888.88×100%＝74.93%，适用税率40%，速算扣除系数为5%。

应纳土地增值税＝8 158.74×40%－10 888.88×5%＝2 719.05（万元）

24.（1）【答案】B

【解析】本题考查土地增值税扣除项目及金额。

取得土地使用权所支付的金额是指纳税人为取得土地使用权所支付的地价款和按国家统一规定交纳的有关费用之和（包括契税、登记过户手续费）。允许扣除取得土地使用权所支付的金额＝6 000+180+3＝6 183（万元），选项B正确。

（2）【答案】C

【解析】本题考查土地增值税扣除项目及金额。

转让环节缴纳的增值税＝20 000÷80%÷(1+5%)×5%＝1 190.48（万元），允许扣除的转让环节的税金＝1 190.48×(7%+3%)＝119.05（万元），选项C正确。

（3）【答案】A

【解析】本题考查土地增值税扣除项目及金额。

取得土地使用权所支付的金额为6 183万元。

房地产开发成本包括土地征用及拆迁补偿费、前期工程费、建筑安装工程费、基础设施费、公共配套设施费、开发间接费用。

房地产开发成本＝125+3 500+500+800+73＝4 998（万元）

房地产开发费用＝(450－50)+(6 183+4 998)×5%＝959.05（万元）

转让环节的税金为119.05万元。

其他扣除项目＝(6 183+4 998)×20%＝2 236.20（万元）

甲公司准予扣除项目金额合计＝6 183+4 998+959.05+119.05+2 236.20＝14 495.30（万元）

因此，选项A正确。

（4）【答案】B

【解析】本题考查土地增值税应纳税额的计算。

本题解题步骤如下：

第一步：计算不含增值税收入。

不含增值税收入＝20 000÷80%－1 190.48＝23 809.52（万元）

第二步：确定增值额、增值率。

增值额＝收入额－扣除项目金额＝23 809.52－14 495.30＝9 314.22（万元）

增值率＝增值额÷扣除项目金额×100%＝9 314.22÷14 495.30×100%＝64.26%

第三步：计算土地增值税。

确定适用税率为40%，速算扣除系数为5%。

甲公司应缴纳土地增值税＝增值率×适用税额－扣除项目金额×速算扣除系数＝9 314. 22×40%－14 495. 30×5%＝3 000. 92（万元）

因此，选项 B 正确。

25.（1）【答案】C

【解析】本题考查非房地产企业转让自建不动产应纳增值税的计算。（结合增值税考点）

一般纳税人转让其 2016 年 4 月 30 日前自建的不动产，可以选择适用简易计税方法计税，以取得的全部价款和价外费用为销售额，按照 5%的征收率计算应纳税额。

应纳增值税＝全部价款和价外费用÷（1+5%）×5%＝9 000÷（1+5%）×5%＝428. 57（万元）

因此，选项 C 正确。

（2）【答案】C

【解析】本题考查土地增值税扣除项目及金额。

对于非房地产开发企业，与转让房地产有关的税金是指在转让房地产时缴纳的印花税、城市维护建设税、教育费附加。对于题目中已给出征收率的地方教育附加，也可以扣除。

可扣除转让环节税金＝428. 57×（7%+3%+2%）+4. 50＝55. 93（万元）

因此，选项 C 正确。

（3）【答案】C

【解析】本题考查土地增值税扣除项目及金额。

转让旧房可以提供评估价格时，可以扣除房屋及建筑物的评估价格、取得土地使用权所支付的地价款或出让金、按国家统一规定交纳的有关费用和转让环节缴纳的税金，对房地产进行评估所支付的评估费也可以作为扣除项目扣除。

可扣除项目金额合计＝5 000×50%+55. 93+300+9+1+10＝2 875. 93（万元）

因此，选项 C 正确。

注意，为取得土地使用权所支付的契税，也应作为扣除项目予以扣除。

（4）【答案】D

【解析】本题考查土地增值税应纳税额的计算。

本题解题步骤如下：

第一步：计算不含增值税收入。

收入额＝9 000－428. 57＝8 571. 43（万元）

第二步：确定增值额、增值率。

增值额＝收入额－扣除项目金额＝8 571. 43－2 875. 93＝5 695. 50（万元）

增值率＝增值额÷扣除项目金额×100%＝5 695. 50÷2 875. 93×100%＝198. 04%

第三步：计算土地增值税。

确定适用税率为50%，速算扣除系数为15%。

应纳税额=增值额×适用税率-扣除项目金额×速算扣除系数

=5 695.50×50%-2 875.93×15%

=2 416.36（万元）

因此，选项D正确。

26.（1）【答案】A

【解析】本题考查一般计税方法应纳税额的计算。

本题解题步骤如下：

第一步：计算转让不动产的增值税销项税额。

房地产开发企业转让不动产可以扣除相应土地价款，企业将该土地使用权的60%土地用于建造商品房，销售自行开发商品房占全部可售面积的80%。

转让不动产增值税税率为9%。

增值税销项税额=(24 000-6 000×60%×80%)×9%=1 900.80(万元)

第二步：计算出租不动产的增值税销项税额。

约定租期为2020年10月1日至2023年9月30日，收取三年不含税租金收入1 080万元。纳税义务发生时间为收到租金时，不得分摊到相应时间段，增值税税率为9%。

增值税销项税额=1 080×9%=97.20（万元）

第三步：计算当期应缴纳的增值税。

取得增值税专用发票注明金额4 200万元，税额378万元，且发票开具符合规定，相应进项税额可以抵扣。

应纳增值税=1 900.80+97.20-378=1 620（万元）

因此，选项A正确。

（2）【答案】A

【解析】本题考查土地增值税扣除项目及金额的计算。

房地产开发企业转让房地产时可抵扣城市维护建设税、教育费附加、地方教育附加。

本题解题步骤如下：

第一步：计算转让房地产对应增值税。

销售商品房应缴纳增值税=1 900.80-378×80%=1 598.40（万元）

第二步：计算城市维护建设税、教育费附加、地方教育附加。

与转让环节有关的税金=1 598.40×(7%+3%+2%)= 191.81（万元）

因此，选项A正确。

（3）【答案】B

【解析】本题考查土地增值税扣除项目及金额的计算。

本题解题步骤如下：

第一步：确定土地成本。

支付政府土地价款 6 000 万元，缴纳相关税费 210 万元，将该土地使用权的 60% 土地用于建造商品房。

土地成本＝(6 000+210)×60%＝3 726(万元)

第二步：确定开发成本、销售比例。

支付乙公司施工劳务费，取得增值税专用发票注明金额 4 200 万元。销售自行开发商品房占全部可售面积的 80%。

开发成本＝4 200×80%＝3 360（万元）

第三步：确定可扣除的开发成本和土地成本。

可扣除的开发成本和土地成本合计＝3 726×80%+3 360＝6 340. 80（万元）

因此，选项 B 正确。

(4)【答案】D

【解析】本题考查土地增值税扣除项目及金额的计算。

利息支出为 500 万元（其中含银行加罚的利息 20 万元），罚息不得作为费用扣除。能提供金融机构贷款证明且可以按转让房地产项目合理分摊，当地政府规定开发费用扣除比例 5%，财务费用按比例 80% 扣除，开发费用的基数为土地成本和开发成本。

房地产开发费用＝(500−20)×80%+6 340. 80×5%＝701. 04（万元）

因此，选项 D 正确。

(5)【答案】D

【解析】本题考查土地增值税应纳税额的计算。

本题解题步骤如下：

第一步：计算扣除项目合计。

扣除项目合计＝6 340. 80+701. 04+191. 81+6 340. 80×20%＝8 501. 81（万元）

第二步：确定增值额、增值率。

收入确定，不含税销售额为 24 000 万元。

增值额＝收入额−扣除项目金额＝24 000−8 501. 81＝15 498. 19（万元）

增值率＝增值额÷扣除项目金额×100%＝15 498. 19÷8 501. 81×100%＝182. 29%

第三步：计算土地增值税。

确定适用税率为 50%，速算扣除系数为 15%。

应缴纳的土地增值税税额＝增值额×适用税率−扣除项目金额×速算扣除系数＝15 498. 19×

50%−8 501.81×15%＝6 473.82（万元）

因此，选项 D 正确。

（6）【答案】ABE

【解析】本题考查土地增值税征收范围、土地增值税扣除项目、土地增值税征收管理。

为取得土地使用权支付的契税，应计入取得土地使用权所支付的金额中，选项 C 错误。房地产开发企业实际缴纳的城市维护建设税、教育费附加，凡能够按清算项目准确计算的，允许据实扣除，凡不能按清算项目准确计算的，则按清算项目预缴增值税时实际缴纳的城市维护建设税、教育费附加扣除，选项 D 错误。

27.（1）【答案】C

【解析】本题考查增值税的预缴。

非房地产开发企业一般纳税人转让其 2016 年 5 月 1 日后取得的不动产，以取得的全部价款和价外费用扣除不动产购置原价后的余额，按照 5%的预征率向不动产所在地主管税务机关预缴增值税。

应在乙市预缴增值税＝(16 500−12 100)÷(1+5%)×5%＝209.52（万元）

因此，选项 C 正确。

（2）【答案】D

【解析】本题考查增值税应纳税额的计算。

纳税人租入固定资产、不动产，既用于一般计税方法计税项目，又用于简易计税方法计税项目、免征增值税项目、集体福利或者个人消费的，其进项税额准予从销项税额中全额抵扣。

实际缴纳增值税＝[16 500÷(1+9%)×9%−10÷(1+9%)×9%]−209.52−1 100＝52.04（万元）

因此，选项 D 正确。

【提示】此处扣除的 1 100 万元为月初增值税留在税额。

（3）【答案】B

【解析】本题考查土地增值税扣除项目及金额。

纳税人转让旧房及建筑物，凡不能取得评估价格，但能提供购房发票的，可按发票所载金额并从购买年度起至转让年度止每年加计 5%计算扣除。每满 12 个月计 1 年，超过 1 年未满 12 个月但超过 6 个月的，可以视同 1 年。

在本题中，该公司 2020 年 6 月购入至 2023 年 3 月转让，视为 3 年。

可扣除的评估价格＝11 000×(1+3×5%)＝12 650（万元）

因此，选项 B 正确。

（4）【答案】C

【解析】本题考查土地增值税扣除项目及金额。

对纳税人购房时缴纳的契税，凡能提供契税完税凭证的，准予作为“与转让房地产有关的税金”予以扣除，但不作为加计5%的基数。

土地增值税以项目为单位进行计算，其准予扣除的“与转让房地产有关的税金”＝[16 500÷(1+9%)×9%-1 100]×(7%+3%+2%)+330＝361.49（万元）。

因此，选项C正确。

【提示】此处扣除的1 100万元为该公寓楼取得时的增值税进项税额。

(5)**【答案】**C

【解析】本题考查土地增值税应纳税额的计算。

本题解题步骤如下：

第一步：计算不含增值税收入。

不含增值税收入＝16 500÷(1+9%)＝15 137.61（万元）

第二步：确定增值额、增值率。

增值额＝收入额-扣除项目金额＝15 137.61-(12 650+361.49)＝2 126.12（万元）

增值率＝增值额÷扣除项目金额×100%＝2 126.12÷(12 650+361.49)×100%＝16.34%

第三步：计算土地增值税。

确定适用税率为30%，速算扣除系数为0。

应纳税额＝增值额×适用税率-扣除项目金额×速算扣除系数＝2 126.12×30%-(12 650+361.49)×0＝637.84（万元）

因此，选项C正确。

(6)**【答案】**AC

【解析】本题考查转让旧房及建筑物土地增值税的计算。

纳税人建造普通标准住宅出售，增值额未超过扣除项目金额之和20%的，免征土地增值税，不适用于酒店式公寓，选项B错误。纳税人转让旧房及建筑物，不再单独扣除贷款利息支出、装修支出等，选项D、E错误。

第六章　资源税

本章考情 Q&A

Q：本章的重要性如何？

A：本章属于次重点章节，在近 5 年考试中的平均分值约为 14 分。

Q：本章的学习难度如何？

A：本章属于本书中难度适中的章节。税率和征税对象、税收优惠、应纳税额的计算、征收管理都是比较常见的考点，需要考生掌握。

Q：本章在考试中通常以什么形式考查？

A：本章通常以单项选择题、多项选择题和综合分析题的形式考查。

Q：2024 年本章内容有变动吗？

A：本章内容变化较小，主要变化如下：

1. 新增

页岩气资源税减征 30%的优惠政策。

2. 调整

（1）增值税小规模纳税人、小型微利企业和个体工商户减半征收资源税政策；

（2）充填开采置换出来的煤炭资源税减征 50%优惠政策的延期。

Q：本章主要考点近年分布如何？

A：以下用星标方式展示本章主要考点的学习难度、考题难度、考查频率。

考点	学习难度	考题难度	考查频率
税率和征税对象	★	★	★
税收优惠	★★	★★	★★
应纳税额的计算	★★	★★	★★★
征收管理	★	★	★

经典例题

考点一 税率和征税对象

【例题1·2023年·单项选择题】下列油品属于资源税征收范围的是（ ）。

A. 高凝油 B. 溶剂油 C. 燃料油 D. 石脑油

【答案】A

【解析】本题考查资源税的征税对象。

选项A正确，稠油、高凝油属于原油，应征收资源税。选项B、C、D错误，溶剂油、燃料油和石脑油属于成品油，不属于原油，不属于资源税的征收范围。

【例题2·2020年·单项选择题】关于资源税税率，下列说法正确的是（ ）。

A. 有色金属选矿一律实行幅度比例税率

B. 开采不同应税产品的，未分别核算或不能准确提供不同应税产品的销售额或销售数量时，从高适用税率

C. 原油和天然气税目不同，适用税率也不同

D. 具体适用税率由省级人民政府提出，报全国人民代表大会常务委员会决定

【答案】B

【解析】本题考查资源税的税率。

有色金属既有固定税率又有幅度税率，选项A错误。纳税人开采不同税目应税产品，未分别核算或不能准确提供不同应税产品的销售额或销售数量的，从高适用税率，选项B正确。原油和天然气均属于能源矿产税目下的二级子税目，适用税率均为6%，选项C错误。对实行幅度税率的，其具体适用税率由省、自治区、直辖市人民政府统一提出，报同级人民代表大会常务委员会决定，并报全国人民代表大会常务委员会和国务院备案，选项D错误。

【例题3·2020年·多项选择题】下列属于资源税征税对象的有（ ）。

A. 钨矿原矿 B. 海盐 C. 钼矿原矿 D. 锰矿原矿

E. 人造石油

【答案】BD

【解析】本题考查资源税的征税对象。

钨矿以选矿作为征税对象，选项A错误。海盐属于资源税的征税对象，选项B正确。钼矿以选矿作为征税对象，选项C错误。锰矿以原矿或者选矿作为征税对象，选项D正确。人造石油不属于资源税征税对象，选项E错误。

私教点拨

资源税是对应税资源品征收的一种税，共有 5 个一级税目、17 个二级税目，纳税人为在中华人民共和国领域和管辖的其他海域开发应税资源的单位和个人。部分资源品可直接以开采的**原矿**作为征税对象，其他资源品需要进一步加工为**选矿**后才会作为征税对象。税率形式有**比例税率和定额税率**两种，也可根据税率是固定的还是幅度的分为**固定税率和幅度税率**。随着资源税的立法，其税率形式和征税对象的考核逐渐频繁，考生需要熟悉。资源税的税目和税率类型见表 6－1。

表 6－1 资源税的税目和税率类型

<table>
<tr><th>一级税目</th><th colspan="2">二级税目</th><th>征税对象</th><th>税率类型</th></tr>
<tr><td rowspan="3">能源矿产</td><td colspan="2">原油，天然气、页岩气、天然气水合物，铀、钍</td><td rowspan="2">原矿</td><td>固定税率</td></tr>
<tr><td colspan="2">煤成（层）气，地热</td><td rowspan="2">幅度税率</td></tr>
<tr><td colspan="2">煤，油页岩、油砂、天然沥青、石煤</td><td>原矿或者选矿</td></tr>
<tr><td rowspan="3">金属矿产</td><td>黑色金属</td><td>铁、锰、铬、钒、钛</td><td>原矿或者选矿</td><td>幅度税率</td></tr>
<tr><td rowspan="2">有色金属</td><td>钨、钼、轻稀土、中度稀土</td><td>选矿</td><td rowspan="2">固定税率与幅度税率</td></tr>
<tr><td>金、银、铝土矿等其他有色金属</td><td>原矿或者选矿</td></tr>
<tr><td rowspan="2">非金属矿产</td><td colspan="2">矿物类</td><td rowspan="2">原矿或者选矿</td><td>固定税率与幅度税率</td></tr>
<tr><td colspan="2">岩石类，宝玉石类</td><td>幅度税率</td></tr>
<tr><td>水气矿产</td><td colspan="2">二氧化碳气、硫化氢气、氦气、氡气，矿泉水</td><td>原矿</td><td>幅度税率</td></tr>
<tr><td rowspan="3">盐</td><td colspan="2">钠盐、钾盐、镁盐、锂盐</td><td>选矿</td><td rowspan="3">幅度税率</td></tr>
<tr><td colspan="2">天然卤水</td><td>原矿</td></tr>
<tr><td colspan="2">海盐</td><td>—</td></tr>
</table>

纳税人开采或者生产不同税目应税产品的，应当分别核算不同税目应税产品的销售额或者销售数量；纳税人开采或者生产同一税目下适用不同税率应税产品的，应当分别核算不同税率应税产品的销售额或者销售数量。未分别核算或不能准确提供不同应税产品的销售额或销售数量的，从高适用税率。对实行幅度税率的资源，其具体适用税率由省级人民政府在税率幅度内提出，报同级人大常委会决定，并报全国人大常委会和国务院备案。

对取用地表水或者地下水的单位和个人试点征收水资源税，并根据实际情况实行差别税率。

考点二 税收优惠

【例题·2019年·多项选择题改编】关于增值税一般纳税人资源税优惠政策，下列说法正确的有（ ）。

A. 低丰度油气田减征30%资源税

B. 因安全生产抽采的煤成（层）气免征资源税

C. 开采共伴生矿的税收减免规定由全国人大决定

D. 开采原油时用于加热的原油免征资源税

E. 衰竭期矿山开采的煤炭减征40%资源税

【答案】BD

【解析】本题考查资源税的税收优惠。

从低丰度油气田开采的原油、天然气，减征20%资源税，选项A错误。煤炭开采企业因安全生产需要抽采的煤成（层）气免征资源税，选项B正确。纳税人开采共伴生矿、低品位矿、尾矿由省级人民政府提出，报同级人大常委会决定，并报全国人大常委会和国务院备案，选项C错误。开采原油以及在油田范围内运输原油过程中用于加热的原油、天然气免征资源税，选项D正确。从衰竭期矿山开采的矿产品，资源税减征30%，选项E错误。

私教点拨

资源税的税收优惠政策可单独考查，也可结合应纳税额的计算综合考查，考生务必要掌握，具体内容见表6-2。

表6-2 资源税的税收优惠

类型	税收优惠
免征	（1）开采原油以及在油田范围内运输原油过程中用于加热的原油、天然气； （2）煤炭开采企业应安全生产需要抽采的煤成（层）气
减征	（1）稠油、高凝油减征40%资源税； （2）高含硫天然气、三次采油和深水油气田开采的原油、天然气，减征30%资源税； （3）从衰竭期矿山开采的矿产品，减征30%资源税； （4）自2018年4月1日至2027年12月31日，对页岩气资源税（按6%的规定税率）减征30%； （5）从低丰度油气田开采的原油、天然气，减征20%资源税； （6）自2023年1月1日至2027年12月31日，对增值税小规模纳税人、小型微利企业和个体工商户可以在50%的税额幅度内减征资源税（不含水资源税）； （7）自2014年12月1日至2027年8月31日，对充填开采置换出来的煤炭，资源税减征50%

（续表）

类型	税收优惠
可由省、自治区、直辖市自行决定免征或者减征	（1）纳税人开采或者生产应税产品过程中，因意外事故或者自然灾害等原因遭受重大损失； （2）纳税人开采共伴生矿、低品位矿、尾矿
水资源税免税	（1）规定限额内的农业生产取用水； （2）取用污水处理再生水； （3）除接入城镇公共供水管网以外，军队、武警部队通过其他方式取用水； （4）抽水蓄能发电取用水； （5）采油排水经分离净化后在封闭管道回注的

根据国民经济和社会发展需要，国务院对有利于促进资源节约集约利用、保护环境等情形可以规定免征或者减征资源税，报全国人民代表大会常务委员会备案。对于可由省、自治区、直辖市自行决定免征或者减征的项目，需由省、自治区、直辖市人民政府提出，报同级人大常委会决定，并报全国人大常委会和国务院备案。

考点三　应纳税额的计算

【例题1·2020年·单项选择题改编】2023年5月，某锡矿开采企业开采锡矿原矿300吨。本月销售锡矿原矿200吨，取得不含税销售额500万元；剩余锡矿原矿100吨移送加工选矿80吨，本月全部销售，取得不含税销售额240万元。锡矿原矿和锡矿选矿资源税税率分别为5%和6.5%。该企业当月应缴纳资源税（　　）万元。

A. 41.25　　B. 53.10　　C. 15.60　　D. 40.60

【答案】D

【解析】本题考查资源税应纳税额的计算。

本题解题步骤如下：

第一步：确定销售额。

锡矿从价征收，以销售额为基础计税，其征税对象是原矿或者选矿，销售锡矿原矿及锡矿选矿时均应当征收资源税。本题中，销售锡矿原矿取得销售额500万元，销售锡矿选矿取得销售额240万元。

第二步：计算应纳税额。

本题中，锡矿原矿资源税税率为5%，锡矿选矿资源税税率为6.5%。

应纳税额=销售额×适用税率=500×5%+240×6.5%=40.60（万元）

因此，选项D正确。

【例题 2·2018 年·单项选择题改编】 2023 年 3 月，某原油开采企业（增值税一般纳税人）销售原油取得不含税销售额 3 560 万元，开采原油过程中用于加热的原油 1 吨，用于连续生产应税产品 10 吨。原油不含税销售价格为 0.38 万元/吨，原油资源税税率为 6%。该企业当月应纳资源税（　　）万元。

A. 182.56　　B. 213.60

C. 213.83　　D. 213.85

【答案】 B

【解析】 本题考查资源税应纳税额的计算。

本题解题步骤如下：

第一步：确定销售额。

开采原油以及在油田范围内运输原油过程中用于加热的原油、天然气免税。自产用于连续生产应税产品的，不缴纳资源税。因此，销售额为 3 560 万元。

第二步：计算应缴纳的资源税。

本题中，原油资源税税率为 6%。

应纳税额 = 销售额×适用税率 = 3 560×6% = 213.60（万元）

因此，选项 B 正确。

私教点拨

资源税实行从价计征或者从量计征，一般以从价计征为主进行考查，其应纳税额 = 销售额×适用税率。

在计算资源税应纳税额时，需要注意以下情形。

（1）销售额不包括增值税税款。

（2）计入销售额中的相关运杂费用，凡取得增值税发票或者其他合法有效凭据的，准予从销售额中扣除。相关运杂费用是指应税产品从坑口或者洗选（加工）地到车站、码头或者购买方指定地点的运输费用、建设基金以及随运销产生的装卸、仓储、港杂费用。

（3）纳税人开采或者生产应税产品自用的，应当依法缴纳资源税；但是，自用于连续生产应税产品的，不缴纳资源税。

（4）纳税人外购应税产品与自采应税产品混合销售或者混合加工为应税产品销售的，在计算应税产品销售额或者销售数量时，准予扣减外购应税产品的购进金额或者购进数量；当期不足扣减的，可结转下期扣减。纳税人应当准确核算外购应税产品的购进金额或者购进数量，未准确核算的，一并计算缴纳资源税。

（5）纳税人开采或者生产同一应税产品，其中既有享受减免税政策的，又有不享受减免税政策的，按照免税、减税项目的产量占比等方法分别核算确定免税、减税项目的销售额或者销售数量。

资源税的税率无须记忆，题目中会作为已知条件给出，但需要考生熟练运用。对于不同税目的应税产品适用不同的税率，相同税目下也可能因为销售的是原矿或者选矿的不同而适用不同的税率，应分别计算。

考点四 征收管理

【例题·2021年·多项选择题】 根据资源税的规定，下列说法正确的有（　　）。

A. 外购应税产品与自采应税产品混合加工为选矿产品销售的，计税销售额中直接扣减外购应税产品的购进金额

B. 资源税的纳税地点为应税产品的销售地

C. 从衰竭期矿山开采的矿产品减征40%资源税

D. 自用应税产品的纳税义务发生时间为移送应税产品的当日

E. 煤炭开采企业因安全生产需要抽采的煤成（层）气免征资源税

【答案】 DE

【解析】 本题考查资源税的税收优惠和征收管理。

纳税人以外购原矿与自采原矿混合洗选加工为选矿产品销售的，在计算应税产品销售额或者销售数量时，按照下列方法进行扣减：准予扣减的外购应税产品购进金额(数量)=外购原矿购进金额(数量)×(本地区原矿适用税率÷本地区选矿产品适用税率)。因此，选项A错误。

纳税人应向应税矿产品的开采地或者海盐生产地缴纳资源税，选项B错误。

从衰竭期矿山开采的矿产品，减征30%资源税，选项C错误。

私教点拨

对资源税征收管理相关考点的梳理总结，见表6－3。

表6－3 资源税的征收管理

项目	具体内容
纳税义务发生时间	（1）销售应税产品：为收讫销售款或者取得索取销售款凭据的当日。 （2）自用应税产品：为移送应税产品的当日。 （3）水资源税的纳税义务发生时间为纳税人取用水资源的当日

（续表）

项目	具体内容
纳税期限	(1) 按月或者按季申报缴纳的：月度或者季度终了之日起15日内办理纳税申报并缴纳税款。 (2) 不能按固定期限计算缴纳的，可以按次申报缴纳：自纳税义务发生之日起15日内办理纳税申报并缴纳税款。 (3) 除农业生产取用水外，水资源税按季或者按月征收，对超过规定限额的农业生产取用水，水资源税可按年征收；自纳税期满或纳税义务发生之日起15日内办理纳税申报并缴纳税款
纳税地点	(1) 纳税人应当在矿产品的开采地或者海盐的生产地缴纳资源税。 (2) 海上开采的原油和天然气资源税由海洋石油税务管理机构征收管理。 (3) 水资源税纳税人向生产经营所在地的税务机关申报缴纳；跨省（区、市）调度的水资源，由调入区域所在地的税务机关征收

真题演练

1. **(2023年·单项选择题)** 水资源税试点地区发生的下列取水行为中，应缴纳水资源税的是（　　）。

A. 火力发电贯流式冷却取用水

B. 水利工程管理单位调度水资源取水

C. 农村集体经济组织从本集体经济组织的水库中取用水

D. 抽水蓄能发电取用水

2. **(2023年·单项选择题)** 甲煤矿2023年3月销售自采与外购原煤混合的原煤，取得不含税销售额180万元。其中，从坑口到车站站场的运输费用为8万元、装卸费为2万元（取得符合规定的发票），上月未抵减的外购原煤不含税购进额为50万元。该地区原煤资源税税率为3%。甲煤矿本月应缴纳资源税为（　　）万元。（不考虑六税两费减征优惠）

A. 5.10　　B. 3.60　　C. 3.90　　D. 5.40

3. **(2022年·单项选择题)** 关于资源税计税方式，下列说法正确的是（　　）。

A. 计征方式分为从价计征、从量计征和复合计征三种

B. 资源税的税率形式有统一比例税率、幅度比例税率与幅度定额税率

C. 可选择实行从价计征或从量计征的，具体计征方式由省级税务机关确定

D. 由纳税人自行选择资源税计税方式

4. **(2022年·单项选择题)** A省甲煤矿企业（非小型微利企业）为增值税一般纳税人，2022年1月销售原煤取得不含增值税收入650万元。从B省乙煤矿收购洗选煤，取得增值税专用

发票注明金额 150 万元，将其与自采的洗选煤混合并全部对外销售，取得不含税销售额 480 万元。已知原煤资源税税率为 6%，洗选煤资源税税率 A 省和 B 省均为 5%。甲煤矿本月应缴纳资源税（　　）万元。

A. 49　　B. 54　　C. 55.5　　D. 63

5.（2022 年 · 单项选择题）甲锡矿开采企业（非小型微利企业）为增值税一般纳税人，2022 年 1 月销售自采锡矿原矿 100 吨，取得不含税销售额 250 万元。将自产锡矿原矿 50 吨移送加工选矿 40 吨并于本月全部销售，取得不含税销售额 120 万元。本月从当地的乙锡矿开采企业购进锡矿原矿，取得增值税专用发票上注明金额 80 万元，甲企业将此其与自采锡矿原矿混合，本月全部销售，取得不含税销售额 200 万元。当地锡矿原矿资源税税率为 5%，选矿资源税税率为 4.5%。甲企业本月应缴纳资源税（　　）万元。

A. 24.90　　B. 30.15　　C. 23.90　　D. 31.90

6.（2021 年 · 单项选择题）下列关于准予扣减外购应税资源产品已纳从价定率征收的资源税，说法正确的是（　　）。

A. 纳税人以外购原矿与自采原矿混合为原矿销售的，未准确核算外购应税产品购进金额的，由主管税务机关根据具体情况核定扣减

B. 纳税人以外购原矿与自采原矿混合为原矿销售的，以扣减外购原矿购进金额后的余额确定计税依据，当期不足扣减的，可以结转下期扣减

C. 纳税人以外购原矿与自采原矿混合加工为选矿产品销售的，以扣减外购原矿购进金额后的余额确定计税依据，当期不足扣减的，可结转下期扣减

D. 纳税人以外购原矿与自采原矿混合加工为选矿产品销售的，以扣减外购原矿购进金额后的余额确定计税依据，当期不足扣减的，不得结转下期扣减

7.（2021 年 · 单项选择题）关于资源税税收优惠，下列说法正确的是（　　）。

A. 纳税人开采或者生产同一应税产品，同时符合两项或两项以上减征资源税优惠政策的，可以同时享受各项优惠政策

B. 纳税人开采低品位矿，由省、自治区、直辖市税务机关决定免征或减征资源税

C. 由省、自治区、直辖市人民政府提出的免征或减征资源税的具体办法，应报同级人民代表大会常务委员会决定，并报全国人民代表大会常务委员会和国务院备案

D. 纳税人享受资源税优惠政策，实行“自行判别，审核享受，留存备查”办理方式

8.（2021 年 · 单项选择题）甲煤矿为增值税一般纳税人，2021 年 3 月销售原煤取得不含税销售额 2 400 万元；将自产的原煤与外购的原煤混合加工为选煤并在本月全部对外销售，取得不含税销售额 1 520 万元，外购该批原煤取得增值税专用发票注明金额 800 万元、税额 104 万元。甲煤矿所在地与外购原煤所在地原煤资源税税率均为 7%，选煤资源税税率均为 5%。甲煤矿本月

应缴纳资源税（　　）万元。

A. 244　　B. 204　　C. 188　　D. 218.40

9. **（2018 年·单项选择题改编）** 关于资源税税收优惠，下列说法正确的是（　　）。

A. 从深水油气田开采的天然气减征 20%资源税

B. 对低丰度油气田减征 30%资源税

C. 开采原油过程中用于加热的天然气免征资源税

D. 开采的尾矿直接免征资源税

10. **（2017 年·单项选择题改编）** 某矿山企业开采铝土矿和钨矿，2023 年 4 月，该企业销售铝土矿原矿 15 万吨、钨矿选矿 10 万吨。铝土矿原矿不含税单价为 150 元/吨，钨矿选矿不含税单价为 16 500 元/吨。铝土矿原矿资源税税率为 6%，钨矿选矿资源税税率为 6.5%。该企业当月应纳资源税（　　）万元。

A. 10 860　　B. 10 012.50　　C. 8 385　　D. 8 362.50

11. **（2023 年·多项选择题）** 关于资源税征税对象和适用税率，下列说法正确的有（　　）。

A. 纳税人以自采原矿通过切割形成产品销售的，按原矿计征资源税

B. 纳税人开采同一税目下适用不同税率应税产品，不能提供不同税率应税产品销售额或销售数量的，按照不同税率应税产品的产量比确定适用税率

C. 纳税人将应税选矿产品用于赠送的，按照选矿产品计征资源税

D. 纳税人自采原矿移送切割生产矿产品，在移送环节按照原矿计征资源税

E. 纳税人以自采原矿直接销售的，按原矿计征资源税

12. **（2022 年·多项选择题）** 计入销售额的相关运杂费用中，在计算应纳资源税时准予扣除的有（　　）。

A. 应税产品从坑口到码头的港杂费用

B. 应税产品从批发地到车站的装卸费用

C. 应税产品从洗选地到码头发生的运费

D. 应税产品从坑口到购买方指运地产生的仓储费用

E. 应税产品从坑口到销售地的运费

13. **（2023 年·计算题）** 某锡矿开采企业为增值税一般纳税人（非小型微利企业），2024 年 3 月发生如下业务：

（1）销售自采锡矿原矿 3 000 吨，取得不含税金额 6 000 万元；将自产锡矿原矿 5 000 吨用于加工选矿 4 500 吨，当月销售选矿 4 000 吨，取得不含税销售额 12 000 万元。

（2）外购锡矿原矿，取得增值税专用发票上注明金额 1 800 万元，将其与自采的锡矿原矿混合并销售，取得不含税销售额 4 900 万元。

（3）外购锡矿原矿，取得增值税专用发票上注明金额 3 000 万元，将其与自采锡矿原矿加工成选矿出售，取得不含税金额 8 500 万元。

（4）外购锡矿选矿，取得增值税专用发票上注明金额 3 500 万元，将其与自产锡矿选矿混合并出售，取得不含税销售额 7 200 万元。

（5）将开采锡矿过程中的伴采锌矿原矿用于抵偿甲企业货款，该批锌矿原矿开采成本为 280 万元，无同类产品销售价格。

已知：当地省级政府规定锡矿原矿和选矿资源税税率分别为 5% 和 4.5%；锌矿原矿资源税税率为 6%、成本利润率为 10%。

根据上述资料，回答下列问题：

（1）业务（1）应纳资源税（　　）万元。

A. 800　　B. 840　　C. 1 080　　D. 607.5

（2）业务（2）应纳资源税（　　）万元。

A. 139.5　　B. 155　　C. 335　　D. 245

（3）业务（3）应纳资源税额（　　）万元。

A. 247.5　　B. 261　　C. 232.5　　D. 382.5

（4）该企业当月应纳资源税（　　）万元。

A. 1 515.48　　B. 1 566　　C. 1 413.66　　D. 1 568.11

14.（2021 年 · 计算题）某锡矿开采企业为增值税一般纳税人，2021 年 4 月业务如下：

（1）销售自采锡矿原矿 30 吨，取得不含税销售额 75 万元，另收取从坑口到车站的运输、装卸费用合计 1 万元（已取得增值税发票）。

（2）将自采锡矿原矿 20 吨移送加工锡矿选矿 16 吨，当月全部销售，取得不含税销售额 48 万元。

（3）购进锡矿原矿，取得增值税专用发票注明的金额 10 万元，将购进锡矿原矿与自采锡矿原矿混合成原矿，当月全部销售，取得不含税销售额 50 万元，该批自采锡矿原矿同类产品不含税销售额 35 万元。

（4）将自采锡矿原矿 5 吨用于抵偿债务，同类锡矿原矿最高售价 2.55 万元/吨（不含税），平均售价 2.50 万元/吨（不含税）。

已知：锡矿原矿和锡矿选矿的资源税税率分别为 5% 和 4.5%。

根据上述资料，回答下列问题：

（1）业务（1）应纳的资源税为（　　）万元。

A. 3.36　　B. 3.75　　C. 3.80　　D. 3.79

（2）业务（2）应纳的资源税为（　　）万元。

A. 2.16　　B. 0　　C. 2.50　　D. 4.66

(3) 业务(3)应纳的资源税为( ) 万元。

A. 0.75　　B. 2.50　　C. 0.25　　D. 2

(4) 业务(4)应纳的资源税为( ) 万元。

A. 0　　B. 0.64　　C. 0.56　　D. 0.63

15.(**2022年·综合分析题**)某油田为增值税一般纳税人，总部在甲省A地，下设三个分公司分别是甲省A市A炼油厂、甲省B市B炼油田、乙省C油田。B炼油田是水深460米的油气田，C油田是专门生产高凝油的油田。该油田2022年2月发生如下业务：

(1) A炼油厂当月从农民手中收购玉米，开具的农产品收购发票上注明买价500万元，从小规模纳税人手中购入玉米，取得增值税专票注明金额600万元，并用当月从农民手中收购玉米的80%和从小规模纳税人手中购入玉米的60%生产生物柴油。

(2) A炼油厂本月销售用废弃的植物油生产的生物柴油700吨，取得不含税销售额980万元，该生物柴油生产原料中的废弃植物油占比为80%，符合柴油机燃料调和生物柴油BD100标准。

(3) A炼油厂销售自产的甲醇汽油50吨，取得不含税销售额60万元，A炼油厂将自产的甲醇汽油12吨移送用于B炼油田的运输车辆。

(4) B炼油田开采原油2 000吨，销售1 200吨，开具增值税专用发票注明金额1 320万元。B炼油田采油过程中加热使用自采原油3吨，B炼油田将自产原油800吨移送A炼油厂用于加工生产成品油。

(5) C油田开采原油2 800吨，销售2 000吨取得不含税销售额2 000万元，将500吨自产原油用于乙企业投资。

已知：原油资源税税率为6%，汽油1吨=1 388升，柴油1吨=1 176升，甲醇汽油、柴油消费税税率均为1.52元/升。

根据上述资料，回答下列问题：

(1) 关于A炼油厂上述业务的税务处理，下列说法正确的有( )。

A. 将自产的甲醇汽油移送用于B油田的运输车辆，属于消费税视同销售

B. 将自产的甲醇汽油移送用于B油田的运输车辆，属于增值税视同销售

C. 销售用废弃植物油生产的生物柴油免征增值税

D. 销售用废弃植物油生产的生物柴油免征消费税

E. 销售甲醇汽油免征消费税

(2) A炼油厂当月应缴纳消费税( ) 万元。

A. 109.33　　B. 13.08　　C. 111.86　　D. 10.55

（3）A炼油厂当月准予从销项税额中抵扣的进项税额（　　）万元。

A. 63　　B. 68　　C. 106.6　　D. 110

（4）A炼油厂当月享受即征即退之前应缴纳增值税（　　）万元。

A. 36.2　　B. 38.07　　C. 30.47　　D. 28.6

（5）B炼油田当月应缴纳资源税（　　）万元。

A. 92.4　　B. 55.44　　C. 79.4　　D. 79.2

（6）C油田当月应缴纳资源税（　　）万元。

A. 132　　B. 79.2　　C. 90　　D. 165

参考答案及解析

1.【答案】A

【解析】本题考查水资源税的纳税义务人。

选项B错误，水利工程管理单位调度水资源取水，不缴纳水资源税。选项C错误，农村集体经济组织从本集体经济组织的水库中取用水，不缴纳水资源税。选项D错误，抽水蓄能发电取用水，免征水资源税。

2.【答案】B

【解析】本题考查资源税应纳税额的计算。

计入销售额中的相关运杂费用，凡取得增值税发票或者其他合法有效凭据的，准予从销售额中扣除。相关运杂费用，是指应税产品从坑口或者洗选（加工）地到车站、码头或者购买方指定地点的运输费用、建设基金以及随运销产生的装卸、仓储、港杂费用。甲煤矿本月应缴纳资源税=（180-8-2-50）×3%=3.60（万元）。

3.【答案】B

【解析】本题考查资源税税目和税率。

选项A错误，资源税实行从价计征或者从量计征。选项B正确，资源税税率形式有比例税率和定额税率两种。选项C、D错误，可以选择实行从价计征或者从量计征的，具体计征方式由省、自治区、直辖市人民政府提出，报同级人民代表大会常务委员会决定，并报全国人民代表大会常务委员会和国务院备案。

4.【答案】C

【解析】本题考查资源税的应纳税额的计算。

外购选矿产品与自产选矿产品混合为选矿产品销售的，在计算应税产品销售额或者销售数量时，直接扣减外购选矿产品的购进金额或者购进数量。甲煤矿应缴纳的资源税=650×6%+（480-

150)×5%＝55.5（万元）。

5.【答案】C

【解析】本题考查资源税应纳税额的计算。

甲企业应缴纳的资源税＝250×5%+120×4.5%+(200−80)×5%＝23.9（万元）

6.【答案】B

【解析】本题考查资源税应纳税额的计算。

纳税人应当准确核算外购应税产品的购进金额或者购进数量，未准确核算的，一并计算缴纳资源税，选项A错误。

纳税人以外购原矿与自采原矿混合洗选加工为选矿产品销售的，在计算应税产品销售额时，按照该方法进行扣减：准予扣减的外购应税产品购进金额(数量)＝外购原矿购进金额(数量)×(本地区原矿适用税率÷本地区选矿产品适用税率)。因此，选项C、D错误。

7.【答案】C

【解析】本题考查资源税的税收优惠。

纳税人开采或者生产同一应税产品，同时符合两项或者两项以上减征资源税优惠政策的，除另有规定外，只能选择其中一项执行，选项A错误。

纳税人开采共伴生矿、低品位矿、尾矿的免征或者减征资源税的具体办法，由省、自治区、直辖市人民政府提出，报同级人民代表大会常务委员会决定，并报全国人民代表大会常务委员会和国务院备案，选项B错误。

纳税人享受资源税优惠政策，实行“自行判别，申报享受，有关资料留存备查”的办理方式，另有规定的除外，选项D错误。

8.【答案】C

【解析】本题考查资源税应纳税额的计算。

甲煤矿本月应缴纳资源税＝2 400×7%+(1 520−800×7%÷5%)×5%＝188（万元）

因此，选项C正确。

9.【答案】C

【解析】本题考查资源税的税收优惠。

对从深水油气田开采的原油、天然气，减征30%资源税，选项A错误。对从低丰度油气田开采的原油、天然气，减征20%资源税，选项B错误。纳税人开采共伴生矿、低品位矿、尾矿，由省级人民政府提出，同级人大常委会决定，并报全国人大常委会和国务院备案，选项D错误。

10.【答案】A

【解析】本题考查资源税应纳税额的计算。

本题解题步骤如下：

第一步：确定销售额。

铝土矿的征税对象是原矿或者选矿，销售原矿的，以原矿作为征税对象，铝土矿销售额=15×150=2 250（万元）。钨矿的征税对象是选矿，钨矿销售额=10×16 500=165 000（万元）。

第二步：计算应纳税额。

纳税人开采或者生产不同税目应税产品的，应当分别核算不同税目应税产品的销售额或者销售数量，分别适用税率；未分别核算或者不能准确提供不同税目应税产品的销售额或者销售数量的，从高适用税率。本题中，铝土矿原矿资源税税率为6%，钨矿选矿资源税税率为6.5%。

铝土矿应纳资源税=销售额×适用税率=2 250×6%=135（万元）

钨矿应纳资源税=销售额×适用税率=165 000×6.5%=10 725（万元）

合计=135+10 725=10 860（万元）

因此，选项A正确。

11.【答案】CE

【解析】本题考查资源税的税率。

选项A错误，纳税人以自采原矿通过切割形成产品销售的按选矿计征资源税。选项B错误，纳税人开采或者生产同一税目下适用不同税率应税产品的，应当分别核算不同税率应税产品的销售额或者销售数量；未分别核算或者不能准确提供不同税率应税产品的销售额或者销售数量的，从高适用税率。选项D错误，纳税人自采原矿移送切割生产矿产品，在原矿移送环节不征收资源税。

12.【答案】ACDE

【解析】本题考查资源税运杂费用的扣除。

计入销售额中的相关运杂费用中，凡取得增值税发票或者其他合法有效凭据的，准予从销售额中扣除。相关运杂费用，是指应税产品从坑口或者洗选（加工）地到车站、码头（选项C）或者购买方指定地点的运输费用（选项E）、建设基金，以及随运销产生的装卸、仓储（选项D）、港杂费用（选项A）。选项A、C、D、E正确。

13.（1）【答案】B

【解析】本题考查资源税应纳税额的计算。

锡矿原矿的不含税销售额为6 000万元，资源税税率为5%；锡矿选矿的不含税销售额为12 000万元，资源税税率为4.5%。业务（1）应纳的资源税=6 000×5%+12 000×4.5%=840（万元）。

(2)【答案】B

【解析】本题考查资源税应纳税额的计算。

纳税人以外购原矿与自采原矿混合为原矿销售，或者以外购选矿产品与自产选矿产品混合为选矿产品销售的，在计算应税产品销售额或者销售数量时，直接扣减外购原矿或者外购选矿产品的购进金额或者购进数量。业务（2）应纳资源税=(4 900−1 800)×5%=155（万元）。

(3)【答案】C

【解析】本题考查资源税应纳税额的计算。

纳税人以外购原矿与自采原矿混合洗选加工为选矿产品销售的，在计算应税产品销售额或者销售数量时，按照下列方法进行扣减：准予扣减的外购应税产品购进金额（数量）= 外购原矿购进金额（数量）×（本地区原矿适用税率÷本地区选矿产品适用税率）。业务（3）应纳资源税=(8 500−3 000×5%÷4. 5%)×4. 5%=232. 5（万元）。

(4)【答案】C

【解析】本题考查资源税应纳税额的计算。

业务（4）应纳资源税=(7 200−3 500)×4. 5%=166. 5（万元）。伴采锌矿原矿用于抵偿货款无同类产品销售价格，按应税产品组成计税价格确定。组成计税价格=成本×（1+成本利润率）÷（1−资源税税率）。业务（5）伴采锌矿原矿用于抵偿甲企业货款应纳资源税=280×(1+10%)÷(1−6%)×6%=19. 66（万元）；该企业当月应纳资源税=840（业务1）+155（业务2）+232. 5（业务3）+166. 5（业务4）+19. 66（业务5）= 1 413. 66（万元）。

14.（1）【答案】B

【解析】本题考查资源税应纳税额的计算。

本题解题步骤如下：

第一步：确定计税依据。

从价计征资源税的计税依据为应税资源产品的销售额。资源税应税产品的销售额，按照纳税人销售应税产品向购买方收取的全部价款确定，不包括增值税税款。计入销售额中的相关运杂费用，凡取得增值税发票或者其他合法有效凭据的，准予从销售额中扣除。相关运杂费用，是指应税产品从坑口或者洗选（加工）地到车站、码头或者购买方指定地点的运输费用、建设基金以及随运销产生的装卸、仓储、港杂费用。

因此，本题中资源税计税依据为 75 万元。

第二步：计算应纳税额。

业务（1）应纳的资源税=75×5%=3. 75（万元）

因此，选项 B 正确。

（2）【答案】A

【解析】本题考查资源税应纳税额的计算。

将锡矿原矿移送加工选矿，不征收资源税，生产销售的锡矿选矿属于资源税应税产品，应计算缴纳资源税。

业务（2）应纳的资源税=48×4.5%=2.16（万元）

因此，选项A正确。

（3）【答案】D

【解析】本题考查以外购原矿与自采原矿混合为原矿销售资源税的计算。

纳税人以外购原矿与自采原矿混合为原矿销售，在计算应税产品销售额或者销售数量时，直接扣减外购原矿产品的购进金额或者购进数量。

业务（3）应纳的资源税=(50-10)×5%=2（万元）

因此，选项D正确。

（4）【答案】D

【解析】本题考查以应税产品抵债资源税的计算。

纳税人自用应税产品应当缴纳资源税的情形，包括纳税人以应税产品用于非货币性资产交换、捐赠、偿债、赞助、集资、投资、广告、样品、职工福利、利润分配或者连续生产非应税产品等。

纳税人申报的应税产品销售额明显偏低且无正当理由的，或者有自用应税产品行为而无销售额的，主管税务机关可以按下列方法和顺序确定其应税产品销售额。

① 按纳税人最近时期同类产品的平均销售价格确定。

② 按其他纳税人最近时期同类产品的平均销售价格确定。

③ 按后续加工非应税产品销售价格，减去后续加工环节的成本利润后确定。

④ 按应税产品组成计税价格确定。

组成计税价格=成本×(1+成本利润率)÷(1-资源税税率)

⑤ 按其他合理方法确定。

业务（4）应纳的资源税=5×2.50×5%=0.63（万元）

因此，选项D正确。

15.（1）【答案】AD

【解析】本题考查消费税纳税义务人。

选项A正确，纳税人自产自用的应税消费品，用于连续生产应税消费品的，不纳税；用于其他方面的于移送使用时纳税。选项B错误，将货物从一个机构跨县市移送其他机构对外出售时，增值税视同销售；该业务移送的目的为生产经营，增值税不视同销售。选项C错误，销售用废弃植物油生产的生物柴油，可享受增值税即征即退政策。选项 D 正确，从 2009 年 1 月 1 日起对同时符合下列条件的纯生物柴油免征消费税：①生产原料中废弃的动物油和植物油用量所占比重不低于 70%；②生产的纯生物柴油符合国家《柴油机燃料调合用生物柴油（BD100）》标准。选项 E 错误，甲醇汽油属于消费税征税范围，应按规定征收消费税，不适用免征消费税政策。

（2）**【答案】** B

【解析】 本题考查消费税应纳税额的计算。

业务（2）中 A 炼油厂销售用废弃的植物油生产的生物柴油，免征消费税；业务（3）中 A 炼油厂当月应缴纳的消费税＝(50+12)×1 388×1.52÷10 000＝13.08（万元）。

（3）**【答案】** C

【解析】 本题考查增值税进项税额的确认与计算。

纳税人购进用于生产或委托加工13%税率货物的农产品，按照 10%的扣除率计算进项税额，即对农产品深加工给予 1%的加计扣除。①从农民手中收购的玉米计算抵扣的进项税额＝500×9%×20%+500×(9%+1%)×80%＝49（万元）；②从小规模纳税人购入的玉米计算抵扣的进项税额＝600×9%×40%+600×(9%+1%)×60%＝57.6（万元）。A 炼油厂当月准予从销项税额中抵扣的进项税额合计＝49+57.6＝106.6（万元）。

（4）**【答案】** D

【解析】 本题考查增值税应纳税额的计算。

A 炼油厂业务（2）销项税额＝980×13%＝127.4（万元）

A 炼油厂业务（3）销项税额＝60×13%＝7.8（万元）

当月享受即征即退之前应缴纳的增值税额＝127.4+7.8−106.6＝28.6（万元）

（5）**【答案】** A

【解析】 本题考查资源税应纳税额的计算。

①B 炼油田采油过程中加热使用自采原油，免征资源税；②B 炼油田是水深 460 米（超过 300 米）的油气田，为深水油气田，从深水油气田开采的原油，减征 30%资源税；③将自产原油 800 吨移送用于加工生产成品油，属于纳税人以应税产品连续生产非应税产品，应缴纳资源税。

B 炼油田当月应缴纳的资源税＝1 320÷1 200×（1 200+800）×6%×（1−30%）＝92.4（万元）

（6）**【答案】** C

【解析】 本题考查资源税应纳税额的计算。

C 油田是专门生产高凝油的油田，高凝油减征 40%资源税；将 500 吨自产原油用于投资，视同销售原油缴纳资源税。

C 油田当月应缴纳资源税＝2 000÷2 000×（2 000+500）×6%×（1−40%）＝90（万元）

第七章　车辆购置税

本章考情 Q&A

Q：本章的重要性如何？

A：本章属于次重点章节，分值较为稳定，在近 5 年考试中的平均分值约为 6 分。

Q：本章的学习难度如何？

A：本章的学习难度适中。应纳税额的计算会结合计税依据、税收优惠一并考查。同时，对应退税额的计算的考查频率逐年增加，考生需要加强练习。

Q：本章在考试中通常以什么形式考查？

A：本章通常以单项选择题和多项选择题的形式考查。

Q：2024 年本章内容有变动吗？

A：本章内容变化较小，主要变化如下：

1. 调整

（1）车辆购置税的作用；

（2）新能源汽车的优惠政策；

（3）延期挂车减半征收车辆购置税的税收优惠。

2. 删除

（1）购置单车价值不超过 30 万元、2.0 升及以下排量乘用车减半征收车辆购置税的优惠政策；

（2）北京 2022 年冬奥会和冬残奥会组织委员会新购车辆的优惠政策；

（3）农用三轮车免税的优惠政策。

Q：本章主要考点近年分布如何？

A：以下用星标方式展示本章主要考点的学习难度、考题难度、考查频率。

考点	学习难度	考题难度	考查频率
征税范围	★	★	★
计税依据和应纳税额的计算	★★	★★	★★★
税收优惠	★★	★★	★★
征收管理	★	★	★

经典例题

考点一　征税范围

【例题1·2020年·多项选择题】下列属于车辆购置税应税车辆的有（　　）。

A. 汽车挂车　B. 汽车　C. 叉车　D. 有轨电车

E. 电动摩托车

【答案】ABD

【解析】本题考查车辆购置税的征税范围。

车辆购置税的应税车辆包括汽车、有轨电车、汽车挂车、排气量超过150毫升的摩托车，选项A、B、D正确。叉车、电动摩托车，不属于应税车辆，选项C、E错误。

【例题2·2019年·多项选择题】下列行为需要缴纳车辆购置税的有（　　）。

A. 某医院接受某汽车厂捐赠的小客车用于医疗服务

B. 某汽车厂将自产小轿车用于日常办公

C. 某幼儿园租赁客车用于校车服务

D. 某物流企业接受汽车生产商投资的运输车辆自用

E. 某轮胎制造企业接受汽车生产商抵债的小汽车自用

【答案】ABDE

【解析】本题考查车辆购置税的征税范围。

车辆购置税的征税范围，是指在我国境内购置应税车辆的行为，包括购买自用、进口自用、受赠使用、自产自用、获奖自用、其他自用，选项A、B、D、E正确。租赁使用并不属于"购置"行为，不需要缴纳车辆购置税，选项C错误。

私教点拨

车辆购置税的纳税义务人为在境内购置汽车、有轨电车、汽车挂车、排气量超过150毫升摩托车的单位和个人。车辆购置税的应税车辆和征税范围属于常考点，需要掌握的内容见表7-1。

表7-1　车辆购置税的应税车辆和征税范围

项目	具体内容	
应税车辆	包括	汽车、有轨电车、汽车挂车、排气量超过150毫升的摩托车
	不包括	地铁、轻轨等城市轨道交通车辆，装载机、平地机、挖掘机、推土机等轮式专用机械车，以及起重机（吊车）、叉车、电动摩托车、排气量150毫升（含）以下的摩托车

（续表）

项目	具体内容	
征税范围（指在我国境内购置应税车辆的行为）	购买自用	包括购买自用国产应税车辆和购买自用进口应税车辆（不包括购置用于销售行为）
	进口自用	指直接进口或者委托代理进口自用应税车辆的行为（不包括境内购买进口车辆）
	受赠使用	指接受他人馈赠的应税车辆
	自产自用	指纳税人将自己生产的应税车辆作为最终消费品自己消费使用
	获奖自用	包括从各种奖励形式中取得并自用应税车辆的行为
	其他自用	除上述以外其他方式取得并自用应税车辆的行为，如拍卖、抵债、走私、罚没等方式取得并自用的应税车辆。需要注意，来源不合法的车辆并不影响车辆购置税的缴纳

考点二 计税依据和应纳税额的计算

【例题 1 · 2018 年 · 多项选择题】 下列项目中，属于车辆购置税计税价格组成部分的有（　　）。

A. 销售方代收的保险费

B. 增值税

C. 车船税

D. 不含增值税的价款

E. 作为购车价款一部分的车辆改装费

【答案】 DE

【解析】 本题考查车辆购置税的计税依据——购买自用应税车辆。

销售方代办保险向购买方收取的保险费，不计入车辆购置税的计税依据，选项 A 错误。应税车辆的计税价格不包含增值税税款，选项 B 错误。车船税是对拥有车船的单位和个人征收的一种税，是后续使用过程中缴纳的税款，因此在购置环节无须考虑，选项 C 错误。纳税人购买自用的应税车辆，计税价格为纳税人购买应税车辆而实际支付给销售者的全部价款，不含增值税税款，选项 D 正确。由于选项中的车辆改装费属于购车价款的一部分，属于实际支付给销售者的全部价款，因此应计入计税依据，选项 E 正确。

私教点拨

应税车辆根据取得方式的不同，应区别确认计税依据，确认方法均应当掌握。

纳税人购买自用的应税车辆，计税价格为纳税人购买应税车辆而实际支付给销售者的**全部价款**，不包含增值税税款。根据计税依据的定义可知，**价外费用**不再作为车辆购置税的计税依据，应注意辨析。举例说明：

王某于2023年3月8日从4S店（增值税一般纳税人）购买一辆轿车供自己使用，取得机动车销售统一发票，注明含增值税车价款113 000元。另支付车辆装饰费550元，取得增值税普通发票。计算车辆购置税应纳税额。

分析过程：

纳税人购买自用的应税车辆，计税价格为纳税人购买应税车辆而实际支付给销售者的全部价款，不包含增值税税款。支付的车辆装饰费为价外费用，不计入计税价格。

因此，车辆购置税的计税价格=113 000÷(1+13%)=100 000（元），车辆购置税应纳税额=100 000×10%=10 000（元）。

【例题2·2018年·多项选择题】纳税人进口应税车辆自用，应计入车辆购置税计税依据的有（　　）。

A. 运抵我国输入地点起卸前的运费　　B. 进口消费税

C. 进口关税　　D. 应税车辆成交价

E. 进口增值税

【答案】ABCD

【解析】本题考查车辆购置税的计税依据——进口自用应税车辆。

纳税人进口自用的应税车辆，以组成计税价格为计税依据。组成计税价格包括关税完税价格、关税、消费税。应税车辆成交价以及运抵我国输入地点起卸前的运费均计入关税完税价格，选项A、D正确。进口消费税、进口关税属于组成计税价格的一部分，选项B、C正确。进口增值税不计入车辆购置税的计税依据，选项E错误。

【例题3·2022年·单项选择题】进口自用的车辆属于应税消费品的，车辆购置税计税依据的计算公式正确的是（　　）。

A. 组成计税价格=（关税完税价格+关税）÷（1−消费税税率）

B. 组成计税价格=成本×（1+成本利润率）÷（1−消费税税率）

C. 组成计税价格=关税完税价格+关税

D. 组成计税价格=（成交价格+关税）+消费税

【答案】A

【解析】本题考查进口自用车辆的计税依据。

进口自用的车辆，车辆购置税计税依据为组成计税价格。车辆属于应税消费品的，组成计税价格=（关税完税价格+关税）÷（1-消费税税率），选项A正确。

私教点拨

纳税人进口自用的应税车辆，以组成计税价格为计税依据。组成计税价格的计算公式为：

组成计税价格=关税完税价格+关税+消费税

=(关税完税价格+关税)÷(1-消费税税率)

进口应税车辆的组成计税价格，既是车辆购置税的计税依据，又是增值税与消费税（若有）的计税依据。该考点属于综合考点，可结合增值税、消费税与关税的内容一起把握。

【例题4·2020年·单项选择题】以受赠方式取得自用应税车辆时无法提供相关凭证，缴纳车辆购置税的计税价格是参照同类车辆的（　　）。

A. 市场最高交易价格

B. 最低计税价格

C. 市场平均交易价格

D. 生产企业成本价格

【答案】C

【解析】本题考查车辆购置税的计税依据——受赠自用应税车辆。

纳税人以受赠、获奖或者其他方式取得自用应税车辆，无法提供相关凭证的，参照同类应税车辆市场平均交易价格确定其计税价格，选项C正确。现行车辆购置税的计税依据中，并没有市场最高交易价格、生产企业成本价格的说法，选项A、D错误。随着《车辆购置税法》的颁布实施，最低计税价格已经成为历史，不再适用，选项B错误。

私教点拨

纳税人以**受赠、获奖或者其他方式**取得自用应税车辆的计税价格，按照购置应税车辆时**相关凭证**载明的价格确定，不包括增值税税款。其中，购置应税车辆时取得的相关凭证，是指原车辆所有人购置或者以其他方式取得应税车辆时载明价格的凭证。

无法提供相关凭证的，参照同类应税车辆市场平均交易价格确定其计税价格。原车辆所有人为车辆生产或者销售企业，未开具机动车销售统一发票的，按照车辆生产或者销售同类应税车辆的销售价格确定应税车辆的计税价格。

无同类应税车辆销售价格的，按照组成计税价格确定应税车辆的计税价格。

应注意，纳税人申报的应税车辆计税价格明显偏低，又无正当理由的，由税务机关按照规定核定其应纳税额。

【例题5·2017年·单项选择题改编】 2023年4月，陈某从汽车4S店（增值税一般纳税人）购买1.60升排量的乘用车，支付价款150 000元。另支付汽车4S店代办保险费3 000元，代办车辆牌照费300元，4S店未开具发票。陈某应纳车辆购置税（　　）元。

A. 11 475　　B. 12 820.51

C. 13 274.34　　D. 15 000

【答案】 C

【解析】 本题考查车辆购置税应纳税额的计算。

本题解题步骤如下：

第一步：确定应税车辆的取得方式。

本题中，陈某从4S店购买了1.60升排量的乘用车，属于购买自用的应税车辆。

第二步：确定计税价格。

纳税人购买自用的应税车辆，计税价格为纳税人购买应税车辆而实际支付给销售者的全部价款，不包含增值税税款。

本题中，陈某支付价款150 000元，若没有特殊说明，消费者所支付的价款一般是连同增值税一起支付的，由于增值税不计入计税价格，因此需要作价税分离，不含增值税的全部价款＝150 000÷(1+13%)＝132 743.36（元）。

需要注意的是，消费者支付的代办保险费属于代收款项，并且4S店并未开具票据，只是履行代收义务，故此款项不属于支付给销售者的价款，不计入计税依据。

第三步：计算应纳税额。

我国车辆购置税实行统一比例税率，税率为10%。

应纳税额＝计税价格×税率＝132 743.36×10%＝13 274.34（元）

因此，选项C正确。

私教点拨

计算车辆购置税的应纳税额，其计算步骤如下：

第一步，确定应税车辆的**取得方式**。取得方式主要有购买、进口、自产、受赠、获奖或者其他方式取得并自用。

第二步，根据取得方式的不同来确定**计税价格**。

第三步，根据计税依据和10%的固定比例税率，计算应纳税额。

对于小税种应纳税额的计算，应当多加练习，熟练掌握，以便考试时能够快速给出答案。

考点三 税收优惠

【例题1·2020年·单项选择题改编】下列行为中，不免征车辆购置税的是（ ）。

A. 长期来华定居专家进口1辆自用小汽车

B. 城市公交企业购置的公共汽电车

C. 购置汽车挂车自用

D. 回国服务的在外留学人员用现汇购买1辆个人自用国产小汽车

【答案】C

【解析】本题考查车辆购置税的税收优惠。

长期来华定居专家进口1辆自用小汽车、城市公交企业购置的公共汽电车、回国服务的在外留学人员用现汇购买1辆个人自用国产小汽车，均免征车辆购置税，由于不符合题意，选项A、B、D错误。购置的挂车，2027年12月31日前，减半征收车辆购置税，而非免税，符合题意，选项C正确。

私教点拨

车辆购置税的税收优惠考频较高，并且还可以结合应纳税额的计算综合考查，需要熟练掌握。车辆购置税的税收优惠见表7-2。

表7-2 车辆购置税的税收优惠

相关车辆	税收优惠
用于**军队**、**武警**、**消防**、**防汛**的车辆	（1）中国人民解放军和中国人民武装警察部队列入装备订货计划的车辆； （2）悬挂应急救援专用号牌的国家综合性消防救援车辆； （3）防汛部门和森林消防部门用于指挥、检查、调度、报汛（警）、联络的由指定厂家生产的设有固定装置的指定型号的车辆
用于特殊人员的车辆	（1）回国服务的在外留学人员用现汇购买1辆个人自用国产小汽车； （2）长期来华定居专家进口1辆自用小汽车

（续表）

相关车辆	税收优惠
属于特殊车辆	（1）设有固定装置的非运输专用作业车辆； （2）城市公交企业购置的公共汽电车辆； （3）中国妇女发展基金会“母亲健康快车”项目的流动医疗车免征车辆购置税； （4）依照法律规定应当予以免税的外国驻华使馆、领事馆和国际组织驻华机构及其有关人员自用的车辆； （5）原公安现役部队和原武警黄金、森林、水电部队改制后换发地方机动车牌证的车辆（公安消防、武警森林部队执行灭火救援任务的车辆除外），一次性免征车辆购置税； （6）2027 年 12 月 31 日前，对购置挂车减半征收车辆购置税
新能源汽车	（1）自 2024 年 1 月 1 日至 2025 年 12 月 31 日，对购置的新能源汽车免征车辆购置税，其中，每辆新能源乘用车免税额不超过 3 万元； （2）自 2026 年 1 月 1 日至 2027 年 12 月 31 日，对购置的新能源汽车减半征收车辆购置税，其中，每辆新能源乘用车减税额不超过 1.5 万元； （3）对购置日期在 2014 年 9 月 1 日至 2023 年 12 月 31 日期间内的新能源汽车免税

【例题 2 · 2020 年 · 单项选择题改编】 王某 2020 年 2 月购置 A 型小汽车一辆，缴纳车辆购置税 10 000 元。2023 年 3 月因车辆质量原因将小汽车退回汽车经销商，王某应申请退还车辆购置税（　　）元。

A. 7 000　　B. 8 000　　C. 10 000　　D. 0

【答案】 A

【解析】 本题考查车辆购置税退税额的计算。

当车辆退回经销商时，准予纳税人向税务机关申请退还已缴纳的车辆购置税。

本题解题步骤如下：

第一步：确定已纳车辆购置税。

本题中，王某购置应税车辆时缴纳了车辆购置税 10 000 元。

第二步：确定已税车辆的使用年限。

应税车辆自 2020 年 2 月购置并缴纳税款，至 2023 年 3 月满 3 年不足 4 年，因此使用年限为 3 年。

第三步：计算应退还的车辆购置税。

应退税额 = 已纳税额 ×（1 − 使用年限 × 10%）= 10 000 ×（1 − 3 × 10%）= 7 000（元）

因此，选项 A 正确。

私教点拨

近年，对车辆购置税的退税考查较为频繁，主要内容如下：

当车辆退回生产企业或者经销商以及发生其他应予以退税的情形时，准予纳税人向税务机关申请退还已缴纳的车辆购置税。当纳税人申请退税时，应当如实填报《车辆购置税退税申请表》。

应退税额的计算步骤如下：

第一步，确定**已纳税额**，如果题目中未直接告知，则需要计算已缴纳的车辆购置税。

第二步，确定**使用年限**，自缴纳税款之日至申请退税之日，每满一年扣减**10%**，不满一年的则不计算在内。

第三步，根据公式计算应退税额，但应退税额不得为负数：

应退税额＝已纳税额×(1−使用年限×10%)

考点四　征收管理

【例题·2022年·单项选择题】关于车辆购置税的管理，下列说法正确的是（　　）。

A. 纳税义务时间自纳税人购置应税车辆的次日计算

B. 自纳税义务发生之日起30日内申报纳税

C. 需要办理车辆登记的，在办理车辆登记之前缴纳车辆购置税

D. 需要办理车辆登记的，向销售方主管税务机关申报纳税

【答案】C

【解析】本题考查车辆购置税征收管理。

选项A错误，纳税义务时间自纳税人购置应税车辆的当日计算。选项B错误，纳税人应当自纳税义务发生之日起60日内申报缴纳车辆购置税。选项D错误，纳税人购置应税车辆，需要办理车辆登记的，向车辆登记地的主管税务机关申报纳税。

私教点拨

车辆购置税的征收管理常考点见表7－3。

表7－3　车辆购置税的征收管理常考点

常考点	具体内容
申报制度	**一车一申报**制度。一次性征收，已税车辆不再征收

（续表）

常考点	具体内容
纳税环节	在最终消费环节。具体而言，纳税人应当在向交通管理部门办理车辆注册登记前，缴纳车辆购置税
纳税义务发生时间	为购置应税车辆的当日
纳税申报时间	自纳税义务发生之日起60日内申报缴纳
纳税地点	（1）需要办理车辆登记的，向车辆登记地的主管税务机关申报纳税。 （2）不需要办理车辆登记的，单位纳税人向机构所在地主管税务机关申报纳税，个人纳税人向其户籍所在地或者经常居住地的主管税务机关申报纳税

真题演练

1.（**2023年·单项选择题**）2023年3月因质量问题，张某将2022年1月购置的小汽车退回，汽车在购置当月已纳车辆购置税3万元，张某向税务机关申请退税并提交资料，张某可退还车辆购置税（　　）万元。

A. 2.4　　B. 0　　C. 2.7　　D. 3

2.（**2023年·单项选择题**）下列关于车辆购置税的规定，正确的是（　　）。

A. 自产自用应税车辆无需缴纳车辆购置税

B. 购买自用应税车辆，计税依据为不含增值税的全部价款

C. 进口自用车辆，计税依据为关税完税价格

D. 受赠自用应税车辆，计税依据为同类车辆最低销售价格

3.（**2022年·单项选择题**）下列关于车辆购置税的说法，正确的是（　　）。

A. 纳税人退回车辆生产企业的已税车辆不能申请退税

B. 纳税人应向车辆销售地主管税务机关申报缴税

C. 单位和个人受让并自用已税二手汽车无须缴税

D. 纳税人应自纳税义务发生之日起30日内缴税

4.（**2022年·单项选择题**）下列车辆属于车辆购置税征税范围的是（　　）。

A. 轻轨　　B. 叉车　　C. 地铁　　D. 汽车挂车

5.（**2022年·单项选择题改编**）下列车辆属于免征车辆购置税的是（　　）。

A. 设有固定装置的非运输专用作业车辆　　B. 电动摩托车

C. 汽车　　D. 排放量超过150毫升的摩托车

6. （2022 年 · 单项选择题）下列关于车辆购置税的说法正确的是（　　）。

A. 属于价内税　　B. 属于地方税

C. 实行一次性课税制度　　D. 实行差别征税率

7. （2022 年 · 单项选择题）进口自用应税车辆计算车辆购置税的依据是（　　）。

A. 关税完税价格　　B. 进口应税车辆的自重吨数

C. 组成计税价格　　D. 同类应税车辆市场平均价格

8. （2021 年 · 单项选择题）关于车辆购置税征收管理，下列说法正确的是（　　）。

A. 纳税期限是自纳税义务发生之日起 60 日内申报缴纳

B. 纳税人应向车辆销售地主管税务机关申报纳税

C. 纳税人按年缴纳车辆购置税

D. 纳税义务发生时间为纳税人购置应税车辆的次日

9. （2021 年 · 单项选择题）关于车辆购置税的计税依据，下列说法正确的是（　　）。

A. 受赠自用应税车辆的计税依据为组成计税价格

B. 进口自用应税车辆的计税依据为组成计税价格

C. 购买自用应税车辆的计税依据为支付给销售者的含增值税的价款

D. 获奖自用应税车辆的计税依据为组成计税价格

10. （2019 年 · 单项选择题）根据车辆购置税的规定，下列说法错误的是（　　）。

A. 实行一次课征制度

B. 进口自用的应税车辆应当自进口之日起 60 日内申报纳税

C. 在应税车辆上牌登记注册前的使用环节纳税

D. 税款于纳税人使用后两年内一次缴清

11. （2019 年 · 单项选择题）需要办理车辆登记注册手续的应税车辆，车辆购置税的纳税地点是（　　）。

A. 纳税人所在地　　B. 车辆登记注册地

C. 车辆使用所在地　　D. 车辆经销企业所在地

12. （2019 年 · 单项选择题改编）2023 年 6 月 20 日，陈某因汽车质量问题与经销商达成退车协议，并于当日向税务机关申请退还已纳车辆购置税。经销商开具的退车证明和退车发票上显示，陈某于 2022 年 5 月 8 日购买该车辆，支付价税合计金额 223 800 元，并于当日缴纳车辆购置税 19 293.10 元。应退给陈某车辆购置税（　　）元。

A. 15 434.48　　B. 17 363.79　　C. 17 824.78　　D. 19 293.10

13. （2019 年 · 单项选择题）下列行为中，免征车辆购置税的是（　　）。

A. 某市公交企业购置自用小轿车

B. 某国驻华使馆进口自用小汽车

C. 来华留学人员用现汇购买 1 辆自用国产小汽车

D. 某物流企业购买设有固定装置的运输专用车辆

14. **(2018 年 · 单项选择题)** 下列关于车辆购置税退税的说法中，错误的是（ ）。

A. 车辆因质量原因被退回经销商的，可以申请退税

B. 纳税人应填写《车辆购置税退税申请表》办理退税

C. 纳税人应提供经销商开具的退车证明和退车发票作为退税资料

D. 自纳税人办理纳税申报之日起车辆使用未满 1 年的，扣减 10%计算退税额

15. **(2017 年 · 单项选择题)** 关于车辆购置税，下列说法正确的是（ ）。

A. 进口自用应税小汽车的计税价格不包括消费税

B. 购买自用应税小汽车的计税价格包括增值税

C. 纳税人申报的计税价格明显偏低又无正当理由的，由税务机关核定应纳税额

D. 获奖车辆无法提供相关凭证时，以组成计税价格确定计税价格

16. **(2023 年 · 多项选择题)** 下列选项中关于车辆购置税的说法，正确的有（ ）。

A. 自纳税义务发生之日起 30 日内申报缴纳车辆购置税

B. 纳税地点为车辆销售地的主管税务机关

C. 车辆购置税为地方税

D. 城市公交企业购置的公共汽电车免征车辆购置税

E. 购买已税二手车无需缴纳车购税

17. **(2022 年 · 多项选择题)** 下列行为应缴纳车辆购置税的有（ ）。

A. 获奖自用应税小汽车　　B. 自产自用应税小汽车

C. 自产自用汽车挂车　　D. 购买自用电动摩托车

E. 受赠自用应税小汽车

18. **(2021 年 · 多项选择题)** 某汽车贸易公司 2021 年 5 月从甲汽车制造厂购进汽缸容量为 3.60 升的小汽车 20 辆，不含税价格为 40 万元/辆。该贸易公司本月销售 12 辆，含税价格为 58.76 万元/辆，以 1 辆小汽车抵偿乙企业的债务。根据债务重组合同规定，按贸易公司对外销售价格抵偿乙企业的债务，并开具增值税专用发票，乙企业将其作为管理部门接待用车。对上述业务的税务处理，下列说法正确的有（ ）。(消费税税率为 25%)

A. 甲汽车制造厂应纳消费税 320 万元

B. 乙企业债务重组取得的小汽车应缴纳车辆购置税 5.20 万元

C. 贸易公司销售小汽车不缴纳消费税

D. 贸易公司抵偿乙企业债务的小汽车应按照最高价计算缴纳消费税

E. 贸易公司销售小汽车应缴纳消费税 62.40 万元

19.（2021 年 · 多项选择题）根据车辆购置税规定，下列说法正确的有（　　）。

A. 将已纳车辆购置税的车辆退回车辆生产企业，可以申请退税

B. 已办理免税手续的车辆不再属于免税范围的需纳税

C. 不需要办理车辆登记的单位纳税人向机构所在地主管税务机关纳税

D. 纳税义务发生时间为纳税人购置应税车辆的次日

E. 悬挂应急救援专用号牌的国家综合性消防救援车辆免税

20.（2017 年 · 多项选择题）根据车辆购置税的相关规定，下列说法正确的有（　　）。

A. 进口应税车辆的计税依据是组成计税价格

B. 在境内销售应税车辆的，应缴纳车辆购置税

C. 直接进口自用应税车辆的，应缴纳车辆购置税

D. 已税车辆退回经销商的，纳税人可申请退税

E. 受赠应税车辆的，捐赠方是车辆购置税纳税人

21.（2017 年 · 多项选择题）下列行为中，不享受车辆购置税优惠政策的有（　　）。

A. 城市公交企业购置公共汽电车

B. 中国公民李先生购买自用超豪华汽车

C. 英国驻华领事馆购买自用车辆

D. 武警部队购置列入军队武器装备订货计划的车辆

E. 汽车生产企业将自产汽车（1.80 升）用于接待客户

参考答案及解析

1.【答案】C

【解析】本题考查车辆购置税的退税。

纳税人将已征车辆购置税的车辆退回车辆生产企业或者销售企业的，可以向主管税务机关申请退还车辆购置税。退税额以已缴税款为基准，自缴纳税款之日至申请退税之日，每满一年扣减10%。张某可退还的车辆购置税＝3×(1－1×10%)＝2.7（万元）。

2.【答案】B

【解析】本题考查车辆购置税的计税依据。

选项 A 错误，自产自用应税车辆应按纳税人生产的同类应税车辆的销售价格确定车辆购置税，不包括增值税；没有同类价格的，按照组成计税价格确定。选项 C 错误，进口自用应税车辆，计税依据为组成计税价格，组成计税价格＝（关税完税价格＋关税）÷（1－消费税税率），或组成计税价格＝关税完税价格＋关税＋消费税。选项 D 错误，受赠自用应税车辆按照购置应税车辆

时相关凭证载明的价格确定，不包括增值税。

3. **【答案】**C

【解析】本题考查车辆购置税的征收管理。

选项A错误，车辆退回生产企业或者经销商的已纳税车辆准予纳税人申请退税。选项B错误，需办理车辆登记的，纳税地点为车辆登记地主管税务机关；不需办理车辆登记的，纳税地点为单位纳税人机构所在地主管税务机关，个人纳税人向其户籍所在地或者经常居住地主管税务机关。选项D错误，纳税义务发生之日起60日内申报缴纳车辆购置税。

4. **【答案】**D

【解析】本题考查车辆购置税的征税范围。

车辆购置税的应税车辆包括汽车、有轨电车、汽车挂车、排气量超过150毫升的摩托车。地铁（选项C）、轻轨（选项A）等城市轨道交通车辆，装载机、平地机、挖掘机、推土机等轮式专用机械车，以及起重机（吊车）、叉车（选项B）、电动摩托车，排气量150毫升（含）以下的摩托车，不属于应税车辆。

5. **【答案】**A

【解析】本题考查车辆购置税的税收优惠。

选项A正确，设有固定装置的非运输专用作业车辆免征车辆购置税。选项B错误，电动摩托车不属于车辆购置税的征税范围。选项C错误，汽车属于车辆购置税的征税范围。选项D错误，排放量超过150毫升的摩托车，属于车辆购置税的征税范围。

6. **【答案】**C

【解析】本题考查车辆购置税的概述。

选项A错误，车辆购置税采取价外征收，不属于价内税。选项B错误，车辆购置税属于中央政府固定收入。选项D错误，车辆购置税实行统一比例税率，税率为10%。

7. **【答案】**C

【解析】本题考查车辆购置税的计税依据。

纳税人进口自用的应税车辆以组成计税价格为计税依据，选项C正确。

8. **【答案】**A

【解析】本题考查车辆购置税征收管理。

纳税人购置应税车辆，需要办理车辆登记的，向车辆登记地的主管税务机关申报纳税；不需要办理车辆登记的，单位纳税人向其机构所在地的主管税务机关申报纳税，个人纳税人向其户籍所在地或者经常居住地的主管税务机关申报纳税。因此，选项B错误。车辆购置税实行一次性征收，选项C错误。车辆购置税的纳税义务发生时间为纳税人购置应税车辆的当日，选项D错误。

9. **【答案】**B

【解析】本题考查车辆购置税的计税依据。

纳税人以受赠、获奖、其他方式取得自用应税车辆的计税价格，按照购置应税车辆时相关凭证载明的价格确定，不包括增值税税款。无法提供相关凭证的，参照同类应税车辆市场平均交易价格确定其计税价格。因此，选项 A、D 错误。购买自用应税车辆的计税依据为纳税人实际支付给销售者的全部价款，不含增值税税款，选项 C 错误。进口自用应税车辆的计税依据为组成计税价格，组成计税价格=（关税完税价格+关税）÷（1-消费税税率），选项 B 正确。

10.【答案】D

【解析】本题考查车辆购置税的征收管理。

车辆购置税实行一次性征收，购置已税车辆的，不再征收，选项 A 说法正确，不符合题意。进口自用应税车辆的，以进口之日作为纳税义务发生时间，在进口之日起 60 日内申报纳税，选项 B 说法正确，不符合题意。纳税人应当在向交通管理部门办理车辆注册登记前，缴纳车辆购置税，选项 C 说法正确，不符合题意。车辆购置税自纳税义务发生之日起 60 日内申报缴纳，而非使用后两年内一次缴清，选项 D 说法错误，符合题意。

11.【答案】B

【解析】本题考查车辆购置税的征收管理。

纳税人购置应税车辆，需要办理车辆登记的，应当向车辆登记地的主管税务机关申报纳税（选项 B 正确）；不需要办理车辆登记的，单位纳税人向其机构所在地的主管税务机关申报纳税，个人纳税人向其户籍所在地或者经常居住地的主管税务机关申报纳税。

12.【答案】B

【解析】本题考查车辆购置税退税额的计算。

车辆退回生产企业或者经销商的，纳税人申请退税时，主管税务机关自纳税人办理纳税申报之日起，按已缴纳税款每满 1 年扣减 10%计算退税额；未满 1 年的，按已缴纳税款全额退税。

本题解题步骤如下：

第一步：确定已纳税额。

本题中，陈某购置应税车辆时缴纳了车辆购置税 19 293.10 元。

第二步：确定使用年限。

应税车辆于 2022 年 5 月 8 日购置并缴纳税款，至 2023 年 6 月 20 日满 1 年不足 2 年，按 1 年计算。

第三步：计算应退税额。

应退税额=已纳税额×（1-使用年限×10%）=19 293.10×（1-1×10%）=17 363.79（元）

因此，选项 B 正确。

13.【答案】B

【解析】本题考查车辆购置税的税收优惠。

城市公交企业购置的公共汽电车辆免税，而公交企业购置的自用小轿车不免，选项 A 错误。

外国驻华使馆、领事馆和国际组织驻华机构及其外交人员自用车辆免税，选项 B 正确。回国服务的在外留学人员用现汇购买 1 辆个人自用国产小汽车免税，不包括来华的留学人员，选项 C 错误。设有固定装置的非运输专用作业车辆免税，而设有固定装置的运输专用车辆不免，选项 D 错误。

14. **【答案】**D

【解析】本题考查车辆购置税退税额的具体规定。

当车辆退回生产企业或者经销商以及发生其他应予以退税的情形时，准予纳税人向税务机关申请退还已缴纳的车辆购置税，选项 A 说法正确，不符合题意。当纳税人申请退税时，应当如实填报《车辆购置税退税申请表》，提供纳税人身份证明，并区别不同情形提供相关材料，选项 B、C 说法正确，不符合题意。纳税人申请退税时，主管税务机关自纳税人办理纳税申报之日起，至申请退税之日，每满 1 年扣减 10%，未满 1 年的，不得扣减，选项 D 说法错误，符合题意。

15. **【答案】**C

【解析】本题考查车辆购置税的计税依据。

小汽车属于消费税的征税范围，进口自用的应税小汽车以组成计税价格作为计税依据，包括关税完税价格、关税、消费税，选项 A 错误。购进自用的应税小汽车，计税价格为纳税人购买应税车辆而实际支付给销售者的全部价款，不包含增值税税款，选项 B 错误。纳税人申报的应税车辆计税价格明显偏低又无正当理由的，由税务机关核定其应纳税额，选项 C 正确。以受赠、获奖或者其他方式取得自用应税车辆，无法提供相关凭证的，应先参照同类应税车辆市场平均交易价格，无同类应税车辆销售价格的，再按照组成计税价格确定应税车辆的计税价格，选项 D 错误。

16. **【答案】**DE

【解析】本题考查车辆购置税的征收管理。

选项 A 错误，车辆购置税自纳税义务发生之日起 60 日内申报缴纳车辆购置税。选项 B 错误，纳税人购置应税车辆，需要办理车辆登记的，向车辆登记地的主管税务机关申报纳税；不需要办理车辆登记的，单位纳税人向其机构所在地的主管税务机关申报纳税，个人纳税人向其户籍所在地或者经常居住地的主管税务机关申报纳税。选项 C 错误，车辆购置税为中央税。

17. **【答案】**ABCE

【解析】本题考查车辆购置税的征税范围。

选项 D 错误，电动摩托车不属于车辆购置税征税范围。

18. **【答案】**BC

【解析】本题考查消费税应纳税额的计算。

甲汽车制造厂销售小汽车应纳的消费税 $=20\times40\times25\%=200$（万元），选项 A 错误。乙企业债务重组取得的小汽车应缴纳车辆购置税 $=58.76\div(1+13\%)\times10\%=5.20$（万元），选项 B 正确。小汽车在生产销售环节纳税，贸易公司不需要再缴纳消费税。因此，选项 D、E 错误，选项 C 正确。

19.【答案】ABCE

【解析】本题考查车辆购置税征收管理、税收优惠。

车辆购置税的纳税义务发生时间为纳税人购置应税车辆的当日，选项D错误。

20.【答案】ACD

【解析】本题考查车辆购置税的征税范围等。

进口自用应税车辆需要缴纳车辆购置税，以组成计税价格作为计税依据，选项A、C正确。车辆购置税的纳税人，是在我国境内购置应税车辆的单位和个人，而非销售方，选项B错误。车辆退回生产企业或者经销商的，准予纳税人申请退还已缴纳的车辆购置税，选项D正确。受赠应税车辆的，以受赠方作为纳税义务人，而非捐赠方，选项E错误。

21.【答案】BE

【解析】本题考查车辆购置税的税收优惠。

城市公交企业购置的公共汽电车辆免税，选项A错误。购买自用超豪华汽车、汽车生产企业自用自产汽车，均没有优惠政策，应照章缴纳车辆购置税，选项B、E正确。依照法律规定应当予以免税的外国驻华使馆、领事馆和国际组织驻华机构及其有关人员自用的车辆免税，选项C错误。中国人民解放军和中国人民武装警察部队列入装备订货计划的车辆免税，选项D错误。

第八章　环境保护税

本章考情 Q&A

Q：本章的重要性如何？

A：本章属于次重点章节，在近 5 年考试中的平均分值约为 6 分。

Q：本章的学习难度如何？

A：本章的学习难度一般，考点相对集中。涉及税目、计税依据的确定时，考生由于此前对其接触较少，可能会感到陌生。

Q：本章在考试中通常以什么形式考查？

A：本章通常以单项选择题和多项选择题的形式考查，均是文字表述型的题目，通常不涉及应纳税额的计算。

Q：2024 年本章内容有变动吗？

A：本章内容基本没有变动。

Q：本章主要考点近年分布如何？

A：以下用星标方式展示本章主要考点的学习难度、考题难度、考查频率。

考点	学习难度	考题难度	考查频率
环境保护税的特点	★	★	★
征税对象和税目	★★	★★	★★
计税依据	★★	★★	★★
征收管理	★	★	★

经典例题

考点一 环境保护税的特点

【例题·2018年·多项选择题】关于环境保护税，下列说法正确的有（　　）。

A. 环境保护税纳税人不包括家庭和个人

B. 环境保护税税率为统一比例税率

C. 环境保护税收入全部归地方

D. 机动车和船舶排放的应税污染物暂时免征环境保护税

E. 环境保护税是由原有的排污费"平移"费改税而来

【答案】ACDE

【解析】本题考查环境保护税的特点。

环境保护税具有以下几个特点：① 征税项目为四类重点污染物。环境保护税的开征是原有的排污费"平移"费改税的结果，根据排污费项目设置税目（选项E正确）。同时，对机动车、船舶等流动污染源暂免征税（选项D正确）。② 纳税人主要是企事业单位和其他经营者，家庭和个人不属于环境保护税的纳税人（选项A正确）。③ 直接排放应税污染物是必要条件。④ 税额为统一定额税和浮动定额税结合（选项B错误）。⑤ 税收收入全部归地方（选项C正确）。

私教点拨

与其他税种相比，环境保护税具有如表8-1所示的特点，需要考生掌握。

表8-1 环境保护税的特点

特点	具体内容
征税项目为四类重点污染物	环境保护税的开征是原有的排污费"平移"费改税的结果，根据排污费项目设置税目，对**大气污染物**、**水污染物**、**固定废物**、**噪声**（仅指工业噪声）四类重点污染物征税。对机动车、铁路机车、非道路移动机械、船舶和航空器等流动污染源暂免征税
纳税人主要是企事业单位和其他经营者	环境保护税的纳税人，为直接向环境排放应税污染物的企业事业单位和其他生产经营者。政府机关、家庭和个人，**不属于**环境保护税的纳税人
直接排放应税污染物是必要条件	环境保护税的征税环节是**直接**向环境排放应税污染物的排放环节，不是生产销售环节，也不是消费使用环节
税额为统一定额税和浮动定额税结合	对于固体废弃物和噪声实行的是全国统一的**定额**税制，对于大气和水污染物实行各省浮动定额税制
税收收入全部归地方	税收收入**全部归地方**，用于地方治理环境污染

考点二　征税对象和税目

【例题1·2019年·单项选择题】下列情形中，应缴纳环境保护税的是（　　）。

A. 企业向依法设立的污水集中处理场所排放应税污染物

B. 个体户向依法设立的生活垃圾集中处理场所排放应税污染物

C. 事业单位在符合国家环境保护标准的设施贮存固体废物

D. 企业在不符合地方环境保护标准的场所处置固体废物

【答案】D

【解析】本题考查环境保护税的征税对象。

依照法律规定排放并在标准范围内的应税污染物，不需要缴纳环境保护税，选项A、B、C错误。企业贮存或者处置固体废物不符合国家和地方环境保护标准的，应当缴纳环境保护税，选项D正确。

私教点拨

环境保护税的征税对象为纳税人直接向环境排放的应税污染物，是政策中规定的大气污染物、水污染物、固体废物和噪声。但不属于直接向环境排放的污染物经常作为干扰项出现，考生应当注意区分两者。不属于直接向环境排放污染物的行为不需要缴纳环境保护税，包括：

（1）企业事业单位和其他生产经营者向依法设立的污水集中处理、生活垃圾集中处理场所排放应税污染物的；

（2）企业事业单位和其他生产经营者在符合国家和地方环境保护标准的设施、场所贮存或者处置固体废物的；

（3）畜禽养殖场依法对畜禽养殖废弃物进行综合利用和无害化处理的。

超标排放、未在规定地点排放等直接排放的情形，需要缴纳环境保护税。

【例题2·2020年·多项选择题】关于环境保护税税目，下列说法正确的有（　　）。

A. 一氧化碳属于大气污染物

B. 煤矸石属于固体废物

C. 石棉尘属于大气污染物

D. 建筑施工噪声属于噪声污染

E. 总汞属于水污染物

【答案】ABCE

【解析】本题考查环境保护税的税目。

大气污染物包括石棉尘、一氧化碳，选项A、C正确。固体废物包括煤矸石，选项B正确。水污染物包括总汞，选项E正确。建筑施工噪声不征收环境保护税，选项D错误。

私教点拨

应税污染物包括大气污染物、水污染物、固体废物、噪声，对其中常见的税目需要加深记忆，具体内容见表8-2。

表8-2 环境保护税的常见税目

应税污染物	税目
大气污染物	一氧化碳、二氧化硫、氯气、氰化物、一般性粉尘、石棉尘等
水污染物	总汞、总镉、总铬、六价铬等
固体废物	煤矸石、尾矿、危险废物、冶炼渣、粉煤灰、炉渣、其他固体废物
噪声	指工业噪声。目前只对工业企业厂界（即厂房实际占地边界）噪声超标的情况征收，而建筑噪声等其他噪声不属于征税对象

考点三 计税依据

【例题1·2020年·单项选择题】关于环境保护税计税依据，下列说法正确的是（　　）。

A. 应税大气污染物以排放量为计税依据

B. 应税固体废物按照固体废物产生量为计税依据

C. 应税噪声以分贝数为计税依据

D. 应税水污染物以污染物排放量折合的污染当量数为计税依据

【答案】D

【解析】本题考查环境保护税的计税依据。

应税大气污染物的计税依据为污染物排放量折合的污染当量数，选项A错误。应税固体废物的计税依据为固体废物的排放量，选项B错误。应税噪声计税依据为超过国家规定标准的分贝数，选项C错误。应税水污染物的计税依据为污染物排放量折合的污染当量数，选项D正确。

私教点拨

应税污染物的计税依据根据污染物的种类来确定，见表8－3。

表8－3 环境保护税的计税依据

税目	计税依据
应税大气污染物、应税水污染物	按照污染物排放量折合的**污染当量数**确定。 污染当量数=该污染物的排放量÷该污染物的污染当量值
应税固体废物	按照固体废物的**排放量**确定。 排放量=当期应税固体废物的产生量-当期应税固体废物的综合利用量-当期应税固体废物的贮存量-当期应税固体废物的处置量
应税噪声	按照**超过**国家规定标准的分贝数确定。 噪声超标分贝数不是整数值的，按四舍五入取整

在计算环境保护税时，也需要注意环境保护税的税收优惠政策，具体见表8－4。

表8－4 环境保护税的税收优惠

优惠类型	具体规定
免征规定	(1) 农业生产（不包括规模化养殖）排放应税污染物的； (2) 机动车、铁路机车、非道路移动机械、船舶和航空器等流动污染源排放应税污染物的； (3) 依法设立的城乡污水集中处理、生活垃圾集中处理场所（生活垃圾焚烧发电厂、填埋场、堆肥场）排放相应应税污染物，不超过国家和地方规定的排放标准的； (4) 纳税人综合利用的固体废物，符合国家和地方环境保护标准的； (5) 国务院批准免税的其他情形
减征规定	(1) 纳税人排放应税大气污染物或者水污染物的浓度值低于国家和地方规定的污染物排放标准30%的，减按75%征收环境保护税； (2) 纳税人排放应税大气污染物或者水污染物的浓度值低于国家和地方规定的污染物排放标准50%的，减按50%征收环境保护税； (3) 纳税人噪声声源1个月内累计昼间超标不足15昼或者累计夜间超标不足15夜的，分别减半计算应纳税额

【例题2·2018年·多项选择题】 下列情形中，以纳税人当期应税大气污染物、水污染物产生量作为排放量计征环境保护税的有（ ）。

A. 未依法安装使用污染物自动监测设备
B. 通过暗管方式违法排放污染物
C. 篡改、伪造污染物监测数据
D. 损毁或擅自移动污染物自动监测设备
E. 规模化养殖以外的农业生产排放污染物

【答案】 ABCD

【解析】 本题考查环境保护税的计税依据。

纳税人有下列情形之一的，以其当期应税大气污染物、水污染物的产生量作为污染物的排放量：① 未依法安装使用污染物自动监测设备或者未将污染物自动监测设备与生态环境主管部门的监控设备联网（选项 A 正确）；② 损毁或者擅自移动、改变污染物自动监测设备（选项 D 正确）；③ 篡改、伪造污染物监测数据（选项 C 正确）；④ 通过暗管、渗井、渗坑、灌注或者稀释排放以及不正常运行防治污染设施等方式违法排放应税污染物（选项 B 正确）；⑤ 进行虚假纳税申报。规模化养殖以外的农业生产排放应税污染物，免予征收环境保护税（选项 E 错误）。

私教点拨

之前已经介绍了正常情况下应税污染物计税依据的确定方法，但当纳税人有表 8－5 所示的非法行为时，**直接以污染物的产生量作为其排放量**，不再扣除贮存量、处置量、综合利用量等项目。

表 8－5 以产生量作为计税依据的非法行为

应税污染物	非法行为
大气污染物、水污染物	（1）未依法安装使用污染物自动监测设备或者未将污染物自动监测设备与生态环境主管部门的监控设备联网； （2）损毁或者擅自移动、改变污染物自动监测设备； （3）篡改、伪造污染物监测数据； （4）通过暗管、渗井、渗坑、灌注或者稀释排放以及不正常运行防治污染设施等方式违法排放应税污染物； （5）进行虚假纳税申报
固体废物	（1）非法倾倒应税固体废物； （2）进行虚假纳税申报

考点四 征收管理

【例题 1 · 2023 年 · 多项选择题】关于环境保护税征收管理，说法正确的有（　　）。

A. 纳税人应当向机构所在地税务机关申报缴纳

B. 纳税人按季申报缴纳的，应自季度终了之日起 15 日内申报纳税

C. 按固定期限缴纳的，按月计算，按季申报缴纳

D. 不能按固定期限计算缴纳的，可按次申报缴纳

E. 纳税义务发生时间为纳税人产生应税污染物当日

【答案】BCD

【解析】本题考查环境保护税的征收管理。

选项 A 错误，纳税人应当向应税污染物排放地的税务机关申报纳税。选项 E 错误，纳税义务

发生时间为纳税人排放应税污染物的当日。

【例题2·2018年·单项选择题】环境保护税的申报缴纳期限是（　　）。

A. 15日　　B. 一年　　C. 一个月　　D. 一个季度

【答案】D

【解析】本题考查环境保护税的征收管理。

环境保护税按月计算、按季申报缴纳，不能按固定期限计算缴纳的，可以按次申报缴纳。

私教点拨

对环境保护税的征收管理的考查频率较低，可按表8-6掌握。

表8-6　环境保护税的征收管理

项目	具体内容
纳税义务发生时间	为纳税人排放应税污染物的当日
纳税地点	为应税污染物排放地的税务机关。应税污染物的排放地是指： （1）应税大气污染物、水污染物排放口所在地； （2）应税固体废物产生地； （3）应税噪声产生地。 跨地区排放应税污染物，税务机关对税收管辖有争议的，由争议各方协商解决；不能协商一致的，报请共同的上级税务机关决定
纳税期限	按月计算、按季申报缴纳，不能按固定期限计算缴纳的，可以按次申报缴纳
税务机关与生态环境主管部门职责分工	生态环境主管部门和税务机关应当建立涉税信息共享平台和工作配合机制

真题演练

1.（2022年·单项选择题）水污染物的环境保护税计税依据是（　　）。

A. 污水排放数量　　B. 污染物排放量折合的污染当量数

C. 污染物排放量　　D. 污染物排放量除以50的排放量

2.（2022年·单项选择题）下列应税固体废物中，需要缴纳环境保护税的是（　　）。

A. 禽畜企业排放未经无害化处理的禽畜养殖污染物

B. 企业在依法设立的污染物集中处理场所排放应税污染物

C. 铁路排放应税污染物

D. 家庭和个人的生活垃圾

3. **（2022 年 · 单项选择题）** 某企业 6 月生产产生 1 000 吨固体废物，按照国家标准贮存 400 吨，已知固体废物单位税额每吨 25 元，则该企业排放固体废物需要缴纳的环境保护税为（　　）元。

A. 15 000　　B. 25 000　　C. 35 000　　D. 10 000

4. **（2022 年 · 单项选择题）** 某企业 2022 年 3 月直接排放某种大气污染物 20 吨，已知该大气污染物污染当量值为 2.18 千克，每污染当量适用税额为 12 元。该企业当月应缴纳环境保护税（　　）元。

A. 110 091.74　　B. 523 200　　C. 240 000　　D. 43 600

5. **（2021 年 · 单项选择题）** 关于环境保护税征收管理，下列说法正确的是（　　）。

A. 环境保护税不能够按固定期限计算缴纳的，可以按次申报缴纳

B. 纳税义务发生时间为纳税人排放应税污染物后 15 日内

C. 环境保护税能够按固定期限计算缴纳的，按月计算并申报缴纳

D. 生态环境主管部门应负责应税污染物监测管理和纳税人识别

6. **（2021 年 · 单项选择题）** 下列行为免征环境保护税的是（　　）。

A. 符合国家和地方环境保护标准的综合利用固体废物

B. 生活垃圾填埋场排放应税污染物

C. 规模化养殖场排放应税污染物

D. 水泥厂排放应税大气污染物的浓度值低于国家和地方规定的污染物排放标准 50%的

7. **（2021 年 · 单项选择题）** 甲企业 2021 年 3 月在生产过程中产生固体废物 600 吨，其中按照国家和地方环境保护标准综合利用 200 吨。已知每吨固体废物的税额是 5 元。该企业排放固体废物应缴纳环境保护税（　　）元。

A. 1 000　　B. 2 000　　C. 4 000　　D. 3 000

8. **（2019 年 · 单项选择题）** 应税固体废物环境保护税的计税依据是（　　）。

A. 固体废物的产生量　　B. 固体废物的排放量

C. 固体废物的贮存量　　D. 固体废物的综合利用量

9. **（2018 年 · 单项选择题）** 下列污染物中，不属于环境保护税征税对象的是（　　）。

A. 大气污染物　　B. 光污染

C. 噪声污染　　D. 固体废物

10. **（2022 年 · 多项选择题）** 下列地点属于环保税应税污染物排放地的有（　　）。

A. 应税固体废物产生地

B. 应税噪声产生地

C. 应税水污染物排放口所在地

D. 排放应税污染物企业机构所在地

E. 应税大气污染物排放口所在地

11. **(2022 年 · 多项选择题)** 关于环境保护征收管理，下列说法正确的有（　　）。

A. 环境保护税不能按固定期限计算缴纳的可以按次申报缴纳

B. 生态环境主管部门应负责应税污染物监测管理

C. 纳税义务发生时间为纳税人排放应税污染物的当日

D. 环境保护税按季申报，按年缴纳

E. 所有纳税人应在季度终了之日起 15 日内申报并缴纳税款

12. **(2021 年 · 多项选择题)** 下列情形属于环境保护税不征税项目的有（　　）。

A. 企事业单位向依法设立的生活垃圾集中处理场所排放应税污染物的

B. 企事业单位在符合国家和地方环境保护标准的设施、场所贮存或者处置固体废物的

C. 企事业单位向依法设立的城乡污水集中处理场所排放应税污染物的

D. 禽畜养殖场依法对禽畜养殖废弃物进行综合利用和无害化处理的

E. 纳税人排放应税大气污染物的浓度值低于国家和地方规定的污染物排放标准的

13. **(2019 年 · 多项选择题)** 下列关于环境保护税的说法中，正确的有（　　）。

A. 实行统一定额税和浮动定额税相结合的税额标准

B. 环境保护税的征税环节是生产销售环节

C. 对机动车排放废气暂免征收环境保护税

D. 应税水污染物的具体适用税额由省级税务机关决定

E. 环境保护税收入全部归地方政府所有

14. **(2019 年 · 多项选择题)** 下列直接向环境排放污染物的主体中，属于环境保护税纳税人的有（　　）。

A. 事业单位　　B. 个人　　C. 家庭　　D. 私营企业

E. 国有企业

参考答案及解析

1. **【答案】** B

【解析】 本题考查环境保护税的计税依据。

应税水污染物以污染物排放量折合的污染当量数为计税依据，选项 B 正确。

2. **【答案】** A

【解析】 本题考查环境保护税的纳税人。

选项A正确，畜禽养殖场依法对畜禽养殖废弃物进行综合利用和无害化处理的，不征收环境保护税；未经无害化处理的禽畜养殖污染物，应依法缴纳环境保护税。选项B错误，企业在依法设立的污染物集中处理场所排放应税污染物，不缴纳环境保护税。选项C错误，机动车、铁路机车、非道路移动机械、船舶和航空器等流动污染源排放应税污染物的，暂予免征环境保护税。选项D错误，环境保护税纳税人，是指在中华人民共和国领域和中华人民共和国管辖的其他海域，直接向环境排放应税污染物的企业事业单位和其他生产经营者。

3.【答案】A

【解析】本题考查环境保护税应纳税额的计算。

固体废物的排放量=当期应税固体废物的产生量-当期应税固体废物的综合利用量-当期应税固体废物的贮存量-当期应税固体废物的处置量。该企业应缴纳的环境保护税=(1 000-400)×25=15 000（元）。

4.【答案】A

【解析】本题考查环境保护税应纳税额的计算。

该企业当月应缴纳环境保护税=20×1 000÷2.18×12=110 091.74（元），选项A正确。

5.【答案】A

【解析】本题考查环境保护税征收管理。

环境保护税纳税义务发生时间是纳税人排放应税污染物的“当日”，选项B错误。纳税期限按“月”计算，按“季”申报缴纳；不能按固定期限计算缴纳的，可以按“次”申报缴纳，选项A正确，选项C错误。生态环境主管部门负责对应税污染物监测管理，制定和完善污染物监测规范。税务机关应当依据生态环境主管部门交送的排污单位信息进行纳税人识别，选项D错误。

6.【答案】A

【解析】本题考查环境保护税征税范围。

环境保护税免征规定包括以下五种：

① 农业生产（不包括规模化养殖）排放应税污染物的。

② 机动车、铁路机车、非道路移动机械、船舶和航空器等流动污染源排放应税污染物的。

③ 依法设立的城乡污水集中处理、生活垃圾集中处理场所排放相应应税污染物，不超过国家和地方规定的排放标准的。依法设立的生活垃圾焚烧发电厂、生活垃圾填埋场、生活垃圾堆肥厂，属于生活垃圾集中处理场所，其排放应税污染物不超过国家和地方规定的排放标准的，依法予以免征环境保护税。

④ 纳税人综合利用的固体废物，符合国家和地方环境保护标准的。

⑤ 国务院批准免税的其他情形。

选项B、C的表述不符合免征环境保护税的规定，选项B、C错误。纳税人排放应税大气污染物或者水污染物的浓度值低于国家和地方规定的污染物排放标准50%的，减按50%征收环境保护税，选项D错误。

7.【答案】B

【解析】本题考查环境保护税应纳税额的计算。

应税固体废物的应纳税额=(产生量-贮存量-处置量-综合利用量)×单位税额=(600-0-0-200)×5=2 000（元），选项B正确。

8.【答案】B

【解析】本题考查环境保护税的计税依据。

应税固体废物的计税依据按照固体废物的排放量确定。排放量以当期应税固体废物的产生量减去当期应税固体废物贮存量、处置量、综合利用量的余额确定。

9.【答案】B

【解析】本题考查环境保护税的征税对象。

环境保护税的征税对象为纳税人直接向环境排放的应税污染物，是政策中规定的大气污染物、水污染物、固体废物和噪声，选项A、C、D不符合题意。光污染物不属于环境保护税的征税对象，选项B符合题意。

10.【答案】ABCE

【解析】本题考查环境保护税的征收管理。

纳税人应当向应税污染物排放地的税务机关申报缴纳环境保护税，应税污染物排放地：①应税大气污染物、水污染物排放口所在地（选项C、E）；②应税固体废物产生地（选项A）；③应税噪声产生地（选项B）。

11.【答案】ABC

【解析】本题考查环境保护税的征收管理。

选项D错误，环境保护税按月计算，按季申报缴纳；不能按固定期限计算缴纳的，可以按次申报缴纳。选项E错误，纳税人按季申报缴纳的，应当自季度终了之日起15日内，向税务机关办理纳税申报并缴纳税款；纳税人按次申报缴纳的，应当自纳税义务发生之日起15日内，向税务机关办理纳税申报并缴纳税款。

12.【答案】ABCD

【解析】本题考查环境保护税不征税项目。

纳税人排放应税大气污染物或者水污染物的浓度值低于国家和地方规定的污染物排放标准的，属于环境保护税的征税范围，有减征规定，但不属于不征税项目，选项E错误。

13.【答案】ACE

【解析】本题考查环境保护税的特点。

税额为统一定额税和浮动定额税结合，选项 A 正确。环境保护税的征税环节是直接向环境排放应税污染物的排放环节，不是生产销售环节，也不是消费使用环节，选项 B 错误。对机动车、铁路机车、非道路移动机械、船舶和航空器等流动污染源暂免征税，选项 C 正确。各级省、自治区和直辖市人民政府统筹考虑本地区实际情况，可在全国统一的定额范围内自行选择定额税的金额，报同级人民代表大会常务委员会决定，并报全国人民代表大会常务委员会和国务院备案，选项 D 错误。环境保护税收入中央不再参与分成，税收收入全部归地方，用于地方治理环境污染，选项 E 正确。

14.【答案】ADE

【解析】本题考查环境保护税的纳税人。

环境保护税的纳税人，为直接向环境排放应税污染物的企业事业单位和其他生产经营者，选项 A、D、E 正确。政府机关、家庭和个人即便有排放污染物的行为，因为不属于企业事业单位和其他生产经营者，所以也不属于环境保护税的纳税人，选项 B、C 错误。

第九章　烟叶税

本章考情 Q&A

Q：本章的重要性如何？

A：本章属于非重点章节，在近 5 年考试中的平均分值约为 2 分。

Q：本章的学习难度如何？

A：本章的学习难度不高。考生在学习本章时应掌握烟叶税的计税依据、应纳税额的计算及征收管理。

Q：本章在考试中通常以什么形式考查？

A：本章通常以单项选择题和多项选择题的形式考查。

Q：2024 年本章内容有变动吗？

A：本章内容基本没有变动。

Q：本章主要考点近年分布如何？

A：以下用星标方式展示本章主要考点的学习难度、考题难度、考查频率。

考点	学习难度	考题难度	考查频率
应纳税额的计算	★	★	★★
征收管理	★	★	★

经典例题

考点一　应纳税额的计算

【例题·2017 年·单项选择题】某卷烟厂为增值税一般纳税人，2021 年 1 月收购烟叶 5 000 千克，实际支付价款总额 65 万元，已开具烟叶收购发票。烟叶税税率为 20%。关于烟叶税的税务处理，下列表述正确的是（　　）。

A. 卷烟厂自行缴纳烟叶税 14.30 万元

B. 卷烟厂自行缴纳烟叶税 13 万元

C. 卷烟厂代扣代缴烟叶税 14.30 万元

D. 卷烟厂代扣代缴烟叶税 13 万元

【答案】 B

【解析】 本题考查烟叶税的计算。

烟叶税的纳税人为境内收购烟叶的单位，卷烟厂属于收购方，应作为纳税人自行缴纳税款，而非代扣代缴。具体解题步骤如下：

第一步：确定计税依据。

烟叶税的计税依据是收购烟叶实际支付的价款总额，包括纳税人支付给烟叶生产销售单位和个人的烟叶收购价款和价外补贴，而价外补贴统一按烟叶收购价款的 10%计算。

本题中，实际支付的价款总额属于已知条件，为 65 万元。

这里应注意区分实际支付的价款总额与收购价款，实际支付的价款总额是包含收购价款和 10%价外补贴的总额，不要混淆，计算公式为：实际支付的价款总额 = 收购价款×(1+10%)。

第二步：计算应缴纳的烟叶税。

烟叶税的税率属于固定的比例税率，为 20%。

应纳税额 = 实际支付的价款总额×税率 = 65×20% = 13（万元）

因此，选项 B 正确。

私教点拨

烟叶税的纳税人为在我国境内收购烟叶的单位（非生产销售方）。

烟叶税应纳税额的计算公式为：

应纳税额 = 实际支付的价款总额×税率

应纳税额的计算，其核心内容是计税依据的确定，即计算实际支付的价款总额，包括烟叶收购价款和价外补贴。对于价外补贴，统一按烟叶收购价款的 10% 确定，无论题中纳税人实际支付比例是多少。实际支付的价款总额的计算公式为：

实际支付的价款总额 = 收购价款×（1+10%）

做题时还应注意区分已知的金额是**实际支付的价款总额**还是**收购价款**，针对两者的处理不同，需要按上述公式掌握。

考点二 征收管理

【例题·2018 年·单项选择题】根据现行烟叶税法规定，下列说法正确的是（　　）。

A. 烟叶税实行定额税率

B. 烟叶税的纳税地点为烟叶收购地

C. 烟叶税的纳税人是销售烟叶的单位

D. 没收违法收购的烟叶，由销售烟叶的单位按销售额纳税

【答案】B

【解析】本题考查烟叶税的税率等。

烟叶税实行比例税率，税率为 20%，选项 A 错误。纳税人收购烟叶，应当向烟叶收购地的主管税务机关申报纳税，选项 B 正确。在中华人民共和国境内收购烟叶的单位为烟叶税的纳税人，而生产销售方不是烟叶税的纳税人，选项 C 错误。根据《烟草专卖法》查处没收的违法收购的烟叶，由收购罚没烟叶的单位按照购买金额计算缴纳烟叶税，选项 D 错误。

私教点拨

烟叶税的内容较少，对常考点的梳理总结见表 9－1。

表 9－1 烟叶税的常考点

常考点	具体内容
概述	烟叶税体现了国家对烟草实行“**寓禁于征**”政策，即通过高税收达到控烟的目的
纳税人	烟叶的**收购单位**是烟叶税的纳税人
征税对象	征税对象是**烟叶**，包括烤烟叶、晾晒烟叶
税率	实行比例税率，税率为 20%
纳税义务发生时间	收购烟叶的**当天**
纳税地点	烟叶**收购地**
纳税期限	烟叶税按月计征，纳税人应当于纳税义务发生月终了之日起 15 日内申报并缴纳税款

真题演练

1. （2022年·单项选择题）关于烟叶税的计税依据，下列说法正确的是（　　）。

A. 包括收购价款和价外补贴

B. 按烟叶收购数量计税

C. 包括收购烟叶应缴纳的消费税

D. 价外补贴统一按收购价款的20%计算

2. （2021年·单项选择题）下列关于烟叶税的征收管理，说法正确的是（　　）。

A. 纳税地点是销售地主管税务机关

B. 纳税义务时间是收购烟叶的当天

C. 纳税期限是按季度计算

D. 缴库期限是纳税义务发生月终了之日起10日内

3. （2023年·多项选择题）下列关于烟叶税的说法中，正确的有（　　）。

A. 计税依据为收购方支付的烟叶收购价款和价外补贴

B. 纳税人为烟叶收购方

C. 进口烟叶需缴纳烟叶税

D. 法律依据为《中华人民共和国烟叶税暂行条例》

E. 比例税率为10%

4. （2022年·多项选择题）关于烟叶税的说法，正确的有（　　）。

A. 纳税义务发生月终了之日起5日内缴纳税款

B. 征税对象为烤烟叶、晾晒烟叶

C. 按月计征烟叶税

D. 税率为10%

E. 纳税人为烟叶销售方

5. （2021年·多项选择题）关于烟叶税，下列说法正确的有（　　）。

A. 计税依据是烟叶的收购价款

B. 实行从价定率计算应纳税额

C. 纳税地点为烟叶收购地

D. 纳税人是烟叶生产销售方

E. 烟叶税作为一般纳税人购进农产品进项税额的计算基数

6. （2017年·多项选择题）下列关于烟叶税的说法中，正确的有（　　）。

A. 烟叶税的纳税人是在我国境内收购烟叶的单位

B. 收购烟叶实际支付的价款包括纳税人支付给烟叶销售者的烟叶收购价款和价外补贴

C. 烟叶税的计税依据是收购烟叶实际支付的价款总额

D. 查处没收违法收购的烟叶，由没收烟叶的单位按照购买金额缴纳烟叶税

E. 烟叶税按次计征

参考答案及解析

1. 【答案】A

【解析】本题考查烟叶税的计税依据。

选项B、C错误，烟叶税的计税依据是收购烟叶实际支付的价款总额，包括纳税人支付给烟叶生产销售单位和个人的烟叶收购价款和价外补贴。选项D错误，价外补贴统一按烟叶收购价款的10%计算。

2. 【答案】B

【解析】本题考查烟叶税的征收管理。

烟叶税的纳税地点是烟叶收购地的主管税务机关，选项A错误。烟叶税应按月计征，选项C错误。缴库期限应为纳税义务发生月终了之日起15日内，选项D错误。

3. 【答案】AB

【解析】本题考查烟叶税的计税依据。

选项C错误，烟叶税是针对境内收购烟叶的单位征收的一种税，进口烟叶不征收烟叶税。选项D错误，烟叶税法律依据为《中华人民共和国烟叶税法》。选项E错误，烟叶税的比例税率为20%。

4. 【答案】BC

【解析】本题考查烟叶税的征收管理。

选项A错误，烟叶税按月计征，纳税人应当于纳税义务发生月终了之日起15日内申报并缴纳税款。选项D错误，烟叶税实行比例税率，税率为20%。选项E错误，在中华人民共和国境内收购烟叶的单位为烟叶税的纳税人，烟叶的生产销售方不是烟叶税的纳税人，烟叶的收购方是烟叶税的纳税人。

5. 【答案】BCE

【解析】本题考查烟叶税的计税依据、纳税人和征收管理。

烟叶税的计税依据是收购烟叶实际支付的价款总额，选项A错误。烟叶的生产销售方不是烟叶税的纳税人，烟叶的收购方是烟叶税的纳税人，选项D错误。

6. 【答案】ABC

【解析】本题考查烟叶税的计税依据等。

在中华人民共和国境内收购烟叶的单位为烟叶税的纳税人，选项A正确。烟叶税的计税依据是收购烟叶实际支付的价款总额，包括纳税人支付给烟叶生产销售单位和个人的烟叶收购价款和价外补贴，选项B、C正确。查处没收的违法收购的烟叶，由收购罚没烟叶的单位按照购买金额计算缴纳烟叶税，选项D错误。烟叶税按月征收，并于纳税义务发生月终了之日起15日内申报并缴纳税款，选项E错误。

第十章　关　税

本章考情 Q&A

Q：本章的重要性如何？

A：本章属于非重点章节，在近 5 年考试中的平均分值约为 5 分。

Q：本章的学习难度如何？

A：本章的学习难度一般。考生需要重点关注关税完税价格的构成、应纳税额的计算等内容。在考查进口商品应缴纳的增值税和消费税时，也经常会涉及关税的计算。

Q：本章在考试中通常以什么形式考查？

A：本章通常以单项选择题和多项选择题的形式考查，也可结合增值税或消费税的内容在计算题或综合分析题中一并考查。

Q：2024 年本章内容有变动吗？

A：本章内容变化较大，主要变化如下：

1. 新增

国家综合性消防救援队伍进口消防救援设备免征进口税收的优惠政策。

2. 调整

（1）进口货物关税税率调整；

（2）出口关税税率；

（3）海关行政复议。

3. 删除

（1）跨境电子商务零售进口商品的税收政策；

（2）海南自由贸易港原辅料、交通工具及游艇、生产设备优惠政策。

Q：本章主要考点近年分布如何？

A：以下用星标方式展示本章主要考点的学习难度、考题难度、考查频率。

考点	学习难度	考题难度	考查频率
税率的适用	★	★	★
关税完税价格	★★	★★	★★

（续表）

考点	学习难度	考题难度	考查频率
关税减免	★★	★★	★
应纳税额的计算	★★	★★	★★
征收管理	★★	★★	★

经典例题

考点一 税率的适用

【例题·2017 年·单项选择题】下列关于关税税率适用的说法中，正确的是（ ）。

A. 进出口货物，应当按照纳税义务人签订购买合同或者销售合同的当天实施的税率征收

B. 协定税率适用原产于与我国签订有特殊优惠关税协定的国家或地区的进口货物

C. 征收报复性关税的货物、适用国别及适用税率，由国务院关税税则委员会决定并公布

D. 进口货物到达前，经海关核准先行申报的，应当适用海关接受纳税义务人再次填写报关单申报办理纳税及有关手续之日实施的税率

【答案】C

【解析】本题考查关税税率的适用。

进出口货物，应当适用海关接受该货物申报进口或者出口之日实施的税率，选项 A 错误。协定税率适用原产于与我国签订含有关税优惠条款的区域性贸易协定的国家或者地区的进口货物，选项 B 错误。进口货物到达前，经海关核准先行申报的，应当适用装载该货物的运输工具申报进境之日实施的税率，选项 D 错误。

私教点拨

关税的纳税人为进口货物的收货人、出口货物的发货人、进出境物品的所有人，关税是由海关根据规定，以准许进出口的货物、进出境物品为征税对象征收的一种商品税。与本考点相关的内容如下。

1. 进口关税税率

我国进口关税设有最惠国税率、协定税率、特惠税率、普通税率、关税配额税率等税率形式。其中，**协定税率**适用原产于与我国签订含有关税优惠条款的区域性贸易协定的国家或者地区的进口货物，特惠税率适用于原产于与我国签订含有特殊关税优惠条款的贸易

协定的国家或者地区的进口货物。**国务院关税税则委员会**决定适用最惠国税率、协定税率、特惠税率的国家或者地区名单，同时也会决定并公布征收报复性关税的货物、适用国别、税率、期限和征收办法。

2. 出口关税税率

目前，发达国家一般都取消了出口关税，我国也仅对少数产品征收出口关税。

3. 税率的运用

进出口的货物，应当适用海关接受该货物申报进口或者出口之日实施的税率。但以特殊方式进出口货物时应从其规定，详见表 10－1。

表 10－1 特殊进出口方式关税税率的适用

具体情形	适用的税率
进口货物到达前，经海关核准先行申报的	装载该货物的运输工具申报进境之日实施的税率
进口转关运输货物	指运地海关接受该货物申报进口之日实施的税率
货物运抵指运地前，经海关核准先行申报的	装载该货物的运输工具抵达指运地之日实施的税率
出口转关运输货物	启运地海关接受该货物申报出口之日实施的税率
经海关批准，实行集中申报的进出口货物	每次货物进出口时海关接受该货物申报之日实施的税率
因超过期限未申报而由海关依法变卖的进口货物	装载该货物的运输工具申报进境之日实施的税率
因纳税义务人违反规定需要追征税款的进出口货物	违反规定的行为发生之日实施的税率；行为发生之日不能确定的，适用海关发现该行为之日实施的税率

考点二 关税完税价格

【例题 1 · 2018 年 · 多项选择题】根据关税有关规定，下列符合进口货物成交价格条件的有（　　）。

A. 进口货物的买方和卖方没有特殊关系，或者虽有特殊关系但未对成交价格产生影响

B. 进口货物的成交价格不得受到使该货物成交价格无法确定的条件和因素的影响

C. 进口货物的成交价格不包括间接支付的价款和价外收取的费用

D. 进口货物的卖方不得直接或间接获得因买方销售、处置或者使用进口货物而产生的任何收益，或者虽有收益但能够按照规定进行调整

E. 进口货物的卖方对买方处置或者使用进口货物不予限制，但法律、行政法规规定实施的限制、对货物销售地域的限制和对货物价格无实质性影响的限制除外

【答案】ABDE

【解析】本题考查关税完税价格——成交价格。

进口货物的成交价格，包括买方直接支付的货物价款和间接支付的货物价款，选项C错误。成交价格应符合以下条件：① 对买方处置或者使用进口货物不予限制，但法律、行政法规规定实施的限制、对货物销售地域的限制和对货物价格无实质性影响的限制除外（选项E正确）；② 进口货物的成交价格不得受到使该货物成交价格无法确定的条件或因素的影响（选项B正确）；③ 卖方不得直接或间接获得因买方销售、处置或者使用进口货物而产生的任何收益，或者虽有收益但能够按照规定进行调整（选项D正确）；④ 买卖双方没有特殊关系，或者虽有特殊关系但未对成交价格产生影响（选项A正确）。

私教点拨

进出口货物的完税价格，由海关以该货物的成交价格为基础审查确定。进口货物的成交价格，是指卖方向我国境内销售该货物时，买方为进口该货物向卖方实付、应付的，并按照规定调整后的价款总额，包括直接支付的价款和间接支付的价款。对于上述成交价格应符合的条件，考生需要掌握。

公式定价，是指在向中华人民共和国境内销售货物所签订的合同中，买卖双方未以具体明确的数值约定货物价格，而是以约定的定价公式确定货物结算价格的定价方式。结算价格是指买方为购买该货物实付、应付的价款总额。

对同时符合下列条件的进口货物，以合同约定定价公式所确定的结算价格为基础确定完税价格。

（1）在货物运抵中华人民共和国境内前或保税货物内销前，买卖双方已书面约定定价公式；

（2）结算价格取决于买卖双方均无法控制的客观条件和因素；

（3）自货物申报进口之日起6个月内，能够根据合同约定的定价公式确定结算价格；

（4）结算价格符合《海关审定进出口货物完税价格办法》中成交价格的有关规定。

公式定价货物进口时结算价格不能确定，以暂定价格申报的，纳税义务人应当向海关办理税款担保。

【例题2·2019年·单项选择题】下列费用中，不计入进口货物关税完税价格的是（　　）。

A. 包装材料费用

B. 境外技术培训费用

C. 由买方负担的经纪费

D. 与货物为一体的容器费用

【答案】B

【解析】本题考查关税完税价格——一般进口货物。

包装材料费用、由买方负担的经纪费、与货物为一体的容器费用，均应作为调整项目计入完税价格。而境外技术培训费不构成进口货物关税完税价格，选项 B 正确。

私教点拨

关税的完税价格按照一般货物进口、特殊货物进口、出口货物及进境物品等情形分别确定。近年考试只涉及一般货物进口、特殊货物进口关税完税价格的考查，需要掌握。

一般进口货物的关税完税价格，由海关按相关规定的成交价格以及该货物运抵我国境内输入地点起卸前的运输及相关费用、保险费为基础审查确定。同时，未包括在该货物实付、应付价格中的费用或者价值，应当计入完税价格；对不应计入完税价格的税收、费用也应调整。以下对应计入关税完税价格的调整项目和不应计入关税完税价格的调整项目予以总结，考生需重点把握，详见表 10－2。

表 10－2　关税完税价格的调整项目

计入完税价格的调整项目	不计入完税价格的调整项目
（1）**由买方负担的除购货佣金以外的佣金和经纪费**； （2）由买方负担的与该货物视为一体的容器费用； （3）由买方负担的包装材料和包装劳务费用； （4）由买方付出的其他相关费用； （5）作为该货物向我国境内销售的条件，买方必须支付的、与该货物有关的**特许权使用费**； （6）卖方直接或间接从买方对该货物进口后转售、处置或使用所得中获得的收益	（1）**购货佣金**，指买方为购买进口货物向自己的采购代理人支付的劳务费； （2）厂房、机械、设备等货物进口后发生的建设、安装、装配、维修和技术服务的费用； （3）进口货物运抵我国境内输入地点起卸后发生的运输及其相关费用、保险费； （4）进口关税及国内税收； （5）境内外技术培训及境外考察费用

同时需要注意，进口货物的运输费用无法确定的，海关应当按照该货物进口**同期**的正常运输成本审查确定。运输工具作为进口货物，利用自身动力进境的，海关在审查确定完税价格时，不再另行计入运费。进口货物的**保险费无法确定或者未实际发生**，海关应当按照“货价”和“运费”两者总额的 **3‰** 计算保险费，其计算公式为：

$$保险费=(货价+运费)\times 3‰$$

邮运进口的货物，应当以邮费作为运输及相关费用、保险费。

【例题 3 · 2017 年 · 多项选择题】 海关对进口货物估价时可以采用的方法有（　　）。

A. 货物向第三国出口的价格估价方法

B. 相同货物的成交价格估价方法

C. 倒扣价格估价方法

D. 计算价格估价方法

E. 成本加成法

【答案】BCD

【解析】本题考查关税完税价格——一般进口货物。

对货物完税价格的估价方法有：① 相同货物的成交价格估价方法（选项 B 正确）；② 类似货物的成交价格估价方法；③ 倒扣价格估价方法（选项 C 正确）；④ 计算价格估价方法（选项 D 正确）；⑤ 合理估价方法。

私教点拨

进口货物的完税价格，一般以货物的成交价格为基础确定，当成交价格不符合规定条件或者不能确定时，在客观上无法采用货物的实际成交价格，此时，海关应与纳税人进行价格磋商，**依以下顺序**确定该货物的完税价格：① 相同货物的成交价格估价方法；② 类似货物的成交价格估价方法；③ 倒扣价格估价方法；④ 计算价格估价方法；⑤ 合理估价方法。考生需要掌握各类方法的名称及使用顺序。

【例题 4 · 2019 年 · 多项选择题】关于以租赁方式进口设备的关税税务处理，下列说法正确的有（　　）。

A. 租赁进口该设备，必须在申请进境时一次性缴纳全部关税

B. 租赁期满，企业留购该设备的不缴纳关税

C. 在租赁期间可暂时申请不缴纳关税

D. 在租赁期间以海关审查确定的租金（包括利息）作为完税价格

E. 纳税人申请一次性缴纳税款的，可以选择海关审查确定的租金总额作为完税价格

【答案】DE

【解析】本题考查关税完税价格——特殊进口货物。

租赁进口货物，可以分期缴纳税款，选项 A 错误。留购的租赁货物，以海关审定的留购价格作为完税价格缴纳关税，选项 B 错误。租赁货物，以租金方式对外支付的，租赁期间需要缴纳关税，选项 C 错误。租赁方式进口的货物，以租金方式对外支付的，在租赁期间以海关审查确定的租金作为完税价格，选项 D 正确。纳税义务人申请一次性缴纳税款的，可以选择申请按照“一般进口货物的完税价格”的相关内容确定完税价格，或者按照海关审查确定的租金总额作为完税价格，选项 E 正确。

私教点拨

特殊进口货物情形主要包括运往境外修理的货物、运往境外加工的货物、暂时进境货物、租赁方式进口货物、进口软件介质等。不同情形下完税价格的确定，见表 10－3。

表 10－3 特殊进口货物关税完税价格的确定

<table>
<tr><th colspan="2">情形</th><th>完税价格</th></tr>
<tr><td colspan="2">对于运往境外修理的机械器具、运输工具或其他货物，出境时已向海关报明，并在海关规定期限内复运进境的</td><td>以境外修理费和材料费为基础审查确定完税价格</td></tr>
<tr><td colspan="2">对于运往境外加工的货物，出境时已向海关报明，并在海关规定期限内复运进境的</td><td>应当以境外加工费和料件费，以及该货物复运进境的运输及其相关费用、保险费为基础审查确定完税价格</td></tr>
<tr><td rowspan="3">租赁方式进口货物</td><td>以租金方式对外支付的</td><td>在租赁期间以海关审查确定的租金作为完税价格，利息应当予以计入</td></tr>
<tr><td>留购的租赁货物</td><td>以海关审定的留购价格作为完税价格</td></tr>
<tr><td>纳税义务人申请一次性缴纳税款的</td><td>可以选择申请按照“一般进口货物的完税价格”的相关内容确定完税价格，或者按照海关审查确定的租金总额作为完税价格</td></tr>
</table>

【提示】成交价格不符合规定条件或不能确定时的估价方法参见本考点例题 3“私教点拨”。

【例题 5 · 2017 年 · 单项选择题改编】2023 年 3 月，某贸易公司进口一批货物。合同中约定成交价格为人民币 600 万元，支付相关境内特许权使用费人民币 10 万元、卖方佣金人民币 5 万元。该批货物运抵境内输入地点起卸前发生的运费和保险费共计人民币 8 万元。该货物关税完税价格为（　　）万元。

A. 623　　B. 615　　C. 613　　D. 610

【答案】A

【解析】本题考查关税完税价格的确定。

关税完税价格以成交价格为基础进行调整，题中支付的特许权使用费、卖方佣金、运输和保险费，都属于调整项目，应计入关税完税价格。关税完税价格＝600＋10＋5＋8＝623（万元），选项 A 正确。

私教点拨

进口货物的完税价格，以该货物的成交价格为基础确定，而成交价格应按照规定予以调整。进口货物的关税完税价格属于常考点，但出题套路比较明显，尤其是需要调整的项目，可以通过做题把握。

考点三 关税减免

【例题·2020年·多项选择题】关于关税减免税，下列说法正确的有（ ）。

A. 外国政府、国际组织无偿赠送的物资免征关税

B. 进出境运输工具装载的娱乐设施暂免征收关税

C. 进口残疾人专用品实行特定减免关税

D. 科学研究机构进口的科学研究用品实行特定减免关税

E. 在海关放行前遭受损失的货物免征关税

【答案】ACDE

【解析】本题考查关税的减免。

外国政府、国际组织无偿赠送的物资免征关税，选项A正确。进出境运输工具装载的非必需的燃料、物料和饮食用品应征关税，选项B错误。对残疾人专用品、有关单位进口国内不能生产的特定残疾人专用品，实行特定减免税政策，免征进口关税和进口环节增值税、消费税，选项C正确。科学研究机构和学校，以科学研究和教学为目的，在合理数量范围内进口国内不能生产或者性能不能满足需要的科学研究和教学用品，免征进口关税和进口环节增值税、消费税，选项D正确。在海关放行前遭受损失的货物免征关税，选项E正确。

私教点拨

对于关税减免，可以把握以下两点。

（1）**法定减免**是指纳税人无须提出申请，海关可按规定直接予以减免关税，包括：

① 关税税额在人民币50元以下的一票货物；

② 无商业价值的广告品和货样；

③ 外国政府、国际组织无偿赠送的物资；

④ 在海关放行前损失的货物；

⑤ 规定数额以内的物品；

⑥ 进出境运输工具装载的途中必需的燃料、物料和饮食用品；

⑦ 我国缔结或者参加的国际条约规定减征、免征关税的货物、物品。

（2）**特定减免**是指国家按照国际通行规则和我国实际情况，对符合条件的特定货物进行的减免，包括：科教用品，残疾人专用品，慈善捐赠物资，重大技术装备，集成电路产业和软件产业，科普用品，海南自由贸易港原辅料、交通工具及游艇、生产设备。

考点四 应纳税额的计算

【例题·2019年·单项选择题】某医疗器械厂（增值税一般纳税人），2021年4月进口一批医疗器械，该批医疗器械成交价格202万元，支付购货佣金3万元，运抵我国海关前发生运费8万元，保险费无法确定。该厂进口该批医疗器械应缴纳关税（ ）万元。（医疗器械进口关税税率为30%）

A. 60.60　　B. 61.50　　C. 63.19　　D. 63.90

【答案】C

【解析】本题考查关税应纳税额的计算。

本题解题步骤如下：

第一步：确定关税完税价格。

进口货物的完税价格以成交价格以及在境内输入地点起卸前的运输及其相关费用、保险费为基础确定。购货佣金不计入关税完税价格；运抵我国海关前的运费应计入关税完税价格；保险费无法确定的，按“(货价+运费)×3‰”计入关税完税价格。

因此，该批医疗器械完税价格=(202+8)×(1+3‰)=210.63（万元）。

第二步：计算应缴纳的关税。

应缴纳关税=完税价格×税率=210.63×30%=63.19（万元）

因此，选项C正确。

私教点拨

关税应纳税额的计算，核心是完税价格的确定，调整项目以及保险费无法确定或未实际发生时的确定方法均需要掌握。而关税税率，题目中一般都会直接给出，熟练运用即可。

考点五 征收管理

【例题·2018年·单项选择题】如果纳税义务人自缴款期限届满之日起（ ）内仍未缴纳税款，经海关关长批准，海关可以采取强制措施。

A. 15日　　B. 30日　　C. 3个月　　D. 6个月

【答案】C

【解析】本题考查关税的征收管理。

纳税义务人自缴款期限届满之日起3个月仍未缴纳税款，经海关关长批准，海关可以采取强制扣缴、变价抵缴等强制措施，选项 C 正确。

私教点拨

关税的征收管理考查频率较低，可以适当掌握以下几个日期。

（1）进口货物自运输工具申报进境之日起**14 日**内，由进口货物的纳税义务人向货物进境地海关申报，海关根据规定填发税款缴款书。纳税人应当自海关填发税款缴款书之日起**15 日**内，向指定银行缴纳税款。纳税义务人因不可抗力或者国家税收政策调整不能按期缴纳税款的，依法提供税款担保后，可以直接向海关办理延期缴纳税款手续，延期纳税最长不超过**6 个月**。

（2）纳税义务人自缴款期限届满之日起超过**3 个月**仍未缴纳税款的，经海关关长批准，海关可以采取强制措施。

（3）进出口货物放行后，非因纳税义务人原因造成少征或者漏征关税的，海关发现后，应当自缴纳税款或者货物放行之日起**1 年内**，向纳税义务人补征关税。因纳税义务人原因造成少征或者漏征关税的，海关可以自应缴纳税款或货物放行之日起**3 年内**追征税款，并按日加收万分之五的滞纳金。

真 题 演 练

1. **（2022 年 · 单项选择题）** 下列进出口货物法定予以减征或免征关税的是（　　）。

A. 海关放行前遭受损失的货物　　B. 盛装货物的容器

C. 关税税额在 100 元以下的一票货物　　D. 科研活动中使用的仪器设备及用品

2. **（2022 年 · 单项选择题）** 关于符合海关规定的特殊方式进口货物的关税完税价格确定，下列说法正确的是（　　）。

A. 运往境外加工的货物，以境外加工费和料件费以及该货物复运进境的运输及其相关费用、保险费为基础审查确定

B. 经海关批准暂时进境的货物，应当按照一般进口货物完税价格确定的有关规定审查确定

C. 运往境外修理的货物，以境外修理费及其运费、保险费为基础审查确定

D. 捐赠进口的货物，以倒扣价格估价方法审查确定

3. **（2021 年 · 单项选择题）** 关于进口货物的关税完税价格，下列说法正确的是（　　）。

A. 留购的租赁货物，以海关审定的租金为关税完税价格

B. 留购的租赁货物，以海关审定的留购价格为关税完税价格

C. 以租赁方式进口的货物，以海关审定的成交价格为关税完税价格

D. 以租赁方式进口的货物，以海关审定的购买价格为关税完税价格

4. **（2020 年·单项选择题）** 以关税特定减免方式进口的科教用品，海关监管的年限为（　　）年。

A. 10　　B. 8　　C. 5　　D. 3

5. **（2018 年·单项选择题改编）** 2023 年 3 月，某公司将货物运往境外加工，出境时已向海关报明，并在海关规定期限内复运进境。已知货物价值为 100 万元，境外加工费和料件费为30 万元，运费为 1 万元，保险费为 0.39 万元。关税税率为 10%。该公司上述业务应缴纳关税（　　）万元。

A. 3.10　　B. 3.14　　C. 10.14　　D. 13.14

6. **（2023 年·多项选择题）** 符合条件的进口货物，可以以合同约定定价公式确定的结算价格为基础，确定关税完税价格，下列说法符合规定条件的有（　　）。

A. 自货物申报进口之日起 6 个月内能够根据合同约定的定价公式确定结算价格

B. 保税货物内销前，买卖双方已书面约定定价公式

C. 货物运抵中华人民共和国境内前，买卖双方可以口头约定定价公式

D. 结算价格不能确定的，能够根据合同约定评估价格

E. 结算价格取决于买卖双方均无法控制的客观条件和因素

7. **（2022 年·多项选择题）** 下列项目应计入货物关税完税价格的有（　　）。

A. 买方负担的进口货物境外运费

B. 买方负担的包装材料费和包装劳务费

C. 进口货物关税

D. 买方负担的经纪劳务费

E. 进口货物增值税

8. **（2022 年·多项选择题）** 下列进口货物法定予以减征或免征关税的有（　　）。

A. 在海关放行前遭受损坏或损失货物

B. 中华人民共和国缔结或者参加的国际条约规定减征的货物

C. 没有商业价值的广告品和货样

D. 拍摄电影使用的仪器、设备及用品

E. 供安装、调试、检测设备时使用的仪器工具

9. **（2021 年·多项选择题）** 关于关税征收管理，下列说法正确的有（　　）。

A. 纳税人逾期缴纳关税的，由海关征收滞纳金

B. 纳税人因不可抗力原因不能按期缴纳税款的，延期纳税最长不超过 6 个月

C. 进口货物放行后，海关发现少征税款的，应当自缴纳税款或者货物放行之日起 1 年内向纳税人补征

D. 已征出口关税的货物，因故未装运出口申请退关的，纳税人可以自缴纳税款之日起 1 年内，申请退还关税

E. 进出口货物的纳税人，应当自海关填发税款缴款书之日起 14 日内缴纳税款

参考答案及解析

1. **【答案】**A

【解析】本题考查关税的税收优惠。

下列进出口货物予以减征或免征关税：①关税税额在人民币 50 元以下的一票货物；②无商业价值的广告品和货样；③外国政府、国际组织无偿赠送的物资；④在海关放行前损坏或损失的货物（选项 A）；⑤规定数额以内的物品；⑥进出境运输工具装载的途中必需的燃料、物料和饮食用品；⑦我国缔结或者参加的国际条约规定减征、免征关税的货物、物品；⑧法律规定减征、免征关税的其他货物、物品。

2. **【答案】**B

【解析】本题考查特殊进口货物的完税价格。

选项 A 错误，出境时已向海关报明，并在海关规定期限内复运进境的，以境外加工费和料件费以及该货物复运进境的运输及其相关费用、保险费为基础审查确定。选项 C 错误，出境时已向海关报明，并在海关规定期限内复运进境的，以海关审定的境外修理费和料件费为完税价格。选项 D 错误，易货贸易、寄售、捐赠、赠送等不存在成交价格的进口货物，依次以下列方法审查确定该货物的完税价格：①相同货物成交价格估价方法；②类似货物成交价格估价方法；③倒扣价格估价方法；④计算价格估价方法；⑤其他合理估价方法。纳税义务人向海关提供有关资料后，可以提出申请，颠倒第③项和第④项的适用次序。

3. **【答案】**B

【解析】本题考查特殊进口货物完税价格。

留购的租赁货物，以海关审定的留购价格作为完税价格，选项 A 错误，选项 B 正确。租赁方式进口的货物，以租金方式对外支付的，在租赁期间以海关审查确定的租金作为完税价格，利息应当予以计入，选项 C、D 错误。

4. **【答案】**D

【解析】本题考查关税的征收管理。

特定地区、特定企业或者有特定用途的特定减免税进口货物，应当接受海关监管。特定减免税进口货物的监管年限为：① 船舶、飞机，8 年；② 机动车辆，6 年；③ 其他货物，3 年。监管年限自货物进口放行之日起计算。因此，选项 D 正确。

5.【答案】B

【解析】本题考查关税应纳税额的计算。

本题解题步骤如下：

第一步：确定关税完税价格。

运往境外加工的货物，出境时已向海关报明，并在海关规定期限内复运进境，以境外加工费和料件费，以及该货物复运进境的运输及相关费用、保险费为基础审查确定完税价格。

因此，上述业务完税价格=30+1+0.39=31.39（万元）。

第二步：计算应缴纳的关税。

应缴纳关税=完税价格×税率=31.39×10%=3.14（万元）

因此，选项B正确。

6.【答案】ABE

【解析】本题考查公式定价进口货物完税价格的确定。

对同时符合下列条件的进口货物，以合同约定定价公式所确定的结算价格为基础确定完税价格：①在货物运抵中华人民共和国境内前或保税货物内销前，买卖双方已书面约定定价公式（选项B）；②结算价格取决于买卖双方均无法控制的客观条件和因素（选项E）；③自货物申报进口之日起6个月内，能够根据合同约定的定价公式确定结算价格（选项A）；④结算价格符合《中华人民共和国海关审定进出口货物完税价格办法》中成交价格的有关规定。公式定价货物进口时结算价格不能确定，以暂定价格申报的，纳税义务人应当向海关办理税款担保。

7.【答案】ABD

【解析】本题考查一般进口货物的完税价格。

选项C、E错误，进口关税及国内税收不需要计入关税完税价格。

8.【答案】ABC

【解析】本题考查关税的税收优惠。

下列进出口货物予以减征或免征关税：①关税税额在人民币50元以下的一票货物；②无商业价值的广告品和货样（选项C）；③外国政府、国际组织无偿赠送的物资；④在海关放行前损坏或损失的货物（选项A）；⑤规定数额以内的物品；⑥进出境运输工具装载的途中必需的燃料、物料和饮食用品；⑦我国缔结或者参加的国际条约规定减征、免征关税的货物、物品（选项B）；⑧法律规定减征、免征关税的其他货物、物品。

9.【答案】ABCD

【解析】本题考查关税的征收管理。

进出口货物的纳税人，应当自海关填发税款缴款书之日起15日内，向指定银行缴纳税款，选项E错误。

第十一章　非税收入

本章考情 Q&A

Q：本章的重要性如何？

A：除教育费附加外，本章其他部分均为 2024 年新增内容。针对税务师考试的特点，应重点掌握本章内容。

Q：本章的学习难度如何？

A：本章的学习难度不高，考生需把握基本概念和部分非税收入的计算。

Q：本章在考试中通常以什么形式考查？

A：本章通常以单项选择题、多项选择题的形式考查。

Q：2024 年本章内容有变动吗？

A：除教育费附加外，其他均为新增内容。

Q：本章主要考点近年分布如何？

A：因本章为 2024 年新增章节，以大纲要求代替考点分布供考生学习时参考。

考点	学习难度	考题难度	大纲要求
非税收入的概念和特点	★	★	掌握
非税收入的分类	★	★	掌握
教育费附加和地方教育附加	★	★	掌握
文化事业建设费	★	★	熟悉
残疾人就业保障金	★	★★	掌握
可再生能源发展基金	★	★	掌握
油价调控风险准备金	★	★	掌握
国有土地使用权出让收入	★	★★	掌握
矿产资源专项收入	★★	★★	掌握
水土保持补偿费	★	★	熟悉

经 典 例 题

考点 教育费附加和地方教育附加

【例题·2021 年·多项选择题】关于教育费附加减免规定，下列说法正确的有（ ）。

A. 先征后返增值税，一般不返还附征的教育费附加

B. 即征即退增值税，一般不退还附征的教育费附加

C. 先征后退增值税，一般不退还附征的教育费附加

D. 由于减免增值税发生退税，退还附征的教育费附加

E. 出口货物退还增值税，退还附征的教育费附加

【答案】ABCD

【解析】本题考查教育费附加减免税。

选项 A、B、C 正确，对“两税”实行先征后返（选项 A）、先征后退（选项 C）、即征即退（选项 B）办法的，除另有规定外，对随“两税”附征的教育费附加，一律不予退（返）还。选项 D 正确，对由于减免“两税”而发生的退税，同时退还已缴纳的教育费附加。选项 E 错误，对出口产品退还“两税”的，不退还已缴纳的教育费附加。

私教点拨

增值税、消费税退还时，城市维护建设税和教育费附加、地方教育附加是否退还的总结如表 11－1 所示。

表 11－1 城市维护建设税和教育费附加、地方教育附加的退还情形

税务处理	情形
可以同步退还城市维护建设税和教育费附加、地方教育附加的	（1）错征税款导致退还增值税或消费税； （2）法定减免税导致退还的增值税或消费税
不予退（返）还城市维护建设税和教育费附加、地方教育附加的	（1）对增值税、消费税实行先征后返、先征后退、即征即退的； （2）出口退税退还增值税、消费税的
允许从城市维护建设税和教育费附加、地方教育附加的计税依据中**扣除**的	符合增值税期末留抵退税时，退还的留抵退税额